Todd E. Feinberg
Gehirn und Persönlichkeit

Todd E. Feinberg

Gehirn und Persönlichkeit

Wie das Erleben eines stabilen Selbst hervorgebracht wird

VAK Verlags GmbH
Kirchzarten bei Freiburg

Titel der amerikanischen Originalausgabe:
Altered egos. How the brain creates the self
© Oxford University Press, Inc., 2001
ISBN 1-19-513625-X
Deutsche Ausgabe mit freundlicher Genehmigung von:
Oxford University Press, Inc., New York

Die Deutsche Bibliothek – CIP-Einheitsaufnahme
Feinberg, Todd E.:
Gehirn und Persönlichkeit : Wie das Erleben eines stabilen Selbst hervorgebracht
wird / Todd E. Feinberg. [Übers.: Anni Pott]. – Kirchzarten bei Freiburg : VAK-
Verl.-GmbH, 2002
Einheitssacht.: Altered egos <dt.>
ISBN 3-935767-05-6

© VAK Verlags GmbH, Kirchzarten bei Freiburg 2002
Illustrationen: Lynn Cooper
Übersetzung: Anni Pott
Lektorat: Norbert Gehlen
Umschlag: Hugo Waschkowski
Druck: Himmer, Augsburg
Printed in Germany
ISBN 3-935767-05-6

Inhalt

Kapitel 1: Die Suche nach der Seele 9
Lässt das Selbst sich sezieren? 9
Die Patienten 10
John 11
Das verblüffende „innere Ich" 14

Kapitel 2: Das „Zerlegen" des Selbst 19
Asomatognosie 19
Mirna 19
Sonya 28
Personifizierung der Gliedmaßen 29
Shirley 34
Anosognosie 37
Jack 38
Patsy 42
Daryl 45
Eine Erklärung der Asomatognosie 46
Lizzy 48

Kapitel 3: Fehlende Teile, vertraute Orte 51
Die Grenzen des Ego 51
Das Capgras-Syndrom 54
Emma 57
Louise 59
Oliver 61
Marianne 62
Der Familienroman 63
Das Fregoli-Syndrom 68
Fannie 69

Bart 71
JP 72
Reduplikation der Umwelt 75
Die Capgras-Fregoli-Dichotomie 79
Störungen der persönlichen Verbundenheit und die Anatomie
des Selbst 81

Kapitel 4: Persönliche Mythenbildungen 87
Was ist Konfabulation? 87
Linda 88
Persönliche Konfabulation 92
Der kranke Willie 92
Sam 95
Linda 98
Walter 101
Eine Erklärung der persönlichen Konfabulation 104
Persönliche Konfabulationen und die Anatomie des Selbst 106

Kapitel 5: Von Spiegelbildern und Doppelgängern 111
Verkennung des eigenen Spiegelbilds 112
Susan 112
Rosamond 115
Das Selbst als Erkanntes und Erkennendes 119
Doppelte Absicherung 122
Autoskopie 123
Die Vision vom Selbst und der Seele 126
Imaginäre Gefährten und Schutzengel 128
Florence 133

Kapitel 6: Alles zusammenhalten 136
Wenn das Gehirn „gespalten" ist 136
Das „Fremde-Hand"-Syndrom 141
Stevie 143
Das Selbst findet einen Weg, „ganz" zu bleiben 148
Sonia 154
Seymour 156

Kapitel 7: Reise ins Zentrum des Geistes 158
Wie lässt ein vielfältig zusammengesetztes Gehirn ein
einheitliches Selbst entstehen? 158
Descartes' Dilemma 160
Sherringtons Erwägungen über das geistige Auge 162
Mentale Einheit und das visuelle System 166
Das kartesianische Theater und das Bindungsproblem 170
Das „Gespenst in der Maschine" 174

**Kapitel 8: Die verschachtelte Hierarchie des Selbst und
des Geistes** 179
Emergenz und das Gehirn 179
Roger Sperrys Thesen über die Emergenz des Geistes 185
Nichtverschachtelte und verschachtelte Hierarchien 188
Die verschachtelte Hierarchie des Gehirns 190
Der Sinn und das „innere Ich" 193
Der Zweck – das „Gespenst in der Maschine" 194

Kapitel 9: Sein und Gehirn 205
Der subjektive und der objektive Standpunkt 206
Die neurologische Grundlage des Sinns 208
Sinn, Qualia und das Geist-Körper-Problem 212
Das Gehirn ist nicht auf sich selbst gerichtet 216

Kapitel 10: Der lebendige Geist 219
Das Was, Wo und Wie des Selbst 219
Lebewesen und Gehirne 220

Anhang 225
Quellenangaben und Anmerkungen 225
Erläuterung der Fachbegriffe 245
Danksagung 255
Literaturverzeichnis 257
Stichwortverzeichnis 275
Über den Autor 283

Kapitel 1
Die Suche nach der Seele

Lässt das Selbst sich sezieren?

Als ich noch Medizinstudent war, wurde von mir verlangt mithilfe eines alten Hirnatlasses, an dem ich mich Schritt für Schritt orientieren sollte, eine Gehirnsektion vorzunehmen. Das Gehirn schwamm in einem Glasgefäß in einer Formalinlösung und war in weiße Gaze eingewickelt. Ich nahm es vorsichtig heraus und legte es auf ein orangefarbenes Tablett aus der Cafeteria. Als Erstes sollte ich die graue Substanz entfernen, um die darunter liegenden Hirnstrukturen erkennen zu können. Ich begann in einem Bereich, der im Atlas als der Schläfenlappen ausgewiesen wurde, und machte mich daran, mit einem geschärften Holzschaber langsam und vorsichtig die Rindenoberfläche zu entfernen.

Nachdem ich kaum einen Zentimeter der Hirnmaterie freigelegt hatte, wurde mir mit einem Mal bewusst, was ich hier in Wirklichkeit tat. Hatte ich gerade die Kindheitserinnerungen dieses Menschen weggeschabt? Vielleicht war jetzt seine Erinnerung an seine ganze Familie weg oder einfach nur die Erinnerung an einen Familienausflug an einem warmen Sommertag im Juli. Was hier regungslos auf dem Cafeteriatablett vor mir lag, war das materielle Substrat des Geistes dieses Menschen.

Ich hob das Gehirn nochmals hoch und hielt es in der Hand, um es von neuem zu betrachten. Was ich hier vor mir hatte, war die nunmehr in Raum und Zeit erstarrte Essenz, Menschlichkeit und ganze Lebenserfahrung eines Menschen. Wer mochte dieser Mensch gewesen sein?

Angesichts dieser Überlegungen wurde mir schließlich klar, dass die Untersuchung des physischen Gehirns mir zugleich die Möglichkeit bot, einigen weiterführenden, faszinierenden Fragen nachzugehen: *Was ist das Selbst? Wo im Gehirn ist es lokalisiert? Wie bringt das Gehirn die Einheit des Selbst hervor? Welche Beziehung besteht zwischen Gehirn und Geist?*

Die Antworten, die ich auf diese Fragen gefunden habe, spiegeln die Erkenntnisse wider, die ich als Neurologe und Psychiater im Laufe der Jahre durch Patienten mit Selbst-Störungen gewonnen habe und die Gegenstand dieses Buches sind.

Die Patienten

Der erste Teil des Buches geht auf Patienten mit Gehirnschädigungen und veränderten Egos, einer Veränderung im Gehirn ein, die die Grenzen des Selbst, die Beziehungen zwischen dem Selbst und der Welt, dem Selbst und anderen Menschen und die Beziehung des Selbst zu sich selbst verändert.[1] Den Begriff „Ego" verwende ich nicht im Freud'schen Sinne, sondern ich bezeichne damit das „innere Ich", das nach meinem Empfinden die intimste Ebene unseres Selbst darstellt. Es gibt, wie der Philosoph Colin McGinn verdeutlicht, viele Bezeichnungen, die sich auf das „Ich" beziehen, etwa „Selbst", „Subjekt" oder „Person".[2] Diese Aspekte des Selbst meine ich, wenn ich vom „Ego" spreche.

Patienten, deren Ego aufgrund von Gehirnschädigungen verändert wurde, erfahren eine Veränderung ihrer *Identität*, jener Aspekte der Identität, die höchst bedeutsam für das Selbst sind. Als Ergebnis dessen „verstoßen" diese Patienten möglicherweise einen ihrer Arme, verleugnen ihren Ehepartner oder behaupten, in Wahrheit nicht existente Beziehungen zu Fremden zu haben. Sie haben bisweilen imaginäre Brüder, Kinder oder Alter Egos. Aus diesen Fällen können wir sehr viel lernen.

Genau wie der Kern eines Apfels sichtbar wird, wenn wir ihn durchschneiden, so öffnet die neurologische Schädigung oder Verletzung bei diesen Patienten eine Tür zum inneren Selbst; sie gibt uns die Gelegenheit, die physische Struktur des Selbst zu untersuchen und zu sehen, wie das Selbst sich verändert und sich infolge der Schädigung des Gehirns anpasst.

Bei den meisten der in diesem Buch beschriebenen Patienten handelt es sich um Durchschnittsmenschen – Personen, mit denen jeder von uns sich identifizieren könnte –, die eine Veränderung ihres Identitätsgefühls und ihrer Weltsicht erlebt haben. Ehe ihr normales

„Funktionieren" durch ihre Gehirnstörungen unterbrochen wurde, führten viele von ihnen ein gänzlich normales Leben. Es handelt sich bei ihnen um Erwachsene unterschiedlichen Alters, um Buchhalter, Elektriker, Sekretärinnen, Hausfrauen, Manager, um hervorragende Musiker oder Arbeitslose, um Menschen, die aufgrund ihrer Gehirnstörungen in ihren früheren Berufen, in ihren Familien oder privaten Beziehungen nicht mehr „funktionierten". In einigen Fällen waren sie von ihren Ehepartnern, einem Familienmitglied oder einem besorgten Nachbarn zu mir gebracht worden.

Nehmen wir folgenden Fall, einen meiner ersten Patienten, der wegen eines bemerkenswerten neurologischen Verhaltensproblems an mich verwiesen wurde.

John

Der behandelnde Arzt in der Notaufnahme hatte John, einen Elektriker mittleren Alters, und seine Frau Joyce an mich überwiesen. Als John zu mir in die Praxis kam, erschien er zunächst allein und erklärte mir, seine Frau sei eben noch zu einer Telefonzelle gegangen, um einen Anruf zu erledigen, und werde gleich hinzukommen. John war ein großer, kräftiger und sehr gepflegt aussehender Mann. Er trug Bluejeans, die an der rechten Hosentasche jedoch seltsamerweise nass waren. Ehe er Platz nahm, fragte ich ihn, ob er sich versehentlich in etwas Nasses gesetzt habe oder mit seinem Kaffee verunglückt sei. Er sagte nein. Dann hielt er mir seine rechte Hand hin, um mich zu begrüßen. Ich zögerte jedoch, als ich sah, dass seine Hände offensichtlich schlimme chemische Verbrennungen aufwiesen. Die Haut war völlig weggeätzt, so dass Muskeln und Knochen bloßlagen.

Ich fragte John, ob er sich des Zustandes seiner Hände bewusst sei. Beiläufig meinte er, er habe zu Hause am Abfluss gearbeitet und sich dabei ein paar „kleine Verbrennungen" zugezogen. Er wusste also um seine Verletzungen, stand deren Schwere jedoch völlig gleichgültig gegenüber. Er hatte keinen Verband angelegt und trotz der Wunden gerade angeboten, mir die Hand zu schütteln. Er schien sich einfach nicht um die Verletzung zu kümmern. Das Außergewöhnlichste an ihm war, wie normal er in jeder anderen Hinsicht erschien. Er drückte sich klar und intelligent aus und ich konnte kein Anzeichen von Demenz oder Psychose entdecken. Es gab nur den verblüffenden Kontrast zwischen seiner äußeren mentalen Integrität und seiner Gleichgültigkeit gegenüber seinem gesundheitlichen Zustand.

In diesem Moment kam seine Frau herein. „Nun, Dr. Feinberg, haben Sie ihn zum Reden gebracht?" Ich fragte sie, wie ihr Mann sich die Verbrennungen zugezogen habe. Sie habe ihm kürzlich zugesehen, erzählte sie, wie er das verstopfte Abflussrohr an der Küchenspüle in Ordnung gebracht habe; anschließend sei ihr aufgefallen, dass seine Jeans an der Hüfte nass gewesen seien. Sie sei zunächst davon ausgegangen, dass er sich lediglich mit etwas Wasser besprizt habe; später, als sie seine Kleidung für die Wäsche sortierte, habe sie dann jedoch auch Blut und Eiter daran bemerkt. Als sie ihn nach den Flecken gefragt habe, schienen sie ihn überhaupt nicht zu kümmern. Erst danach hatte sie die entsetzlichen Verletzungen an seinen Händen gesehen. Für sie stand fest, dass die Chemikalien des Abflussreinigers ihm offenbar das Fleisch bis zum Muskel weggefressen hatten und er dies nicht einmal bemerkt hatte. Die Wunde eiterte seit Tagen, aber John war einfach weiter seiner täglichen Routine nachgegangen, anscheinend ohne dies zu registrieren.

Seine Frau begann zu weinen. „Doktor, merken Sie nicht, was los ist? Auf Sie macht er sicherlich den Eindruck, als ob alles absolut in Ordnung sei. Aber sobald wir nach Hause kommen, rennt er sofort die Kellertreppe hinunter, schaltet alle Lichter aus, verkriecht sich und sitzt die ganze Zeit im Dunkeln. Er rührt sich nicht von der Stelle. Ich muss ihm Frühstück, Mittagessen und Abendessen bringen – wenn ich ihm nichts zu essen bringe, isst er überhaupt nichts."

Was war das Problem bei John? Seine Frau erklärte, dass er augenblicklich keine Arbeit habe und deshalb vielleicht deprimiert sei. Er schien mir jedoch keineswegs schwermütig, sondern eher munter zu sein und er erklärte auch selbst, dass er sich nicht niedergeschlagen fühle. Hinzu kam, dass depressive Patienten oft den Appetit verlieren und dass John kein einziges Pfund an Gewicht verloren hatte. Und er schlief nachts gut. „Nein, seine Symptome sehen nicht wie bei einer Depression aus", dachte ich bei mir.

Ich fragte dann, warum er derzeit keine Arbeit habe. Dabei stellte sich heraus, dass er vor ein paar Monaten einen Unfall gehabt hatte. Er war von einem Gerüst gefallen, mit dem Kopf aufgeschlagen und hatte mehrere Wochen im Krankenhaus gelegen. „Wenn ich daran zurückdenke", erinnerte sich seine Frau, „dann haben seine Ärzte etwas zu seinem Gehirn erwähnt, ich habe das Problem jedoch nicht ganz verstanden."

Das war interessant. Eine Untersuchung seines Geisteszustandes mit den üblichen Tests des Orientierungs-, Sprach- und Erinnerungsvermögens sowie weiterer kognitiver Funktionen bestätigte, dass bei John kognitiv alles in Ordnung war. Es stellte sich am Ende sogar heraus, dass seine neurologische Untersuchung keinerlei Abnormalitäten erkennen ließ und er in jeder Hinsicht normal war. In den Bereichen seiner Hände, die keine Verbrennungen aufwiesen, konnte er zwischen scharfen und stumpfen und ebenso zwischen heißen und kalten Reizen unterscheiden. Diese Erkenntnis bedeutete, dass seine Gleichgültigkeit gegenüber seinen Verbrennungen nicht auf eine einfache Taubheit an den Händen zurückzuführen war, sondern dass sie auf ein Problem im Bereich der Schmerznerven in den Händen oder im Rückenmark bei der Weiterleitung von Schmerzinformationen ans Gehirn schließen ließ.

Ich musste Näheres über seinen Gehirnzustand erfahren. Somit ordnete ich eine Kernspinresonanztomographie an (vgl. Abbildung 1, Seite 14).[3] Diese Untersuchung ergab, dass große Teile seines rechten Frontallappens und seines rechten Scheitellappens sowie ein Teil seines linken Frontallappens durch einen neurotraumatischen Unfall zerstört worden waren. Dies war die Ursache seines Problems. Infolge der weitreichenden Schädigung seines Gehirns litt John an einem seltenen Krankheitsbild, einer so genannten *Schmerzasymbolie*. Er konnte zwar verschiedene Reiztypen voneinander unterscheiden, bei schmerzhaften Reizen wurden jedoch keine Empfindungen mehr weitergeleitet; dies war die Ursache seiner Gleichgültigkeit gegenüber seinen Wunden.[4] Nachdem die Störung erkannt war, konnten wir ihm helfen jene gefährlichen Situationen zu meiden, in denen er körperlich Schaden nehmen konnte.

Das verblüffende „innere Ich"

John ist ein Beispiel für die vielschichtigen Möglichkeiten, wie eine Veränderung im Gehirn das Selbst transformieren kann. Aus der Sicht der Neurobiologie ist jedoch keineswegs klar, was das Selbst wirklich ist oder wie es vom Gehirn erschaffen wird. Die weiteren Kapitel werden auf diese Fragen eingehen.

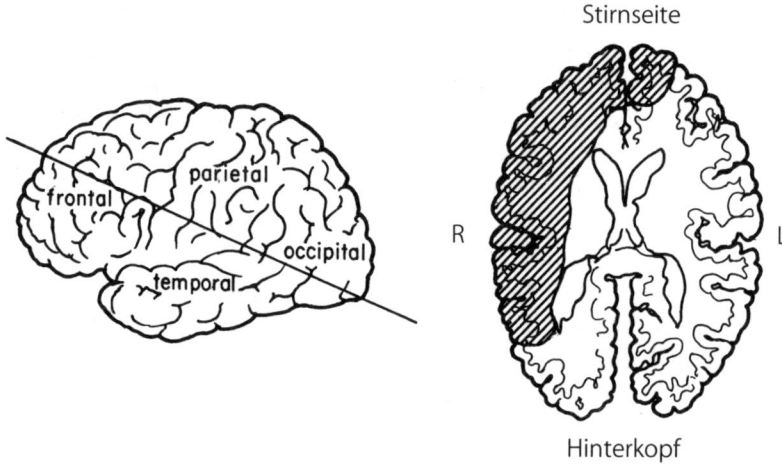

Abbildung 1: Links die Seitenansicht eines normalen Gehirns mit Lokalisierung der Stirn- (frontal), Scheitel- (parietal), Hinterhaupt- (occipital) und Schläfenlappen (temporal). Die quer über das Gehirn verlaufende Linie zeigt die Ebene des Kernspinresonanztomographie-Schnitts bei Johns Gehirn an, der in der Abbildung rechts zu sehen ist. Bei den in diesem Buch abgebildeten Tomogrammen werden die geschädigten Hirnregionen schraffiert dargestellt. Johns Tomogramm zeigte Regionen von Gehirnerweichung (Enzephalomalazie, das heißt von erweichtem, geschädigtem, leblosem Rindengewebe), die durch seine Kopfverletzung verursacht worden war. Die geschädigte Region umfasste große Teile des rechten Frontallappens (*Lobus frontalis*) und Scheitellappens (*Lobus parietalis*). In der linken Gehirnhemisphäre war die Schädigung auf den vorderen und mittleren Teil des Frontallappens beschränkt.

Die Frage der Natur, Bedeutung und selbst die Existenz des Selbst ist seit Jahrhunderten Gegenstand der Diskussion.[5] Der Philosoph Immanuel Kant (1724-1804) war ein erklärter Verfechter der These von der Existenz des Selbst *a priori* und vom Primat des Selbst. Noch vor dem Denken, noch ehe wir irgendetwas über die Welt oder uns selbst wissen könnten, meinte er, müsse es als Subjekt der Erfahrung ein „Ich" geben. Kant stellte das *a priori* existierende, einheitliche, konsistente, beständige Ich ins Zentrum seiner Philosophie und vertrat die These, das Ich schaffe den Zusammenhang und strukturiere die Abfolge der sinnlichen Erscheinungen, das heißt unserer Erfahrungen und Wahrnehmungen.

Der Psychologe und Philosoph William James (1842-1910) war hingegen kein Anhänger Kants oder der Vorstellung von der Einheit des Selbst *a priori*. Er widmete mehrere Seiten seines monumentalen Werkes *The Principles of Psychology* seiner Kritik an der Kant'schen Theorie. James zufolge ist das „Ego" weiter nichts als „eine ,billige und leidige' Ausgabe der Seele".[6] Er war zwar der Meinung, dass es etwas gebe, das angemessenerweise als das Selbst bezeichnet werden könne, bestritt jedoch, dass es hinter diesem Selbst irgendein „Ich" a priori gebe.

James war der Auffassung, dass es nur „vorübergehende Bewusstseinszustände" gebe und dass unser Erleben einer geistigen Einheit einfach auf die Tatsache zurückzuführen sei, dass wir als Individuen im Strom unseres Bewusstseins sukzessive geistige Zustände erleben, die einzig unsere seien. Wenn alle diese Erfahrungen in *einem* Geist zusammengebracht würden, dann erhalte man ein Selbst – ohne irgendein inneres „Ich", das alles zusammenfüge. James stellte sogar die extreme Behauptung auf, wenn man den Geist mehrerer Menschen, die die gleiche Erfahrung und Vergangenheit teilten, irgendwie zusammenbringen könne, dann ließe sich unter diesen die gleiche geistige Einheit herstellen, die wir als Individuen in unserem Geist erleben:

> „Aufeinander folgende Denker, die numerisch verschieden sind, sich aber alle auf die gleiche Art und Weise der gleichen Vergangenheit bewusst sind, bilden ein adäquates Vehikel für die ganze Erfahrung der persönlichen Einheit und Gleichheit, die wir tatsächlich haben. Und genau solch einen Zug aufeinander folgender

Denker stellt der Strom von Geisteszuständen dar, ... den die Psychologie – als Naturwissenschaft betrachtet und betrieben – voraussetzen muss.

Die logische Schlussfolgerung scheint somit zu sein, dass *es einzig diese Bewusstseinszustände sind, mit denen die Psychologie sich befassen muss. Die Metaphysik oder die Theologie mögen die Existenz der Seele beweisen; für die Psychologie ist die Hypothese eines derartigen Prinzips substanzieller Einheit jedoch überflüssig.*"[7]

Im Unterschied zu James haben viele Neurowissenschaftler sich inzwischen zu Wort gemeldet, um die These von der Einheit des Selbst zu unterstützen, und einige ihrer Vorstellungen werden in diesem Buch aufgegriffen und untersucht. Der Neurophysiologe Charles Sherrington war beispielsweise fest überzeugt von der Einheit des Selbst. In seinem Buch *Körper und Geist* fasste er glänzend zusammen, warum er sich genötigt sah die Existenz des Selbst zu postulieren:

> „Dieses Selbst ist eine Einheit. Seine ständige Präsenz in der Zeit – manchmal kaum unterbrochen vom Schlaf –, seine unveräußerliche ‚Innerlichkeit' im sinnlichen Raum, seine Beständigkeit in der Art, die Dinge zu sehen, und die Privatheit seiner Erfahrungen machen gemeinsam seine einzigartige Existenz aus ... Es betrachtet sich selbst als Eines, andere betrachten es als Eines. Es wird als Eines angesprochen, mit einem Namen, auf den es hört. Gesetz und Staat legen es als Eines fest. Es selbst sowie Gesetz und Staat identifizieren es mit einem Körper, von dem sie alle übereinstimmend sagen, dass er mit ihm ein Ganzes bildet. Kurz gesagt, nach nie bezweifelter und in Frage gestellter Überzeugung ist es Eines. Die Logik der Grammatik bestätigt dies durch ein Pronomen im Singular. Die ganze Vielfalt des Selbst geht in einer Einheit auf."[8]

Wenn Kant und Sherrington, wie ich meine, Recht haben und es so etwas wie ein Selbst gibt, dann müssen wir erklären, wie das Gehirn, das aus Milliarden einzelner Neuronen besteht, diese einzelne und einheitliche Wesenheit schafft, die wir das Selbst nennen. Die klinischen Fälle werden zeigen, dass es viele Gehirnregionen gibt, die beim Erschaffen und Aufrechterhalten des Selbst eine Rolle spielen.

Die moderne Neurowissenschaft hat inzwischen jedoch überzeugend belegt, dass es keinen zentralen Ort gibt, an dem alles im Gehirn „physisch zusammenkommt"; keinen Ort, an dem die unendliche Vielfalt des Gehirns sich physisch vereinigen kann, um einen zentralisierten Geist oder eine Einheit des Selbst zu schaffen. Der Wissenschaftsjournalist John Horgan bezeichnete dieses Problem in seinem kürzlich erschienenen, provokativen Buch *Der menschliche Geist* als das „reduktionistische Dilemma":

> „Diese ungelöste Frage wird gelegentlich auch Bindungsproblem genannt. Ich möchte eine andere Bezeichnung vorschlagen: das reduktionistische Dilemma. Es betrifft nicht nur die Neurowissenschaft, sondern auch die Evolutionspsychologie, die Kognitionswissenschaft, die Künstliche Intelligenz, ja sämtliche Disziplinen, die den Geist in eine Sammlung weitgehend unverbundener ‚Module', ‚Intelligenzen' beziehungsweise ‚Rechenmaschinen' aufteilen. Wie ein frühreifer achtjähriger Junge, der an einem Radio herumbastelt, leisten die Hirnforscher Vorzügliches, wenn es darum geht, das Gehirn zu zerlegen, aber sie haben keinen blassen Schimmer, wie sie die Teile wieder zu einem Gesamtbild zusammenfügen können."[9]

Das Problem der geistigen Einheit stellt für jede neurobiologische Theorie vom Selbst eine echte Herausforderung dar. Wenn alle Gehirnregionen, die zum Selbst beitragen, so spezifiziert und aufgezählt werden können, als handelte es sich dabei um Computermodule, wie sind sie dann so miteinander integriert, dass wir als einheitliches, einzelnes Selbst existieren? Was ist es, das im Gehirn das subjektive Gefühl schafft, dass wir einen einzigen und einheitlichen Standpunkt, ein inneres Ich besitzen? Was hält die Neuronen unseres Gehirns davon ab, ihre eigenen Wege zu gehen?

Die Schwierigkeit bei früheren Lösungsansätzen des reduktionistischen Dilemmas ist, dass sie dazu neigen, Gehirn und Geist wie eine Pyramide, also als hierarchisch organisiert zu betrachten: Alle Hirnregionen, die zum Selbst beitragen, laufen in der Spitze dieses hierarchischen Systems zusammen und die Einheit des Selbst und der Geist, das innere Ich, gehen auf geheimnisvolle Weise daraus hervor wie das Auge an der Spitze der Pyramide, die auf amerikanischen Dollarscheinen abgebildet ist. (Vgl. Abbildung 2)

Abbildung 2: Viele Modelle des Geistes stellen das Gehirn als eine Hierarchie in Form einer Pyramide dar. Die vielen Teile des Gehirns, die zum Selbst und zum Geist beitragen, stellen die Grundfläche der Pyramide dar. Diese Teile sind so kombiniert und organisiert, dass daraus die höheren Ebenen der Hierarchie entstehen. Und auf irgendeine mysteriöse Weise soll an der Spitze plötzlich eine Einheit des Selbst „herauskommen".

Das Problem bei dieser Darstellungsweise ist, dass das Gehirn nicht wie eine Pyramide organisiert ist, sondern dass es wie der lebende Organismus reagiert, zu dem es gehört. Alles Lebendige ist zwar hierarchisch organisiert, diese Hierarchie hat jedoch kein Oben und Unten, keine Spitze oder Grundfläche wie eine Pyramide. Alles Lebendige hat die Form einer *verschachtelten* Hierarchie. In der verschachtelten Hierarchie leisten alle Teile einen Beitrag zum Leben und zur Aktivität des Organismus. In der verschachtelten Hierarchie des Selbst leisten viele Teile des lebendigen Gehirns einen Beitrag zum Selbst. Ich werde versuchen aufzuzeigen, dass das neurobiologische Selbst als eine *verschachtelte Hierarchie von Sinn und Zweck* verstanden werden kann.

Eines der interessantesten Merkmale dieser Sicht des Selbst ist die ihrem Wesen nach persönliche Natur des verschachtelten Selbst. Der individuelle Sinn und Zweck existiert nur für das Individuum und ist Teil unseres *Seins*. In unserem heutigen Zeitalter der wundersamen Computertechnologie haben wir die einfache Tatsache aus den Augen verloren, *dass der Geist etwas Lebendiges ist*, dass er ein integraler Bestandteil unserer Existenz als Menschen ist. In den abschließenden Kapiteln werde ich die These vertreten, dass wir anfangen die schwer fassbare neurobiologische Basis des Selbst zu verstehen, wenn wir die Vorstellung vom persönlichen Sein in unsere Theorien über das Gehirn mit einbeziehen.

Kapitel 2
Das „Zerlegen" des Selbst

„Dass sich das so verhält, beweist uns unser eigener Körper. Seine sämtlichen Partikel bilden nämlich einen Teil unseres Selbst, das heißt unseres denkenden, bewussten Ich, solange sie lebensfähig mit diesem selben denkenden, bewussten Ich verknüpft sind, so dass wir fühlen, wenn sie durch Gutes oder Übles, das ihnen widerfährt, berührt und beeinflusst werden und sich dessen bewusst sind. So sind für jeden die Glieder seines Körpers ein Teil seines Selbst. Er empfindet mit ihnen und kümmert sich um sie. Wird ihm aber eine Hand abgeschlagen und dadurch von dem Bewusstsein losgelöst, das er von ihrer Wärme, Kälte und ihren sonstigen Zuständen hatte, dann ist sie nicht mehr ein Teil seines Selbst, und zwar ebenso wenig wie das entlegenste Materieteil." John Locke[1]

Asomatognosie

Es gibt viele Perturbationen des Selbst, bei denen die Verbindung des Selbst zu einem Körperteil, zu anderen Menschen, zu Orten oder Erfahrungen gravierend verändert wird. Eine der dramatischsten Veränderungen des Selbst, denen der Neurologe im Laufe seiner klinischen Praxis begegnet, ist der als *Asomatognosie* bekannte Zustand: die Unfähigkeit einzelne Teile des Körpers als zum eigenen Körper gehörig zu erkennen. Asomatognosie bedeutet wörtlich „fehlendes Erkennen des Körpers". Unter Asomatognosie leidende Patienten erkennen aber nicht nur einen Teil ihres Körpers *nicht* – sie lehnen ihn möglicherweise auch völlig ab. Eine Patientin von mir mag dafür als Beispiel dienen.[2]

Mirna

Ich begegnete Mirna das erste Mal, als sie in der neurologischen Abteilung in stationärer Behandlung war. Sie war in den Siebzigern und war wegen eines akuten Schlaganfalls in die Klinik eingeliefert worden. Der Begriff *Schlaganfall* bezieht sich auf eine Verletzung des Gehirns, die durch mangelhafte Durchblutung des Gehirns verursacht wird.

Alle Asomatognosie-Patienten, die ich untersuchte, hatten Schlaganfälle erlebt. Wie bei den meisten Asomatognosie-Patienten hatte auch Mirnas Schlaganfall große Teile der rechten Hirnhemisphäre geschädigt. (Abbildung 3)

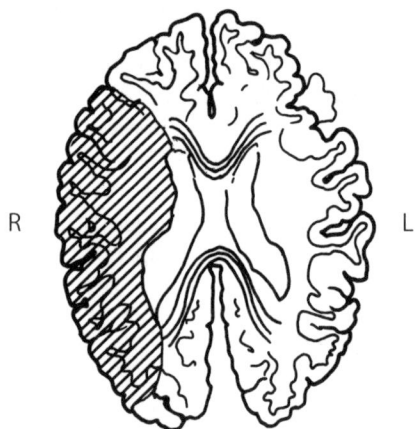

R   L

Abbildung 3: Das Computertomogramm von Mirnas Gehirn zeigte eine massive Schädigung des rechten Frontal- und des Scheitellappens. Mirna war sich nicht bewusst, dass ihr linker Arm zu ihr gehörte, und schrieb ihn ihrem Mann zu, der nicht lange vor Mirnas eigenem Schlaganfall an einem Gehirnschlag gestorben war.

Die geschädigte Region umfasste die motorischen und sensorischen Zentren ihrer rechten Hirnhemisphäre. Infolgedessen war ihr linker Arm gelähmt und sie hatte auf der linken Körperseite keine Gefühle mehr. Eine Schädigung der *rechten* Gehirnhemisphäre führt zu Problemen auf der *linken* Körperseite, da die motorischen und sensorischen Zentren jeder Gehirnhälfte jeweils die entgegengesetzte Körperseite am stärksten steuern und kontrollieren. Eine Schädigung der rechten Gehirnhemisphäre kann auch zu einer linksseitigen Beeinträchtigung des Sehvermögens führen.

Mirna lag ruhig in ihrem Klinikbett. Sie war, was ihren Verstand anging, hellwach und beantwortete bereitwillig meine Fragen; ihr Blick war jedoch extrem auf ihre rechte Seite fixiert, als Ergebnis eines Zustandes, der als das so genannte Neglekt-Syndrom bezeichnet wird. Das *Neglekt-Syndrom* wird gemeinhin als eine Störung der Aufmerksamkeit verstanden, als Unfähigkeit, die Aufmerksamkeit

Reizen zuzuwenden, die auf der der Hirnschädigung räumlich entgegengesetzten Seite auftreten. Ein Patient, der unter dem Neglekt-Syndrom leidet, lässt eine deutliche Neigung erkennen, Reize zu ignorieren, die in dem räumlichen Bereich (dem so genannten Halbraum) auftreten, der auf der der Hirnschädigung gegenüberliegenden Seite liegt.[3]

Um diese Wahrnehmungsstörung zu reduzieren und dem Patienten zu helfen, seinem linken Arm Aufmerksamkeit zu schenken, stellt man sich auf die rechte Seite des Patienten und greift nach seinem linken Arm, um diesen vorsichtig zu seiner rechten Seite hin zu bewegen, das heißt, dass Hand und Unterarm so weit wie möglich nach rechts gezogen oder bewegt werden.

Nachdem ich dies bei Mirna gemacht hatte, bat ich sie mir zu sagen, was ich ihr zeigte:

FEINBERG: „Ich möchte Sie jetzt noch einmal fragen. Was ist das hier? Schauen Sie sich dies hier an. Was ist das?"

MIRNA: „Ihre Finger."

FEINBERG: „Meine Finger?"

MIRNA: „Ja."

FEINBERG: „Schauen Sie sie noch einmal an, schauen Sie sie sich jetzt gut an. Okay, ... sagen Sie mir, was es ist."

MIRNA: „Finger ... Ich sehe zwei Finger und eine Tasche."

FEINBERG: „Schauen Sie gut hin. Was ist es? Das ..." (*Ich klopfe auf ihren Handrücken.*)

MIRNA: „Ihr Handrücken."

FEINBERG: „Mein Handrücken?"

MIRNA: „Ja."

FEINBERG: „Stellen Sie sich vor, ich würde Ihnen sagen, es sei Ihre Hand."

MIRNA: „Ich würde Ihnen nicht glauben."

FEINBERG: „Sie würden mir nicht glauben?"

MIRNA: „Nein, nein."

FEINBERG: „Dies ist Ihre Hand."

MIRNA: „Nein."

FEINBERG: „Sehen Sie, hier ist Ihre rechte Hand und hier ist Ihre linke Hand."

MIRNA: „Okay."

FEINBERG: „Und was ist das jetzt?" (*Ich halte ihre linke Hand hoch.*)

MIRNA: „Ihr Handrücken!"

Wie ist Mirnas Problem zu erklären? Die erste Frage, die beantwortet werden muss, ist die, was sich hinter dieser falschen Identifizierung konkret verbirgt. Könnte ihre Unfähigkeit, ihre linke Seite zu erkennen, zum Beispiel auf ein allgemeines sprachliches Problem zurückzuführen sein? Vielleicht wusste sie, dass es ihr linker Arm war, konnte diese Wahrnehmung aber einfach nicht richtig mitteilen? Oder vielleicht war ihre Unfähigkeit, Teile ihres Körpers zu erkennen, nicht nur auf ihre linke Seite beschränkt, so dass sie in Wirklichkeit beidseitig unfähig war, Teile ihres Körpers zu erkennen? Und schließlich war auch die Frage zu berücksichtigen, ob das Problem darauf beschränkt war, dass sie ihre *eigenen* Körperteile nicht identifizieren konnte, oder ob sie allgemein, auch bei anderen, Schwierigkeiten hatte, Körperteile zu identifizieren.

Um diese Möglichkeiten zu beurteilen, prüfte ich, ob Mirna ihre rechte Hand korrekt identifizieren konnte. Sie konnte es und daraus schlussfolgerte ich, dass ihr Unvermögen, Körperteile zu identifizieren, nicht auf sprachliche Probleme oder darauf zurückzuführen war, dass sie Körperteile nicht namentlich benennen konnte. Sie hatte auch keine Schwierigkeiten, *meine* rechte oder linke Hand oder Bilder von Händen, Füßen, Augen oder Ohren zu identifizieren. Was auch immer die Ursache ihrer Asomatognosie war – ihr Problem bestand konkret einzig in der Schwierigkeit, die linke Seite *ihres* Körpers richtig zu identifizieren.

Es gab einen weiteren Grund, warum allgemeine wahrnehmungsspezifische, sprachliche oder kognitive Behinderungen bei Mirna auszuschließen waren. Ihre durch Asomatognosie bedingten Fehlidentifikationen widersetzten sich hartnäckig jeder Korrektur. Sie ließ sie sich einfach nicht „ausreden"; ihre Überzeugungen bezüglich ihrer Hand waren eher Wahnvorstellungen als einfache Irrtümer. Trotz aller Versuche, sie zu korrigieren, indem ich darauf hinwies, dass es tatsächlich ihre Hand war, auf die sie starrte, ließ sie sich nicht vom wahren Sachverhalt überzeugen.

Bei den meisten Patienten, die unter Asomatognosie leiden, ist es so, dass sie beispielsweise mit ihrer intakten rechten Hand die Verbindung zwischen ihrem lahmen linken Arm und der linken Schulter ertasten können, aber dennoch überzeugt bleiben, es sei nicht ihr Arm. Dies war auch der Fall bei einer Patientin, die Dr. Clarence W. Olsen bei einer Tagung der *Neurological Society* von Los Angeles im Jahr 1937 beschrieb. Seine Patientin hatte in der rechten Gehirnhemisphäre einen Gehirnschlag erlitten, wodurch sie linksseitig körperlich gelähmt war.

> „Sie bestritt, dass die betroffenen Gliedmaßen ihr gehörten, und sie sagte, ‚Ihre' oder die von jemand anderem seien bei ihr im Bett. Als ihr gezeigt wurde, dass sie an ihrem Körper waren und dass der fragliche Arm mit ihrer Schulter zusammenhing und damit ihr Arm sein musste, sagte sie: Aber meine Augen und meine Gefühle sind nicht einer Meinung und ich muss meinen Gefühlen glauben. Ich weiß, dass sie wie meine aussehen, ich kann jedoch fühlen, dass sie es nicht sind, und ich kann meinen Augen nicht glauben."[4]

Die Hartnäckigkeit, sich jeder Belehrung zu widersetzen, die Mirna an den Tag legte und die auch bei anderen Asomatognosie-Patienten zutage tritt, ist für die meisten neurologischen Verhaltensstörungen jedoch keineswegs typisch. Ein Patient, der zum Beispiel nach Worten sucht oder infolge einer Aphasie (Sprachstörung) nicht lesen kann, nimmt im Allgemeinen Hilfe an, wenn sie ihm angeboten wird, und ist sogar dankbar dafür. Bei Mirna ging es um etwas Tieferliegendes. Ihr Problem wurzelte in einer grundlegenden Störung ihres Selbstverständnisses (wer und was sie selbst zu sein glaubte).

Sie hatte alle typischen Merkmale eines Patienten, der an Asomatognosie leidet. Der von ihr verstoßene Arm war schwer gelähmt und sie litt an diesem Arm unter einem erheblichen Gefühlsverlust.

Die Propriozeption, das heißt, die Eigenwahrnehmung des Körpers, das Gefühl und das Wissen, wo und in welcher Stellung sich die Gliedmaßen räumlich befinden, war bei Mirna besonders stark gestört, und dies gilt für die meisten Asomatognosie-Patienten. Wenn sie ihren Arm nicht direkt betrachtete, war sie unfähig sinnlich wahrzunehmen, wo er lokalisiert war.

In Mirnas Fall war ich mir der Tatsache nicht bewusst, dass sie unter Asomatognosie litt, bis ich sie konkret gebeten hatte ihren Arm zu identifizieren. In anderen Fällen wird Medizinern und dem Klinikpersonal jedoch sofort klar, dass ein Patient an diesem Symptom leidet. Dies war zum Beispiel nur zu offensichtlich bei einem Patienten, der wiederholt versuchte, seinen linken Arm aus dem Bett zu werfen. Andere Patienten, die davon betroffen sind, beklagen sich beim Pflegepersonal, dass jemand neben ihnen im Bett liege.

Nielsen beschrieb eine 48-jährige Frau, die, als sie nach ihrer linken Seite gefragt wurde, erklärte: „Das ist ein alter Mann. Bleibt die ganze Zeit im Bett liegen."[5] Spillane erzählte von einem Offiziersanwärter, der sich in einem Militärkrankenhaus darüber beklagte, „dass er keinen Platz habe – wegen einer anderen Person – zwischen seinem Körper und der Wand".[6] Ullman und seine Kollegen berichteten von einer Patientin, die sich, nachdem man ihren linken, gelähmten Arm hochgehoben hatte, so beschwerte: „In meinem Bett hat niemand was zu suchen."[7]

Mirna litt unter einem linksseitigen Neglekt-Syndrom und war unfähig ihren linken Arm zu identifizieren. Die große Mehrzahl der Patienten, die unter Asomatognosie leiden, sind unfähig ihren *linken* Arm zu identifizieren.

Eine kleine Anzahl dieser Patienten verstößt auch das linke Bein. Ich habe über einhundert Asomatognosie-Patienten untersucht und kein einziger Fall war durch eine Schädigung der *linken* Hirnhemisphäre verursacht worden, die zu der Unfähigkeit, den *rechten* Arm oder das *rechte* Bein zu erkennen, geführt hätte. Ein Grund, warum der linke Arm eher oder häufiger als der rechte von dem Symptom betroffen ist, mag auf die Verbindung zwischen einer Asomatognosie und dem Neglekt-Syndrom zurückzuführen sein.[8] Das Neglekt-Syndrom ist nach einer Schädigung der *rechten* Gehirnhälfte schlimmer und langwieriger.[9] Denn die rechte Hemisphäre verfügt über die Fähigkeit, die Aufmerksamkeit räumlich in beide Richtungen, nach beiden Seiten zu lenken. Dies bedeutet, dass die rechte Hemisphäre bei einer Schädigung der linken Gehirnhälfte den Verlust ausgleichen kann, so dass der Patient nach wie vor beide Seiten der Welt und des Selbst wahrnimmt.

Demgegenüber ist die *linke* Gehirnhemisphäre in ihrer Fähigkeit, die Aufmerksamkeit zu lenken, wesentlich einseitiger und kann die Aufmerksamkeit des Patienten am besten auf die entgegengesetzte (rechte) Seite lenken. Bei einer Schädigung der rechten Gehirnhälfte bleibt die räumliche Wahrnehmung der begrenzten Anpassungsfähigkeit der linken Hemisphäre überlassen, so dass die linke Seite des Raumes und des Körpers eher ignoriert werden.[10]

Die klinischen Manifestationen des Neglekt-Syndroms gehören zu den interessantesten in der Neurologie. Ein Patient mit einer rechtsseitigen Gehirnschädigung und einem linksseitigen Neglekt-Syndrom rasiert möglicherweise seine linke Gesichtshälfte nicht, bekleidet vielleicht nur den linken Teil seines Körpers oder isst vielleicht nur die Dinge, die ihm beim Essen im Krankenhaus auf der linken Seite des Tabletts serviert werden. Wenn er zu gehen versucht, kann er mit Gegenständen, die sich auf seiner linken Seite befinden, oder mit Menschen, die von links auf ihn zukommen, zusammenstoßen. Wenn diese Patienten linksseitig gelähmt sind, was oft der Fall ist, neigen sie dazu, ihre unbeweglichen Gliedmaßen zu ignorieren und sich mitunter achtlos (und entsprechend gefährlich) auf die gelähmten Gliedmaßen zu setzen. Wenn ich mit einer Gruppe von Assistenzärzten in der Klinik Visite mache und es um die Untersuchung eines Neglekt-Syndrom-Patienten geht, bitte ich den Patienten oft, zu zählen, wie viele Ärzte um ihn herumstehen. Die Patienten beginnen unterschiedslos, von sich aus gesehen von rechts zu zählen, um dann in der Mitte, wenn es nach links weiterginge, aufzuhören, und lassen so etwa die Hälfte der Gruppe aus.

Neglekt-Syndrom-Patienten ignorieren jedoch nicht einfach nur die auf einer Seite auftretenden Reize, sie verhalten sich auch so, als könne auf dieser Seite nichts geschehen, das für sie von *persönlicher Bedeutung* wäre.[11] Wenn diese Patienten gebeten werden Linien durchzustreichen, die auf einem Blatt verteilt sind (die so genannte Linien-Wegstreich-Aufgabe), dann streichen sie nur die Linien auf der rechten Blatthälfte aus. Als einer meiner Patienten darauf hingewiesen wurde, dass er die Linien auf der linken Seite übersehen hatte, rief er aus: „Oh, die zählen nicht!", und weigerte sich weiterhin, die Linien wegzustreichen, die er auf der linken Seite belassen hatte. Werden Neglekt-Patienten gebeten eine Uhr zu zeichnen, so zeichnen sie nur die rechte Hälfte. Werden sie gebeten, eine Blume abzuzeichnen, so kommt dabei ein Gänseblümchen heraus, das nur auf der rechten Seiten Blütenblätter hat. Und werden sie gebeten, eine waagerechte Linie in der *Mitte* zu markieren, so ist die Linienmitte für die Patienten weit nach rechts verschoben. (Abbildungen 4, 5, 6)[12]

Abbildung 4: Bei einer Linien-Wegstreich-Aufgabe wird der Patient angewiesen alle Linien auf dem Blatt wegzustreichen. Die Abbildung zeigt, wie eine Patientin mit einem linksseitigen Neglekt-Syndrom die Aufgabe löste. Die Patientin markierte nur die Linien, die auf der rechten Blatthälfte vorgegeben waren, und ignorierte alle auf der linken Seite vorhandenen Reize.

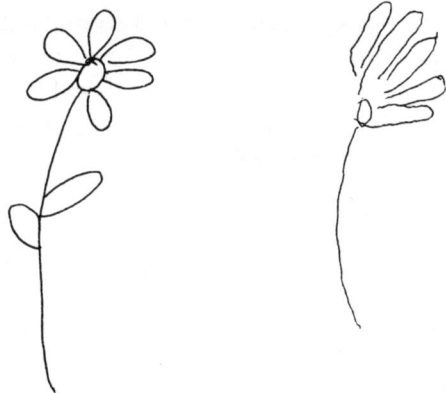

Abbildung 5: Ein anderer Patient mit linksseitigem Neglekt-Syndrom wurde gebeten, die links abgebildete Zeichnung einer Blume abzuzeichnen. Die Details der linken Seite der Zeichnung ließ der Patient aus.

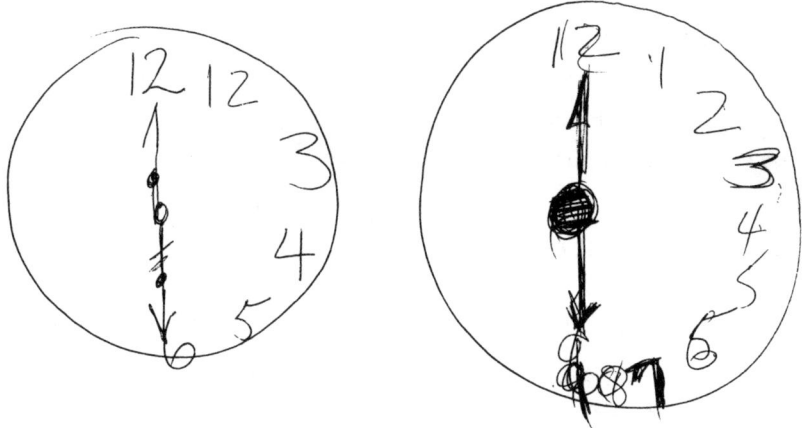

Abbildung 6: Ein dritter Patient mit linksseitigem Neglekt-Syndrom wurde gebeten eine Uhr zu zeichnen. Als Erstes zeichnete er die links abgebildete Uhr und ließ die Ziffern der linken Seite aus. Spontan stellte er die Uhr auf 6.00 Uhr ein. Dann bat ich ihn eine weitere Uhr zu zeichnen und diese auf 9.30 Uhr einzustellen. Was er nach diesen Anweisungen zeichnete, ist in der Abbildung rechts zu sehen.

Bei Mirna lag ein starkes Gefühl der Entfremdung gegenüber ihrer Hand vor. Patienten, die unter Asomatognosie leiden, äußern oft nicht nur die Überzeugung, es sei nicht ihre Hand, sondern auch, dass es ihre Hand einfach nicht sein könne. Meine Patientin Sonya demonstriert anschaulich diese Entfremdung.

Sonya

Sonya war eine Frau in ihren Siebzigern. Sie war eine glänzende Musikerin, stammte ursprünglich aus Wien und sprach mit einem starken deutschen Akzent. Genau wie Mirna war Sonya nach einem Schlaganfall, der in der rechten Gehirnhemisphäre große Teile des Scheitellappens geschädigt hatte, in die Klinik eingeliefert worden. Sie war linksseitig körperlich gelähmt und litt linksseitig an einem erheblichen Neglekt, der sich sowohl auf die linke Seite ihres Körpers als auch auf die linke Seite des Raumes um sie herum bezog. Ich bewegte ihren linken Arm zu ihrer rechten Seite hin und bat sie, ihn zu identifizieren.

FEINBERG: „Was ist das?"

SONYA: „Eine Hand."

FEINBERG: „Eine Hand? Wessen Hand ist es?"

SONYA: „Meine nicht!"

FEINBERG: „Es ist nicht Ihre? Woher wissen Sie das?"

SONYA: „Nun, es ist einfach nicht meine."

FEINBERG: „Sind Sie sicher?"

SONYA: „Ja, sicher ..."

FEINBERG: „Nun, wessen Hand könnte es sein? Diese Hand hier."
(*Ihre Hand wird ihr vor die Augen gehalten. Keine Reaktion.*)
„Hat sie einen anderen Namen? Wie würden Sie sie nennen?"

SONYA: „Eine Fremde."

FEINBERG: „Eine Fremde? Sie würden sie eine Fremde nennen?"

SONYA: „Ja, sicher."

FEINBERG: „Aber es ist eine Hand?"

SONYA: „Ja, sicher."

Personifizierung der Gliedmaßen

Einige Asomatognosie-Patienten schreiben ihre Gliedmaßen beispielsweise dem Arzt zu, indem sie behaupten, es sei „Ihre Hand" oder „die Hand des Doktors". Andere Patienten setzen auf Unwissenheit und sagen einfach: „Ich weiß es nicht", oder: „Ich habe keine Ahnung", oder: „Wie soll ich das wissen? Sie sind der Arzt!"

Frauen lassen eine Neigung erkennen zu behaupten, der Arm gehöre einem Mann, oft dem eigenen Ehemann. Zwei Patientinnen, die von Ullman und seinen Kollegen beschrieben wurden, behaupteten ebenfalls, ihre gelähmten linken Arme gehörten ihren verstorbenen Ehemännern.[13]

Männer scheinen im Gegensatz zu Frauen interessanterweise eher zu behaupten, ihr als solcher nicht erkannter eigener Arm gehöre einer Frau. Am häufigsten behauptet der Patient in diesem Fall, der Arm gehöre seiner Tochter oder seiner Schwiegermutter.

Der britische Neurologe Macdonald Critchley untersuchte viele Asomatognosie-Patienten und für ihn kristallisierte sich dabei die bemerkenswerte Tendenz mancher dieser Patienten heraus, ihre gelähmten Gliedmaßen zu personifizieren. Critchley beschrieb die seltsame Art und Weise, wie manche dieser Asomatognosie-Patienten mit ihrem nicht identifizierten Arm umgingen, als besäße der Arm eine vollständige, unabhängige eigene Identität. In einigen verblüffenden Fällen wurde der Arm so behandelt, als handle es sich dabei um ein kleines Kind oder ein Haustier.

Ein Mann, der in Dr. Critchleys Obhut kam, zeigte dieses eigenartige Verhalten. Der Patient sprach von seinem Arm in der dritten Person und bezeichnete ihn als „er". Dieser Patient berichtete, als er von seinem schwachen linken Arm sprach: „Er wird manchmal müde; er hält zeitlich nicht mit und kommt manchmal aus dem Tritt. Er wird sehr faul; er sitzt und hängt herum, und wenn er einen zu fassen bekommt, dann möchte er einen nicht mehr loslassen. Das macht er jetzt schon seit einer Woche so." Critchley beschrieb das seltsame Verhalten, das dieser Patient gegenüber dem schwachen Arm zeigte, weiter:

„Als er gebeten wurde seine Faust zu öffnen, hielt er sie noch immer fest geballt vor sich hoch und begann dann, sie zu liebkosen und zu streicheln, sie zu tätscheln und liebvoll zu reiben, mit ihr zu reden und sie zu ermutigen – etwa mit den Worten: ‚Komm schon, du kleiner Affe, lass uns nicht hängen. Komm schon, du Affe.' Ich habe ihn immer ‚Lucky' genannt. Wir kommen im Augenblick ganz gut voran, deshalb nennen wir ihn Glücklicher'. Weiter so, ‚Glücklicher' … Das Pflegepersonal beobachtete, dass er den kleinen ‚Affen' bei den Mahlzeiten mit einem Löffel fütterte' und ihm dabei zuredete: ‚Komm schon, nimm ein wenig.'"[14]

Critchley schilderte, welche phantasievollen Kosenamen seine Patienten ihren Gliedmaßen gaben: „George", „Toby", „Verrückter Billy", „Schlaffer Joe", „Baby", „Lahmi" oder „Der Unbewegliche", „Fluch", „Faule Beine" und „Der Quälgeist". Ein Patient nannte seinen leicht gelähmten, schlaffen Arm „James" und bezeichnete sein linkes Bein als „Linki".

Meine Patientin Mirna hatte die Neigung ihre linke Seite zu personifizieren. Als sie gebeten wurde ihren linken Arm zu identifizieren, bezeichnete sie ihn mehrfach als den Arm ihres Mannes. Ebenso erklärte sie mir einmal, ihr linker großer Zeh sei der ihres Mannes. Ihr Mann war seit Jahren tot. Zu den Händen ihres Mannes äußerte sie eine Reihe interessanter Überzeugungen.

FEINBERG: „Was ist mit den Händen Ihres Mannes? Hatten Sie die Hände Ihres Mannes?"

MIRNA: „Ja, die hatte ich."

FEINBERG: „Erzählen Sie mir davon. Was ist geschehen?"

MIRNA: „Er ließ sie zurück."

FEINBERG: „Er ließ sie Ihnen zurück?"

MIRNA: „Er wollte sie nicht."

FEINBERG: „Wie war das genau, hat er sie Ihnen in seinem Testament überlassen?"

MIRNA: „Er ließ sie einfach so zurück, wie er seine Kleidung zurückließ." *(Unter Tränen.)*

FEINBERG: „Sie waren also im Haus? Erzählen Sie mir von ihnen."

MIRNA: „Bis vorgestern. Sie fielen immer auf meine Brust. Ich sagte: Ich muss sie loswerden!'"

FEINBERG: „Ja."

MIRNA: „Und das habe ich gemacht."

FEINBERG: „Was haben Sie gemacht?"

MIRNA: „Sie in den Müll geworfen."

FEINBERG: „Sie haben sie in den Müll geworfen?"

MIRNA: „Ja, ... vor zwei Tagen."

FEINBERG: „Wo sind sie jetzt?"

MIRNA: „Noch immer im Müll, ... eine schwarze Hand, mit einer Plastikhülle ... Sie werden sie dort finden. Aber seien Sie vorsichtig, ... die Nägel sind sehr lang ... und sehr scharf. Wie kommt es, dass die Nägel an toten Händen wachsen?"

FEINBERG: „Ich weiß nicht ... Was meinen Sie?"

MIRNA: „Ich verstehe es nicht; wenn sie tot ist, ist sie tot. Ich weiß nicht."

FEINBERG: „Wie erklären Sie sich das?"

MIRNA: „Ich kann es nicht ... Vielleicht sind sie nicht ganz tot."

FEINBERG: „Was würde das bedeuten?"

MIRNA: „Gar nichts."

FEINBERG: „Warum wollten Sie sie loswerden?"

MIRNA: „Sie haben mich gequält. Sie fielen immer auf meine Brust, wenn ich schlief, ... und sie waren sehr schwer. Und die Nägel haben mich immer gekratzt."

FEINBERG: „Das klingt, als seien sie lebendig gewesen?"

MIRNA: „Nein, ... sie waren tot, tot, tot! Ich sage es Ihnen, ich geben Ihnen mein Wort darauf."

FEINBERG: „Wie viele Jahre hatten Sie sie?"

MIRNA: „Vielleicht zwei. Seit ich krank war."

FEINBERG: „Sie hatten sie, seit Sie krank waren? Warum haben Sie sie hinausgeworfen?"

MIRNA: „Weil ich dachte, dass sie Unglück bringen."

FEINBERG: „Warum haben Sie sie nach all den Jahren weggeworfen?"

MIRNA: „Weil ich den Schlaganfall bekam, ... und ich dachte, ich würde vielleicht hier sterben, genauso wie er!" (*An diesem Punkt begann sie zu weinen.*)

Mirna kämpfte mit der Realität der neuen und tragischen Umstände, in denen sie sich nun befand. Sie spürte, dass ihre linke Hand leblos war, und sie brachte dieses Gefühl in ihrer Geschichte über die Hände ihres toten Mannes zum Ausdruck. Ihre Identifikation mit ihrem Mann ging jedoch über ihre linke Hand hinaus; sie schien der Überzeugung zu sein, ihre ganze Krankheit hinge mit dem Tod ihres Mannes zusammen und dass sie womöglich das gleiche Schicksal erleiden werde, das ihm widerfahren war. Wo ist der Zusammenhang zwischen ihren Aussagen zu ihren Händen und ihren Gefühlen gegenüber sich selbst?

Der Neurologe und Psychoanalytiker Edwin Weinstein, bei dem ich studieren und später auch meine Assistenzarztzeit im Fachbereich Neurologie der *Mount Sinai School of Medicine* absolvieren durfte, zählte zusammen mit Critchley zu den großen Beobachtern neurologischer Phänomene. Weinstein war der Auffassung, dass Patienten, die an Asomatognosie litten und Teile ihres Körpers falsch identifizierten, ihre Störung in metaphorischen Äußerungen offenbarten und dazu neigten, ihre Gefühle gegenüber sich selbst metaphorisch zum Ausdruck zu bringen.[15]

Weinstein zufolge war die Verwendung der Personifizierung nur ein Beispiel dafür, wie seine Patienten metaphorische Ausdrucksweisen benutzten. Er zeigte auf, dass seine Patienten sich einer ganzen Reihe bildlicher Ausdrucksweisen bedienten, wenn sie von dem in Mitleidenschaft gezogenen Arm sprachen. Weinstein zitierte den Fall eines Mannes, der von seinem gelähmten Arm als von „einer gelben und runzeligen Kanarienkralle" sprach; andere Patienten bezeichneten ihren Arm als „ein verrostetes Maschinenteil" oder als „totes Holz".[16]

Eine metaphorische Fehlidentifikation wurde auch von Gilliatt und Pratt bei einer Patientin beobachtet, die ihren gelähmten Arm „arme, kleine, verhutzelte Hand" nannte.[17] Ebenso erwähnte Critchley einen Fall, in dem der betroffene Arm als „eine Vogelkralle" beschrieben wurde.[18] Halligan, Marshall und Wade berichteten von einem Patienten, der seinen linken Arm „wie einen Sack Kohle" empfand.[19] In einem anderen, von denselben Autoren geschilderten Fall beschrieb ein Patient, dass sein linker Fuß „wie der Fuß einer Kuh aussah und sich auch so anfühlte".[20] Meine Patientin Mirna erklärte mir einmal, ihr linker Arm sei „nichts als ein Sack Knochen". Ein anderer Patient klagte mir gegenüber, sein linker Arm sei „ein nutzloses Maschinenteil".

Viele Patienten beschreiben den linken Arm, genau wie Mirna, als „tot". Manchmal scheinen Patienten das Wort „tot" metaphorisch wie bei „todmüde" zu verwenden. Es gibt jedoch manche Patienten, die tatsächlich zu glauben scheinen, der Arm sei *im wahrsten Sinne des Wortes tot*. Der Patient von Halligan, dessen Arm „wie ein Sack Kohle" war, behauptete, er besitze einen „dritten Arm", der „tot" sei. Critchley beobachtete einen Patienten, der seinen Arm als „ein Stück totes Fleisch" bezeichnete.[21]

Asomatognosie-Patienten äußern mitunter erschreckende Überzeugungen zu ihren gelähmten Armen. Auch wenn ich schon Hunderten Patienten mit diesem Symptom zugehört habe, passiert es mir immer noch, dass mich ihre Kommentare zu ihren Armen ebenso überraschen wie bestürzen. Die Tatsache, dass diese Patienten sich einer metaphorischen Sprache bedienen, kann in Wirklichkeit jedoch einen anpassungsspezifischen Zweck erfüllen. Weinstein war der Ansicht, dass die metaphorische Sprache dazu diene, eine Ordnung, Einheit und Vorhersehbarkeit im Hinblick auf die oft verwirrenden Umstände der neurologischen Erkrankung herzustellen. Unter den Voraussetzungen einer Gehirnschädigung mag die metaphorische Sprache dem Patienten „realer" als herkömmlichere Ausdrucksweisen erscheinen und ihm helfen, mit der katastrophalen Krankheit fertig zu werden. Angesichts der lebensbedrohlichen und chaotischen Umstände, die neurologische Krankheiten darstellen, vermag die Metapher die Art und Weise, wie sich die Patienten selbst und ihre Behinderungen sehen, besser als die Alltagssprache wiederzugeben.

Shirley

Der nächste Fall veranschaulicht sehr schön, wie die Personifikation der Gliedmaßen bei einer halbseitigen Lähmung dem Patienten hilft, sich der Krankheit anzupassen. Shirley war eine vitale und intelligente Frau in den Fünfzigern, als ihr linker Arm und ihr linkes Bein infolge eines massiven Schlaganfalls in der rechten Hirnhemisphäre gelähmt wurden. Trotz ihrer neurologischen Probleme blieb Shirley aufgeweckt und gesprächig. Ihr Neurologe informierte mich, dass Shirley ein paar interessante Dinge zu ihrem linken Arm zu sagen habe:

SHIRLEY: „Er hat Urlaub gemacht, ohne mir zu sagen, dass er fortgehe. Er hat nicht gefragt. Er ging einfach fort."

FEINBERG: „Was war?"

SHIRLEY: „Mein ‚Glücksstein'." (*Sie hob ihren leblosen linken Arm hoch, um zu zeigen, worüber sie sprach.*)

FEINBERG: „Sie nennen ihn Ihren ‚Glücksstein'?"

SHIRLEY: „Ja."

FEINBERG: „Warum nennen Sie ihn Ihren ‚Glücksstein'?"

SHIRLEY: „Weil er nichts tut. Er liegt einfach da."

FEINBERG: „Wann ist Ihnen dieser Name eingefallen?"

SHIRLEY: „Direkt nachdem er plumps gemacht hat. Ich dachte, ich gebe ihm einen schönen Namen, auch wenn es etwas Schreckliches war."

FEINBERG: „Haben Sie noch andere Namen dafür?"

SHIRLEY: „Sie. Sie gehört zu mir, also ist sie eine Sie. Sie gehört mir, aber ich mag sie nicht sonderlich. Sie hat mich im Stich gelassen."

FEINBERG: „In welcher Form?"

SHIRLEY: „Plumps, plumps, schaukel, schaukel, nichts. Ich war auf dem Weg nach Hause, zur Tür raus, und weg war sie und tat dies ... (*Shirley zeigte auf ihren linken Arm.*) Sie fragte nicht, ob sie könnte ..." (*Sie schüttelte den Kopf immer wieder, vor und zurück.*) *Ich muss der Boss sein, nicht sie.*"

FEINBERG: „Ist das sein wirklicher Name? Würden Sie sagen, das ist sein wirklicher Name?"

SHIRLEY: „Für jetzt. Er hat keinen Besseren verdient. Ich könnte ihn anmalen, wenn ich wollte."

FEINBERG: „Ist es denn ein wirklicher ‚Glücksstein'?"

SHIRLEY: „Nein, es ist meine Hand."

FEINBERG: „Weshalb bezeichnen Sie sie dann als einen ‚Glücksstein'? Was meinen Sie damit?"

SHIRLEY: „Er liegt wie ein Klumpen da. Er macht überhaupt nichts. Er liegt einfach da. Es ist, wie wenn man Jude wäre und auf einen jüdischen Friedhof ginge und einen Stein auf das Grab legte und er läge dann einfach da; der Stein soll sagen: ‚Ich war hier.' (*Sie zeigt auf ihren linken Arm.*) Er sagt, ich bin hier. Aber ich bin es nicht. Ich bin nur irgendwie hier. Ich bin nicht wirklich hier."

FEINBERG: (*Ich berühre ihre linke Hand.*) „Ist er ein Teil von Ihnen?"

SHIRLEY: „Kein Teil, den ich sehr mag."

FEINBERG: „Mögen Sie ihn nicht?"

SHIRLEY: „Nein, nicht."

FEINBERG: „Wie finden Sie denn wirkliche ‚Glückssteine'?"

SHIRLEY: „Blöd."

FEINBERG: „Wäre dieser hier etwas, das Sie jemandem schenken würden?"

SHIRLEY: „Nein."

FEINBERG: „Indem Sie ihn einen ‚Glücksstein' nennen."

SHIRLEY: (*Sie unterbricht mich.* „Das erfüllt ihn mit einem anderen Leben. Denn ohne Humor bin ich nichts. Ich muss einmal am Tag lachen, sonst stecken sie mich weg. Also mache ich eine humoristische Anspielung darauf."

Eine Woche später kam ich wieder, um Shirley nochmals zu untersuchen. Sie sollte bald aus dieser Klinik entlassen und in eine Reha-Klinik überwiesen werden. Während ich mich darauf vorbereitete, ihr einige Fragen zu stellen, ergriff sie mit ihrer rechten Hand ihre linke Hand, schüttelte den lahmen Arm und begann, ihm vorzusingen:

SHIRLEY: „*Wake up! Time to go home. What are we gonna tell your mama? What are we gonna tell your pa? What are we gonna tell your friends when they say ooo-la-la? Wake up little Susie. It's time to go home.*" [Übersetzung des Liedtextes: Wach auf! Zeit nach Hause zu gehen. Was werden wir deiner Mama erzählen? Was werden wir deinem Papa erzählen? Was werden wir deinen Freunden zählen, wenn sie ooo-la-la sagen? Wach auf, kleine Susie. Es ist Zeit nach Hause zu gehen.]

(Dann hält sie ihre linke Hand an ihre Wange und liebkost sie, küsst sie und streichelt sie.) „Sie ist ein gutes Mädchen."

FEINBERG: „Was war das?"

SHIRLEY: „‚*Wake Up Little Susie.*' Erinnern Sie sich an die *Everly Brothers*? *(Zeigt auf ihren linken Arm.)* Das ist sie. Das ist die kleine Susie. Sie war die ganze Nacht aus und sie muss nach Hause gehen. So ist es. Sie ist fertig. Sie muss nach Hause gehen und sie werden denken, sie sei die Stadthure." *(Lacht.)*

FEINBERG: „Warum würden Sie das sagen?"

SHIRLEY: „Weil sie sich nicht benimmt. *(Sie schüttelt wiederum den Arm und zieht an den Fingern, als wolle sie ihn wecken. Dann erklärt sie mir, warum sie ihrem Arm das Lied vorgesungen hat.)* Wach auf kleine Susie! Es ist ein Bewältigungsmechanismus. Es ist, wie sie im *Reader's Digest* zu sagen pflegten: ‚Lachen ist die beste Medizin.' Wenn man nicht lachen kann, was hat man dann noch? Ich dachte, ich könnte sie mit etwas liebevoller Freundlichkeit zurückholen. Deshalb habe ich gesungen: *Wake Up Little Susie*, es ist eines meiner Lieblingslieder von den *Everly Brothers*."

FEINBERG: „Worum geht es in dem Song?"

SHIRLEY: „Ein Mädchen und ihr Freund waren abends zu lange aus. Und die ganze Stadt wird über sie reden. Dass sie eine Nutte sei. Und dann sagt er: ‚Was werden wir deinen Freunden erzählen, wenn sie ooo-la-la sagen? Wach auf, kleine Susie. Es ist Zeit nach Hause zu gehen.' *(Dann hebt sie ihren linken Arm hoch.)* Und ich möchte nach Hause gehen!"

Die metaphorischen Personifizierungen, die Shirley benutzte, um ihren Arm zu beschreiben, waren ein kondensierter Ausdruck ihrer Gefühle. Ein „Glücksstein" wie ihr gelähmter Arm „liegt wie ein Klumpen da" und ist „blöd". Die Assoziation, die Shirley zwischen dem „Glücksstein" und den Steinen herstellte, die traditionell auf jüdische Gräber gelegt werden, war ein metaphorischer Ausdruck ihres Gefühls, dass ihr Arm leblos war. Ebenso war ihre Wahl des Hits der *Everly Brothers* (*Wake Up Little Susie*) mit metaphorischen Bedeutungen befrachtet. Der Text des Songs brachte eloquent ihre Gefühle bezüglich der Situation zum Ausdruck, in der sie sich befand. Genau wie ihr gelähmter Arm war die „kleine Susie" am Schlafen und musste geweckt werden. Shirley war sauer, dass ihr Arm sich nicht rührte und bewegte und nicht wusste, wer „der Boss" war, und die „kleine Susie" würde in Schwierigkeiten geraten, wenn sie nicht auf die flehenden Bitten ihres Freundes hörte und aufwachte. Damit brachte Shirley sowohl ihre Liebe zu ihrem Arm als auch ihre Wut über eine Hand zum Ausdruck, die ihre Anweisungen nicht befolgte. Und schließlich sollte die „kleine Susie" bald nach Hause gehen und Shirley sollte bald aus der Klinik entlassen werden. Wenn Shirleys „kleine Susie" einfach „aufwachen" würde, könnte Shirley auch nach Hause gehen ...

Anosognosie

Viele Patienten, die unter Asomatognosie leiden, leiden auch unter einem verwandten Symptom, der so genannten Anosognosie, dem Leugnen der Krankheit.[22] Anosognosie heißt wörtlich: „Unkenntnis von der Existenz der Krankheit". Auch wenn der verstoßene Arm bei Asomatognosie-Patienten sehr schwach oder vollständig gelähmt ist, leugnen die meisten dieser Patienten, die unter Asomatognosie leiden, ihre Lähmung oder spielen sie herunter. Wenn man sie bittet, den gelähmten Arm zu heben oder die Finger der gelähmten Hand schnell zu bewegen, behaupten sie, sie würden diese Leistung, die von ihnen verlangt wird, relativ normal erbringen. Manche Patienten leugnen sogar, überhaupt in irgendeiner Weise krank zu sein. Sie behaupten oft, der gelähmte Arm sei einfach „faul" oder vielleicht „etwas müde".

Das Leugnen, Nichterkennenkönnen, Nichtwahrhabenwollen oder die Unbewusstheit einer Lähmung wird als „Anosognosie für eine Halbseitenlähmung" bezeichnet. Die drei Zustände – Asomatognosie, Neglekt-Syndrom und Anosognosie – treten oft zusammen auf, und zwar für gewöhnlich als Ergebnis einer Schädigung der rechten Gehirnhälfte.

Genau wie bei der Asomatognosie sind die Manifestationen einer Anosognosie von Fall zu Fall verschieden und es gibt nicht zwei Patienten, die genau gleich wären. Um das Ganze noch zu komplizieren, können Patienten ihre Einsichten von Tag zu Tag, sogar von Stunde zu Stunde verändern. Der echte Anosognosie-Patient ist nicht einfach nur „verwirrt" wegen der Umstände, in denen er sich befindet. Das wäre nicht so wahnsinnig interessant und wäre die Zeit wohl kaum wert, die Hunderte von Forschern für die Untersuchung dieses Syndroms aufgebracht haben. Der Patient, der definitiv unter einer Anosognosie für eine halbseitige Lähmung leidet, ist sich seiner Schwäche nicht nur einfach nicht bewusst – er kann von seiner Lähmung auch nicht überzeugt werden.

Mein Patient Jack kann als Beispiel dienen.

Jack

Jack war 64 Jahre alt und Bauarbeiter. Er hatte in der rechten Gehirnhemisphäre einen Schlaganfall erlitten, der seinen linken Arm vollständig gelähmt hatte. (Abbildung 7) Jack hatte alle in diesem Kapitel beschriebenen Syndrome. Er litt unter einem schweren linksseitigen Neglekt-Syndrom. Die Pupillen seiner Augen waren nicht mittig ausgerichtet, sondern zeigten eine starke Abweichung nach rechts, als würde er irgendetwas in der entfernten Ecke des Raumes beobachten. Er ignorierte Menschen, die sich ihm von links näherten.

Jack litt unter einer Asomatognosie und konnte seinen linken Arm nicht als seinen eigenen identifizieren. Er litt auch unter einer starken Anosognosie und beharrte darauf, dass er bei bester Gesundheit sei. Er behauptete dies, obwohl er mit einem Operationshemd bekleidet in einem Krankenhausbett lag und obwohl sein rechter Arm an einen Infusionsschlauch angeschlossen war. Jack wusste nur zu gut, dass die *Ärzte* ihn für krank hielten und glaubten, er habe einen Schlaganfall erlitten. Er wusste sogar, dass das Krankenhauspersonal glaubte, er könne seine linke Seite nicht bewegen. Trotz dieses Wissens hielt er an seinem Glauben fest, dass er in keiner Hinsicht krank sei. Er beharrte darauf, dass alles bestens sei, und wenn die Ärzte ihn nur ließen, dann würde er sofort aufstehen und seiner Wege gehen.

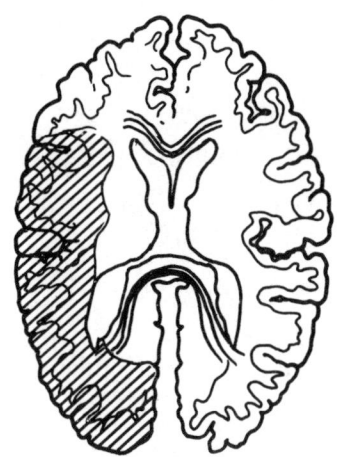

Abbildung 7: Wie dieses Computertomogramm zeigt, war sein Gehirn vom hinteren Teil des Frontallappens *(Lobus frontalis)* bis zum Hinterhauptlappen *(Lobus occipitalis)* einschließlich, der für die visuelle Wahrnehmung verantwortlich ist, durch den Infarkt geschädigt worden. Obwohl er die linke Seite seines Körpers nicht bewegen und Objekte in seinem linken Blickfeld nicht registrieren konnte, war Jack überzeugt, in absolut bester Verfassung zu sein (Anosognosie).

FEINBERG: „Wenn alles bestens ist, warum liegen Sie dann jetzt im Bett?"

JACK: „Ich möchte jetzt zu Hause sein ... Ich schwöre, ich möchte ..."

FEINBERG: „Ich mache Ihnen keine Vorwürfe. Aber warum liegen Sie jetzt im Bett? Ist irgendetwas nicht in Ordnung?"

JACK: „Die Ärzte glauben dies offensichtlich."

FEINBERG: „Die Ärzte glauben dies offensichtlich? Was glauben denn Ihres Erachtens die Ärzte, was mit Ihnen nicht in Ordnung sei?"

JACK: „Sie glauben wohl, ich hätte einen Schlaganfall gehabt oder so etwas."

FEINBERG: „Oder so etwas?"

JACK: „Ja."

FEINBERG: „Was denken Sie?"

JACK: „Ich denke nicht, dass ich einen Schlaganfall hatte."

FEINBERG: „Warum denken Sie nicht, dass Sie einen Schlaganfall hatten? Gibt es dafür irgendeinen bestimmten Grund?"

JACK: „Ich bin sicher, wenn ich einen Schlaganfall gehabt hätte, dann würde es mir wesentlich schlechter gehen, als es mir geht."

FEINBERG: „Als es Ihnen jetzt geht? Na! Weil es Ihnen jetzt richtig gut geht ..."

JACK: „Ja."

FEINBERG: „Okay."

JACK: „Meine Mutter ist jetzt im Krankenhaus."

FEINBERG: „Ihre Mutter?"

JACK: „Ja."

FEINBERG: „Was fehlt ihr?"

JACK: „Sie hatte einen Schlaganfall, während sie im Krankenhaus war."

FEINBERG: „Sie war auch im Krankenhaus?"

JACK: „Ja."

FEINBERG: „Was ist das?" (*Ich hielt Jacks Hand hoch.*)

JACK: „Die Hand meiner Schwiegermutter. Die Hand von jemandem. Ich glaube, es ist die Hand meiner Schwiegermutter."

Selbst in den schlimmsten Anosognosie-Fällen, insbesondere solchen, in denen der Patient auch noch unter einer Asomatognosie leidet, gibt es Patienten, die trotz einer vollständigen linksseitigen Lähmung darauf beharren, dass sich der Arm in Wirklichkeit bewege, dass die Finger wackelten oder das Bein hoch in der Luft sei.[23]

Joseph Babinski, der den Begriff „Anosognosie" 1914 in einem Aufsatz einführte, beschrieb, wie eine seiner Patientinnen, als sie gebeten wurde, ihren gelähmten Arm zu heben, ausrief: „Voilà, c'est fait (Hier, sehen Sie nur, es ist geschafft!)."[24]

Mein Patient Rodney war linksseitig gelähmt und bezeichnete seinen linken Arm als „Attrappenarm". Er behauptete, er könne den Arm recht gut bewegen:

FEINBERG: „Heben Sie bitte Ihren rechten Arm hoch. (*Der Patient hebt seinen rechten Arm.*) Ist Ihr rechter Arm jetzt auf dem Bett oder in der Luft?"

RODNEY: „In der Luft."

FEINBERG: „Okay. Nehmen Sie Ihren rechten Arm für mich wieder herunter. Heben Sie jetzt Ihren linken Arm." (*Keine Bewegung, keine Reaktion; linke Hand bleibt paralysiert an der linken Seite des Patienten auf dem Bett liegen.*)

FEINBERG: „Wo ist Ihr linker Arm jetzt?"

RODNEY: „Oben in der Luft."

FEINBERG: „Er ist oben in der Luft? Wie hoch ist er jetzt ungefähr?"

RODNEY: „Nicht zu hoch."

FEINBERG: „Nicht zu hoch? (*Der Patient wird gebeten, auf seinen linken Arm zu zeigen. Mit der rechten Hand zeigt er eine Höhe von etwa 75 Zentimeter über dem Bett an.*) Okay, gut, nehmen Sie Ihren rechten Arm jetzt wieder herunter. Nehmen Sie Ihren linken Arm herunter. Wo ist Ihr linker Arm jetzt?" (*Der Patient zeigt auf seinen linken Arm auf dem Bett.*)

Rodneys Arm blieb während seines ganzen Klinikaufenthalts gelähmt, wobei seine Überzeugung, er könne den Arm bewegen, während dieser Zeit allerdings nachließ. Gleichzeitig nahm seine Einsicht in die wahre Natur seiner Lähmung zu. Als er anfing, die Konsequenzen seines Schlaganfalls und seine Krankheit als solche zu realisieren, behauptete er, er könne die Hand nur „fünf Zentimeter vom Bett" hochheben. Nachdem er schließlich tatsächlich begriffen hatte, dass er seinen Arm vielleicht nie wieder so wie früher würde gebrauchen können, gab er zu, dass er seinen Arm überhaupt nicht heben konnte.

Weinstein war ein erklärter Verfechter der These, dass Anosognosie-Patienten sich ihrer Krankheit nicht nur nicht bewusst waren, sondern ihre Probleme auch zutiefst leugneten. Für Weinstein war das psychologische Leugnen der Hauptgrund, warum Anosognosie-Patienten nicht zugeben konnten oder wollten, dass sie krank oder behindert seien, obwohl die Tatsache ihrer Krankheit nur allzu offensichtlich war.

Nehmen wir beispielsweise Patsy, die sich trotz aller gegenteiligen Beweise nicht überzeugen ließ, dass es ihr nicht gut ging.

Patsy

Patsy war in ihren Sechzigern, war in körperlich guter Verfassung und genoss ihr aktives Berufsleben, bis sie sich plötzlich eines Tages linksseitig nicht mehr bewegen konnte. Sie fiel zu Boden, war unfähig allein aufzustehen und wurde erst Stunden später gefunden, als ihr Mann von der Arbeit nach Hause kam. Sie wurde mit dem Krankenwagen schnellstens in die Klinik gebracht und das Computertomogramm von ihrem Gehirn, die bei der Notaufnahme gemacht wurde, zeigte, dass sie in der rechten Gehirnhemisphäre einen starken Schlaganfall erlitten hatte. Die Ärzte hatten ihr ziemlich unmissverständlich gesagt, dass sie einen Gehirnschlag erlitten habe. Sie wusste, was meines Erachtens bei ihr nicht in Ordnung war; sie hingegen teilte diese Meinung absolut nicht.

FEINBERG: „Gut. Was machen Sie denn hier?"

PATSY: „Ihr erzählt mir alle, ich hätte eine schwache linke Seite."

FEINBERG: „Wie bitte?"

PATSY: „Ihr sagt alle, ich hätte eine schwache linke Seite."

FEINBERG: „Wir sagen alle, Sie hätten eine schwache linke Seite?"

PATSY: „Und der Meinung bin ich nicht!"

FEINBERG: „Und der Meinung sind Sie nicht?"

PATSY: „Nein."

FEINBERG: „Warum?"

PATSY: „Weil ich weiß, dass es nicht so ist!"

FEINBERG: „Für Sie ist alles in Ordnung?"

PATSY: „Ja."

FEINBERG: „Es gibt keine Schwäche dort ..."

PATSY: „Nein." (*Sie wird gebeten, ihren rechten Arm zu heben, und dies tut sie.*)

FEINBERG: „Heben Sie jetzt den anderen Arm für mich. Heben Sie Ihren linken Arm für mich. Können Sie das nicht für mich tun? (*Pause.*) Haben Sie es gemacht? Haben Sie ihn gehoben?"

PATSY: „Ich habe es jetzt gemacht."

FEINBERG: „Sie haben es jetzt gemacht? Haben Sie irgendwelche Schwierigkeiten ihn hochzuheben?"

PATSY: „Nein."

FEINBERG: „Okay. Dann berühren Sie doch mal Ihre Nase." (*Berührt die Nase mit der rechten Hand.*)

FEINBERG: „Warum berühren Sie sie nicht mit der anderen Hand? Können Sie sie mit der anderen Hand berühren?"

PATSY: „Ja."

FEINBERG: „Könnten Sie es für mich tun? (*Keine Bewegung.*) Tun Sie es?" (*Wiederum keine Reaktion.*)

(*Nach einer Pause:*) „Sie wissen, dass es für mich so aussieht, als könnten Sie Ihre Nase mit Ihrer linken Hand nicht berühren, dass es dort irgendeine Schwäche geben könnte. Leuchtet Ihnen dies ein?"

PATSY: „Nein."

FEINBERG: „Sie sind kategorisch anderer Meinung? Sind Sie absolut sicher, dass es dort keine Schwäche gibt? Können Sie mir sagen, warum Sie Ihre Nase nicht mit Ihrer linken Hand berühren? Gibt es einen Grund dafür?"

PATSY: „Weil ich denke, dass ich eine Komödiantin bin ... und wahrscheinlich eine obszöne Geste machen würde."

(*Eine Woche später.*)

FEINBERG: „Was fehlt Ihnen?"

PATSY: „Ich hatte einen leichten Schlaganfall."

FEINBERG: „Oh, ... wirklich? (*Wendet sich an die anwesende Familie.*) Gibt sie das jetzt bereitwilliger zu?"

PATSY: „Gibt es eine AA-Gruppe für Schlaganfallpatienten?" [AA = Anonyme Alkoholiker, Selbsthilfeorganisation]

FEINBERG: „Wie bitte?"

PATSY: „Gibt es eine AA für Schlaganfallpatienten? Ja, wo man zugeben muss, dass man einen Schlaganfall hatte."

FEINBERG: „Würden Sie in so eine Gruppe gehen?"

PATSY: „Ja."

In den schlimmsten Phasen einer Anosognosie für eine halbseitige Lähmung, die in den ersten Stunden oder Tagen nach einem Schlaganfall auftreten, leugnet der Patient seine Lähmung kategorisch. Diese Phase des totalen Leugnens klingt im Allgemeinen innerhalb von Tagen oder Wochen nach dem Einsetzen der halbseitigen Lähmung ab und damit beginnt der Patient dann allmählich die wahre Natur seiner Lähmung zuzugeben.

Dieses Bewusstwerden vollzieht sich oft in Stufen. Zuerst gesteht der Patient vielleicht ein, die *Ärzte* – deren Einschätzung er allerdings nicht teilt – glaubten, er sei gelähmt. Einer meiner Patienten erklärte mir, „aber auf dem Flur gebe es ein Gerücht", dass er gelähmt sei, aber „Sie wissen ja, wie wenig man sich auf Gerüchte verlassen kann." Ein anderer Patient meinte zu mir, es sei so, dass die Ärzte „offenbar glauben, irgendeine Lähmung hätte eingesetzt". Ich fragte ihn, ob er mit ihrem Urteil einig gehe und ihre Meinung teile. „Ich weiß nicht ...", sagte er, „... ich bin nicht der Experte!"

Mit der Zeit gibt der Patient die Lähmung vielleicht zu, spielt die Konsequenzen für sein Leben und seinen Lebensunterhalt jedoch herunter. In dieser Phase der partiellen Bewusstheit erzählt der Patient vielleicht, dass er – trotz seiner schweren Lähmung – vorhabe, schnell wieder seiner körperlichen Arbeit nachzugehen oder in einer Woche wieder mit dem Joggen anzufangen.

Letzten Endes verstehen jedoch die meisten Patienten die wahre Natur ihrer Lähmung und die Hindernisse, denen sie sich stellen müssen. Zu diesen Hindernissen gehören vielfach eine langwierige Rehabilitationszeit und die Möglichkeit einer dauerhaften Behinderung.

Mein Patient Daryl dachte über das nach, was ihm allmählich bewusst geworden war, nämlich dass sein linker Arm gelähmt war.

Daryl

Daryl war Elektroingenieur und ein sehr intelligenter Mann. Er war relativ jung, Anfang fünfzig, als er in der rechten Gehirnhemisphäre einen massiven Schlaganfall erlitt (Abbildung 8), der zu einer vollständigen linksseitigen Lähmung führte. In den Anfangsphasen seiner Krankheit bestritt Daryl, dass irgendetwas mit ihm nicht in Ordnung sei. Er sprach freimütig über seine Zukunft und schien jederzeit bereit die Klinik zu verlassen, um mit seinem Leben dort weiterzumachen, wo er aufgehört hatte. Im Laufe der darauf folgenden Wochen gestand er dann jedoch widerwillig die schmerzhaften Konsequenzen seiner Krankheit ein. An diesem Punkt bat ich ihn zu beschreiben, was er in der Zeit seiner Anosognosie gedacht hatte.

DARYL: „Das ist meine linke Hand; dabei weiß ich, dass Menschen, die Schlaganfälle hatten, dazu neigen, linksseitige Teile ihres Körpers zu ignorieren. Sie sagen: ‚Geh weg. Ich will dich nicht kennen!' Es ist ein Weg, sich zu rächen. (*Zeigt auf seinen linken Arm.*) Ich werde dich den Rest meines Lebens dafür hassen, dass du dich so verhalten hast. Das ist es, wozu wir neigen. Ich kenne den Hintergrund, die Gründe dafür nicht, aber es ist offensichtlich ziemlich berechtigt."

FEINBERG: „Empfinden Sie das so?"

DARYL: „Das ist bei Gehirnschlagpatienten allgemein so. Sie neigen dazu zu ignorieren ... Das könnte mir auch passieren, weil ich letzthin auf meinem Arm geschlafen habe. Und ich erinnere mich, dass ich beim Aufwachen sagte: ‚Oh Gott! Ich muss aufstehen und ihn einpacken, ehe ich losfahre, sonst lasse ich ihn noch hier' ...

Wir neigen dazu zu erklären, dass ein Stück von uns *kein* Teil von uns sei. Wir werden sagen, es gehöre jemand anderem, weil es krank ist. Wir geben es weg, weil wir es nicht haben möchten. Deshalb habe ich darauf geschlafen. Ich wollte es nicht. Ich wollte es bedecken, abschirmen. Als es mir jedoch bewusst wurde, war mir klar, dass es mein eigener Arm war und dass ich ihn mitnehmen musste, um erfolgreich zu sein. Ich wollte ihn einpacken, nicht hier lassen. Der einzige Mensch, für den er zu irgendetwas gut ist, bin ich. Selbst wenn er langsam ist, wenn es darum geht, zu funktionieren ..."

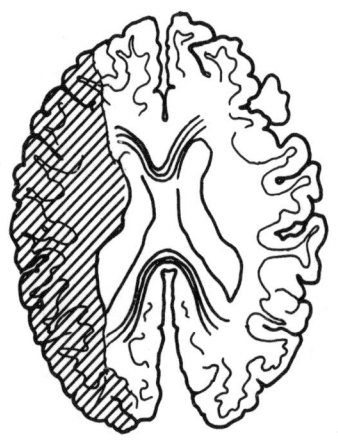

Abbildung 8: Daryls untypisches Verhalten wurde durch einen großen rechtsseitigen Infarkt im Bereich des Frontal- und des Scheitellappens verursacht, wie dieses bemerkenswerte Computertomogramm von seinem Gehirn zeigt. Trotz seiner schweren Lähmung hielt Daryl sich für gesund.

Eine Erklärung der Asomatognosie

Es ist erstaunlich, dass Menschen, die *vor* einem Schlaganfall ganz normal waren, danach einen Teil ihres Körpers verstoßen, nicht identifizieren oder verleugnen konnten, den sie zeit ihres Lebens kannten, mit dem sie gelebt hatten und von dem sie ihr Leben lang abhängig waren. Die Asomatognosie hat mich seit jeher als eine der seltsamsten, erschreckendsten und gleichzeitig faszinierendsten Manifestationen neurologischer Krankheiten verblüfft. Das Verblüffende an dem Syndrom ist, dass die meisten Asomatognosie-Patienten nur in Bezug auf ihren Arm oder ihre Krankheit befremdliche Überzeugungen äußern. Darüber hinaus waren sie vor dem Auftreten ihrer neurologischen Krankheit nicht anders als alle anderen und hatten nicht mehr psychopathologische Symptome, als sie in der Bevölkerung allgemein vorkommen. Klar ist, dass Gehirnschädigungen bei *jedem* von uns das integrierte Selbst zerstören können.

Es wäre müßig, nur nach einer einzigen Antwort auf die Frage zu suchen: Was verursacht eine Asomatognosie? Eine Asomatognosie wird nicht durch *eine* Ursache hervorgerufen. Das Syndrom ist vielmehr das Ergebnis vieler Faktoren, die in diesem Kapitel angesprochen wurden. Neglekt ist sicherlich ein wichtiges Element, das zum Entstehen einer Asomatognosie beiträgt. Das Neglekt-Syndrom allein genügt jedoch nicht, um eine Asomatognosie hervorzurufen. Während ich noch nie einen Fall von Asomatognosie ohne gravierenden Neglekt erlebt habe, gibt es viele Patienten, die unter Neglekt leiden, aber ihre gelähmten Gliedmaßen *nicht falsch identifizieren*.

Die meisten Patienten, die unter Asomatognosie leiden, leiden auch unter Anosognosie. Mirna hingegen war sich bewusst, dass sie einen Schlaganfall erlitten hatte. Ihr war sogar die Tatsache bewusst, dass sie linksseitig gelähmt war. Aber trotz alledem konnte ich sie nicht davon überzeugen, dass ihr linker Arm tatsächlich ihr linker Arm war. Darüber hinaus zeigen manche Anosognosie-Patienten, insbesondere jene, bei denen die Ausprägungen in schwächerer Form in Erscheinung treten, keine Anzeichen einer Asomatognosie.

Anosognosie tritt außerdem nicht nur bei halbseitigen Lähmungen, sondern auch bei zahlreichen anderen neurologischen Krankheiten auf. So können Patienten sich etwa ihrer Blindheit oder ihrer Gedächtnisprobleme oder einer Fülle anderer Behinderungen nicht bewusst sein. Das Anton'sche Syndrom, das Fehlen der Selbstwahrnehmung von Blindheit, ist beispielsweise eine der klassischen neurologischen Verhaltensstörungen. Das Symptom wurde nach Gabriel Anton benannt, der 1899 eines der frühesten Beispiele dieses recht erstaunlichen Zustandes beschrieb.[25] Der Patient kann einen aufgeweckten und integrierten Eindruck machen und erweckt oft den Anschein, als gäbe es nichts, was im Argen läge. Bei der Untersuchung stellt sich dann jedoch heraus, dass der Patient völlig blind ist, sich dieser Beeinträchtigung aber dennoch nicht bewusst ist. Das Anton'sche Symptom ist zwar nicht weit verbreitet, aber auch keine Seltenheit. Lizzy ist ein typisches Beispiel für das Anton'sche Syndrom.

Lizzy

Lizzy war Ende sechzig und ehemals Bibliothekarin. Sie hatte eine Vorgeschichte mit Herzproblemen, aber ansonsten keine nennenswerte Krankengeschichte. Eines Tages erlitt sie dann jedoch sowohl in der linken als auch in der rechten Gehirnhemisphäre akute Schlaganfälle im Bereich der Hinterhauptlappen. Die Schlaganfälle zerstörten das Hauptsehzentrum in ihrem Gehirn, so dass sie plötzlich vollständig erblindete.

Ich untersuchte Lizzy während der ersten Zeit ihres Klinikaufenthalts. Sie lag gemütlich in ihrem Krankenhausbett und schien sehr entspannt zu sein, trotz der neurologischen Katastrophe, die gerade über sie hereingebrochen war. Sie hätte nicht vergnügter sein können. In der Tat, sie war mir *zu* vergnügt. Die dramatische Wendung ihres Schicksals schien sie völlig unbeeindruckt zu lassen. Wenn man sie nach ihrem Sehvermögen fragte, stritt sie anfänglich stets jede Beeinträchtigung ab. Ihre Einsichten schwankten jedoch, selbst im Laufe eines einzelnen Interviews. Sie leugnete ihre Blindheit und gestand sie später ein, sie schien von ihrem Verhalten her jedoch nie den Eindruck zu machen, als würde ihre Sehbehinderung ihr irgendetwas ausmachen. Sie lächelte während des ganzen Interviews und verhielt sich so, als gäbe es auf der ganzen Welt nichts, was ihr Kummer bereitete.

FEINBERG: „Also, wie geht es Ihnen?"

LIZZY: „Gut. Schönen Dank." (*Sie lächelt breit.*)

FEINBERG: „Gibt es irgendetwas, das Ihnen zu schaffen macht? Haben Sie irgendwelche Probleme?"

LIZZY: „Nein. (*Emphatisch.*) Das ist ja das Seltsame. Nichts macht mir zu schaffen."

FEINBERG: „Nichts macht Ihnen zu schaffen ... Sie fühlen sich absolut in Ordnung?"

LIZZY: „Ja."

FEINBERG: „Gestatten Sie mir eine Frage. Wo befinden Sie sich jetzt?"

LIZZY: „Ich bin, na, ... nun, ich bin ganz in der Nähe meiner Wohnung. Ich könnte im ... -Krankenhaus sein . (*Nennt den Namen der Klinik.*) Es sieht zumindest so aus."

FEINBERG: „Könnte das sein?"

LIZZY: „Ja, ... wenn ich einen Schlaganfall hatte. Aber als ich das letzte Mal nachgesehen habe, war ich zu Hause!"

(*Nach weiterer Diskussion über ihren derzeitigen Aufenthaltsort komme ich auf ihre visuelle Behinderung zu sprechen.*)

FEINBERG: „Haben Sie in irgendeiner Hinsicht Probleme mit Ihrem Sehvermögen?"

LIZZY: „Nein." (*Sie sagt dies in einem Tonfall, in dem großes Erstaunen mitschwingt, als hätte sie selbst an die Möglichkeit einer Blindheit gedacht und wäre angenehm überrascht gewesen festzustellen, dass sie doch nicht blind sei.*)

FEINBERG: „Warum erzählen Sie mir nicht, was Sie sehen. Schauen Sie sich jetzt einmal um und erzählen Sie mir einfach, was Sie hier sehen."

LIZZY: (*Sie schaut im Zimmer umher, bewegt ihren Kopf rückwärts und vorwärts, als würde sie wirklich alles genauestens betrachten.*) „Es ist schön, Freunde und die Familie zu sehen, wissen Sie. Es gibt mir das Gefühl, in guten Händen zu sein."

FEINBERG: „Sagen Sie mir ihre Namen."

LIZZY: (*Sie flüstert mir zu, als sei es ihr etwas peinlich:*) „Ich kenne nicht alle. Es sind Freunde meines Bruders. Sie sehen freundlich aus, aber ich bin mir nicht sicher, wer sie sind."

FEINBERG: „Wie viele sind hier?"

LIZZY: „Ich würde sagen, vielleicht zwölf."

FEINBERG: „Okay. Wie viele von ihnen sind Männer und wie viele sind Frauen?"

LIZZY: „Die Hälfte sind Männer und die andere Hälfte Frauen."

FEINBERG: „Genau in der Mitte geteilt?"

LIZZY: „Ja. (*Lacht.*) Ziemlich."

FEINBERG: „Schauen Sie mich an. Was habe ich an?" (*Ich trage ein weißes Hemd, eine blaue Krawatte, eine schwarze Hose und einen weißen Arztkittel.*)

LIZZY: „Saloppe Kleidung. Sie wissen schon, Jackett und Hose."

FEINBERG: „Welche Farbe hat meine Hose?"

LIZZY: „Sie ist überwiegend marineblau ... und kastanienbraun oder so etwas Ähnliches."

FEINBERG: „Und was ist mit meinem Hemd? Trage ich ein Hemd?"

LIZZY: „Sie haben ein Hemd an, aber es ist nicht schick. Sieht marineblau und weiß aus."

Auf der Grundlage der bisherigen Ausführungen kann wohl die Schlussfolgerung gezogen werden, dass Asomatognosie und Anosognosie verwandte Zustände sind, das Auftreten des einen das Auftreten des anderen aber nicht erklärt. Eine Asomatognosie wird vielmehr durch zahlreiche Faktoren determiniert und ist durch die Interaktion sowohl neurologischer als auch psychiatrischer Faktoren bedingt.

Einer der interessanten Aspekte der Asomatognosie ist, dass diese Patienten, trotz der *Fragmentierung* des Selbst, bestrebt sind, ein integriertes Selbst aufrechtzuerhalten und ihre Erfahrungen plausibel zu machen. Und das gelingt ihnen tatsächlich in weiten Teilen. Die aus der Wahrnehmung ausgesparte linke Seite und die falsch identifizierten linken Gliedmaßen hinterlassen ein Loch, eine Lücke im Selbst, die gefüllt werden muss. Der Patient muss den Arm verleugnen, aber er setzt etwas anderes an seine Stelle, etwas von persönlicher Bedeutung. Im nächsten Kapitel werden wir einen weiteren Zustand untersuchen, bei dem die persönliche Welt des Patienten transformiert wird.

Kapitel 3
Fehlende Teile, vertraute Orte

And you may ask yourself,
How do I work this?
And you may ask yourself,
Where is that large automobile?
And you may tell yourself,
This is not my beautiful house!
And you may tell yourself,
This is not my beautiful wife!

„Und du fragst dich vielleicht,
Wie soll ich das schaffen?
Und du fragst dich vielleicht,
Wo ist das große Auto?
Und du sagst dir vielleicht,
Dies ist nicht mein wunderschönes Haus!
Und du sagst dir vielleicht,
Dies ist nicht meine wunderschöne Frau!"
Talking Heads, *Once in a lifetime*, 1978

Die Grenzen des Ego

Wir alle haben ein natürliches Gespür dafür, wo wir als Selbst enden und wo die Umwelt beginnt. Von unserem inneren Standpunkt aus, aus unserer inneren Perspektive erfahren und erleben wir die Welt. Meistens, unter Alltagsbedingungen, ist die Unterscheidung zwischen dem Selbst und der Welt offensichtlich: Ich spüre, dass ich nicht der Stuhl bin, auf dem ich sitze. Aber auch wenn es so aussehen mag, als seien die Grenzen des Selbst offensichtlich, so sind sie in Wirklichkeit doch eher dynamisch als streng abgesteckt. Sie sind nicht fixiert, sie sind relativ. Dinge oder andere Menschen können dem inneren Kern der Selbsterfahrung relativ nahe sein oder sie können relativ entfernt sein. In diesem Sinne kann ein Objekt „Ego-nah" oder „Ego-distanziert" sein.[1]

Die Schuhe an *Ihren* Füßen sind zum Beispiel Objekte, die für *mich* Ego-distanziert sind. Ich habe nicht das Gefühl, dass sie ein Teil von mir, mit mir in irgendeiner Form verbunden seien oder irgendeine besondere persönliche Bedeutung für mich hätten. Aber was ist mit den Schuhen an meinen eigenen Füßen? Meine Schuhe empfinde ich bis zu einem bestimmten Grad als Teil von mir. Sie sind mir zwar nicht so nahe, so sehr ein Teil von mir wie meine Füße, aber sie sind mir mit Sicherheit persönlich näher als *Ihre* Schuhe. Vielleicht *identifiziere* ich mich sogar bis zu einem bestimmten Grad mit meinen Schuhen und mit meiner Kleidung im Allgemeinen. Man könnte fast sagen, dass sie mir „einverleibt" sind.

Alle Personen, Orte, Objekte und Ereignisse, die unser Selbst erlebt, werden mit Gefühlen besetzt – mit den Gefühlen, wie wir zu diesen Dingen in einem persönlichen Sinne stehen. Um diese Gefühle, um dieses Verhältnis herum wird unsere Identität aufgebaut. Dieses persönliche Verhältnis liefert die Struktur, in der das Selbst in der Welt verankert ist.

Das Selbst besteht aus einem Kontinuum von Beziehungen. Der eigene Körper, der Ehepartner und die Mitglieder unserer Familie sind „Ego-nah". Sie haben eine besonders persönliche Beziehung zum Selbst, eine Identität mit dem Selbst; diese Dinge, Ereignisse, Personen liegen uns in einer besonderen Weise am Herzen. Sie sind bedeutsam. Diejenigen Objekte in der Welt, die für uns *keine* persönliche Bedeutsamkeit haben, können als „Ego-distanziert" betrachtet werden. Die *unpersönliche* Welt, der Fremde auf der Straße dürften für uns in der Regel kaum mit einem Gefühl persönlicher Bedeutsamkeit behaftet sein, die Wahrscheinlichkeit ist zumindest weitaus geringer.

Inwieweit oder wie sehr wir uns mit einzelnen Objekten identifizieren, wird uns verdeutlicht, wann immer sich das Maß an Nähe zu einem bestimmten Objekt *verändert*. Wenn wir zum Beispiel ein Kleidungsstück nehmen, das wir besonders gerne tragen und an dem wir besonders hängen, merken wir im Allgemeinen nicht, wie abgetragen und verschlissen es nach Jahren ist. Ich habe zum Beispiel festgestellt, dass ich, wenn ich mir neue Schuhe zulege, immer wieder erschrecke, wie abgetragen die alten aussehen, wenn sie mir eine Woche später wieder unter die Augen kommen. Sobald wir die normale Verbundenheit zu einem Objekt verloren haben, verändert sich das Maß, in dem wir uns damit identifizieren. Wir begreifen das Objekt sodann nicht mehr als Teil des Selbst. Es ist nicht mehr Ego-nah.

Der Prozess des Übergangs von einem Gefühl der Verbundenheit zu einem distanzierten Gefühl wird allgemein als Entfremdung bezeichnet. Um uns von etwas entfremden zu können, müssen wir ihm erst nahe gewesen sein. In diesem Sinne stellt das Selbst ein Kontinuum dar: von der Ego-Nähe des reinen „Ich" zur Ego-Distanz unpersönlicher Objekte. Das individuelle Ego schließt dieses Kontinuum des persönlichen Verhältnisses zu Objekten in einer Form mit ein, die sowohl das Gehirn als auch seine Erfahrungen widerspiegelt.

Das Erleben einer Situation als *jamais vu* (das Vertraute erscheint fremd) oder *déjà vu* (das Unbekannte erscheint vertraut) ist beispielhaft für solche Veränderungen des persönlichen Verhältnisses zu Objekten.

Ein psychisch gesundes Individuum genießt eine integrierte und angenehme Beziehung zwischen dem Selbst und der Welt. Die Grenzen zwischen uns und der Welt und anderen Menschen werden indes in einem delikaten Gleichgewicht gehalten. Dieses Gleichgewicht wird automatisch und in weiten Teilen unbewusst gewahrt. Wir sind uns dieser Grenzen im Allgemeinen nicht bewusst, sondern erst dann, wenn sie verletzt werden, wenn jemand oder etwas uns zu nahe kommt oder zu weit von uns abrückt, wenn wir uns mit der Welt vereint oder von ihr entfremdet fühlen.

Diese Beziehung oder dieses Maß an Verbundenheit helfen uns auch zu definieren, was real ist; sie definieren unsere Realität. Das seltsame, unangenehme Gefühl des Realitätsverlustes, des Verlustes unseres psychischen Halts, spielt eine große Rolle, wenn wir mit *Déjà-vu-* oder *Jamais-vu*-Erfahrungen konfrontiert werden. Es demonstriert, wie unsere persönlichen Beziehungen zu Objekten, Personen und Ereignissen unser Gefühl dafür, was real ist, strukturieren und unsere Identität in der Welt etablieren.

Die neurologische Schädigung, mit der wir uns befasst haben, stört die Ego-Struktur des Individuums in verschiedener Hinsicht und bewirkt, dass sich die Identität des Individuums in der Welt verändert.

Erinnern Sie sich an Mirna in Kapitel 2, jene Patientin, die ihren linken Arm fehlidentifizierte und ihn ihrem verstorbenen Mann zuschrieb? Bei ihr führte die neurologische Schädigung zu einem Entzug der persönlichen Verbundenheit oder einer Entfremdung von ihrem Arm. Sie empfand ihn nicht mehr als ihren eigenen Arm, den sie aber dennoch als ein Element in der Welt erkannte, das ihr Arm hätte sein sollen. Aber wie verbunden sie sich ihm früher auch immer gefühlt haben mochte oder wie unmöglich es uns auch immer erscheinen mag, dass sie ihren Arm als etwas betrachten konnte, das nicht mehr zu ihr gehörte, so ist es unter diesen Umständen dennoch ziemlich normal, den Arm nicht mehr als den eigenen (an-) zu erkennen.

Auch bei der Asomatognosie kann das persönliche Verhältnis mit eine Rolle spielen. Genau wie diese Patientin ihren Arm als Arm ihres Mannes bezeichnete, identifizieren viele Patienten ihre paralysierten Arme oder andere Teile des eigenen Körpers wie die Brust falsch und erklären, sie gehörten einem engen Freund, einem Verwandten oder der Schwiegermutter. Wir sehen hier also gleichzeitig ein Hinzufügen persönlicher Verbundenheit wie auch ein Zurückziehen derselben und das heißt, dass wir Fehlidentifikationen von Asomatognosie-Patienten sowohl als Rückzug wie auch als Erschaffung, „Erfindung" persönlicher Verbundenheit betrachten können.

In diesem Kapitel werden wir zwei weitere Syndrome untersuchen, die Beispiele für Perturbationen des Selbst in seiner Beziehung zur Welt sind. Das Capgras-Syndrom ist ein Beispiel für den *Verlust* persönlicher Verbundenheit; das zweite, das Fregoli-Syndrom, beinhaltet das Neuschaffen persönlicher Verbundenheit. Mit der Betrachtung dieser Störungen können wir den Rätseln der Asomatognosie und der Beziehung zwischen dem Gehirn und dem Selbst weiter auf den Grund gehen.

Das Capgras-Syndrom

Das Phänomen der Entfremdung von sich selbst oder dem eigenen Leben ist sicher weit verbreitet. Wer hat nicht irgendwann schon einmal den Verlust des Vertrauten erlebt? Einige Patienten sind dieser Erfahrung jedoch dauerhaft ausgesetzt.

1923 beschrieben Joseph Capgras, ein französischer Psychiater, und sein Medizinalassistent J. Reboul-Lachaux den ungewöhnlichen Fall von Madame M., einer 53-jährigen Frau, die sich darüber beklagte, ihr Mann, ihre Kinder und sogar sie selbst seien durch Schwindler (*sosies*) ersetzt worden, die an ihrer statt aufträten. Nach ihrer Darstellung war ihr Mann ermordet worden und die Männer, die sie in seiner Gestalt aufgesucht hatten, seien seine Doppelgänger gewesen. Sie erzählte, es müssten mindestens 80 Schwindler gewesen sein, die in dieser Art erschienen seien, und sie beteuerte: „Ich kann Ihnen versichern, dass der vorgeschwindelte Ehemann, den sie vorzutäuschen versuchen, mein eigener Mann ist, den es seit zehn Jahren nicht mehr gibt, nicht der Mensch ist, der mich hier hält." Madame M. behauptete, mehr als zweitausend Doppelgängerinnen ihrer Tochter seien ihr unter die Augen gekommen; aber nicht nur enge Familienmitglieder, sondern auch Polizisten, eine Concièrge, Ärzte, Krankenschwestern und Nachbarn waren ihrer Aussage zufolge am Ende imitiert worden. Sie berichtete schließlich sogar von Doppelgängern der Doppelgänger! Capgras und Reboul-Lachaux bezeichneten ihren Fall als *L'Illusion des sosies*.[2]

Diesen Namen hatten sie aus der griechischen Mythologie abgeleitet, die uns die Geschichte von Zeus überliefert, der sich selbst körperlich verwandelt, um die Gestalt Amphitryons anzunehmen. Er greift zu dieser List, um Amphitryons Frau Alkmene zu verführen. Aus Furcht, Amphitryons Diener Sosia könnte sein Täuschungsmanöver vereiteln und Alkmene warnen, lässt er den ihn begleitenden Götterboten Hermes sich in die Gestalt Sosias verwandeln. Die Scharade gelingt und Alkmene bringt schließlich Zwillinge zur Welt: Einer der Zwillinge ist der Sohn Zeus' und erhält den Namen Herkules (oder Herakles), der andere ist der Sohn Amphitryons und wird Iphikles genannt. Dieser Mythos diente als Grundlage für die Komödie *Amphitryo* des römischen Schriftstellers Plautus und war später Gegenstand von Molières Stück *Amphitryon*. Das Wort *sosie*, von Amphitryons Diener abgeleitet, erhielt im Französischen die Bedeutung „Doppelgänger". Der Begriff wurde verwendet, um jemanden zu charakterisieren, der eine starke Ähnlichkeit, fast wie ein Zwilling, mit einer anderen Person hat. Und das Phänomen dieser Störung wurde in der Folge als Capgras-Syndrom bekannt.[3]

Das Capgras-Syndrom ist ein Beispiel des Syndroms *wahnhafter Verkennungen* oder *wahnhafter Fehlidentifikationen*. Der Begriff „Syndrom wahnhafter Verkennungen" bezieht sich auf verschiedene klinische Störungen, bei denen ein Patient die psychische oder physische Identität einer Person, eines Ortes oder eines Objektes verwechselt.[4] Der Patient, der unter dem Capgras-Syndrom leidet, weiß, dass ein bestimmtes Individuum wie die fehlidentifizierte Person *aussieht*, wobei die psychische Identität des Individuums sich jedoch *verändert* hat.

Das Capgras-Syndrom kann durch eine psychiatrische oder neurologische Krankheit verursacht werden. Im Fall von Madame M. waren ihre wahnhaften Fehlidentifikationen psychiatrisch bedingt. Ihr Arzt diagnostizierte bei ihr eine „chronische Psychose"; Capgras und Reboul-Lachaux beschrieben ihre Symptome als „paranoiden Größenwahn". Bei Patienten mit einem psychiatrischen Hintergrund ist Schizophrenie oft die Ursache der Wahnvorstellung. Dies gilt insbesondere für Patienten mit einer hervorstechenden Paranoia. Bei neurologischen Patienten ist das Capgras-Syndrom meist auf Kopfverletzungen, Schlaganfälle oder Krankheiten zurückzuführen, die Demenz wie die Alzheimer-Krankheit verursachen.[5]

Bei der fehlidentifizierten Person kann es sich um einen nahen Verwandten oder um eine Person handeln, die im Leben des Patienten eine bedeutende Rolle spielt. Verheiratete Patienten, die das Capgras-Syndrom entwickeln, behaupten oft, ein(e) Schwindler(in) sei an die Stelle ihrer Ehefrau oder ihres Ehemannes getreten. Die Erklärung, die der Patient bezüglich des Schicksals des tatsächlichen Ehepartners abgibt, variiert von Fall zu Fall. Wenn solche Patienten konkret gefragt werden, wohin denn der tatsächliche Ehepartner gegangen sei, erklären manche einfach, sie hätten keine Ahnung, während andere paranoidere Vorstellungen äußern und behaupten, er sei ermordet oder das Opfer einer Verschwörung und entführt worden. Manche Patienten scheinen sich über den Austausch nicht sonderlich aufzuregen; einige sind in der Tat sogar sehr froh darüber! Andere sind hingegen verstört und können deutliche paranoide Symptome entwickeln. Ich habe bei Alzheimer-Patientinnen und insbesondere bei Witwen festgestellt, dass sie zu Fehlidentifikationen bei einer Tochter neigen. Dies war auch bei meiner Patientin Emma der Fall.

Emma

Emma war 80 Jahre alt und berichtete, es gebe zwei „Ausgaben" von ihrer Tochter: Die eine sei die tatsächliche Tochter Betty und die andere sei Bettys „Gehilfin". Emma beschrieb lang und breit, wie ihre Tochter ihr erklärt habe: „Ich bin Betty"; gleichzeitig berichtete sie jedoch:

EMMA: „Es war nicht meine Tochter. Sie hieß Betty ... Deshalb sagte ich ... sie kann nicht Betty heißen, weil zwei jüdische Schwestern nicht beide Betty genannt werden."

FEINBERG: „Sie dachten, es sei ihre Schwester?"

EMMA: „Nein ... Ich dachte, sie arbeitete für sie. Aber die beiden Mädchen hießen Betty. Ich meine es einfach ..."

FEINBERG: „Es waren also zwei ..."

EMMA: „Zwei Mädchen, die beide Betty hießen."

Die beiden Bettys waren sich weitestgehend ähnlich, außer dass die „andere" Ausgabe von Betty nicht so groß war wie die tatsächliche Betty, keine Brille trug und kürzeres Haar hatte. Die andere Betty hatte für Emma gekocht und war mit ihr auf Reisen gegangen, während die wirkliche Betty nicht da war. Bei einem dieser Ausflüge, erzählte Emma, habe sie Hüte gekauft, einen für ihre Tochter Betty und den anderen für die andere Betty. Diese Doppelgängererscheinung war bei ihr einzig auf ihre Tochter beschränkt und kam nicht bei anderen Angehörigen, Ärzten oder Freunden vor.

EMMA: „Und sie wusste alles über jeden in meiner Familie ..."

FEINBERG: „Die andere?"

EMMA: „Die andere ... wusste alles. Und sie kannte von allen die Freunde und wusste, mit wem sie verheiratet waren, und ich habe mich gefragt ... weil ich nicht konnte ...(*hielt sich beidseitig die Schläfen fest, als könne sie es nicht fassen*) ... und dann sagte sie: ,Wenn du meine Mutter wärst, würde ich mich freuen, wenn du für mich das Gleiche empfinden würdest, was ich vielleicht für

Betty empfinde' ... vielleicht sah sie, wie nahe wir uns waren ...
Ich kam herüber, und dann begann ich zu begreifen, dass das
Mädchen vielleicht, dass ich sie vielleicht verlassen hatte ... als eine
... Sie wissen schon, sie adoptieren ließ oder so etwas."

Sie machte sich Sorgen, dass sie der anderen Betty als Kind vielleicht etwas angetan hatte, dass sie sie vielleicht im Stich gelassen
hatte. Sie war wegen dieser zweiten Betty sehr beunruhigt und
fragte: „Warum ist das geschehen?", während sie verwirrt nach ihrer
Tochter rief. Sie erwähnte oft die Möglichkeit, es sei vielleicht eine
Gaunerei im Spiel. Sie mutmaßte, die andere Betty habe es vielleicht
darauf abgesehen, die richtige Betty loszuwerden. Gleichzeitig beun-
ruhigte sie der Gedanke, ihre Tochter könne an dieser Verschwörung
und dem Täuschungsmanöver beteiligt sein. Die richtige Betty, fügte
sie hinzu, sei „netter" als die andere. „Die andere Betty", erklärte
sie, „habe ich nie geliebt."

Wie in Emmas Fall nehmen Patienten, die am Capgras-Syndrom
leiden, oft Unterschiede zwischen der tatsächlichen Person und der
vorgetäuschten Person wahr. Ein bekannter Fall wurde 1931 von
Larrivé und Jasienski berichtet. Es ging um eine Französin, die sich
über ihren mangelhaft betuchten, unzulänglichen und sexuell unbe-
holfenen Liebhaber beklagte.[6] Sie hatte jedoch das Glück, dass er einen Doppelgänger besaß, den sie als reich, viril, stattlich und aristo-
kratisch beschrieb und der ein Rivale für ihre Liebesgefühle war.

Davidson beschrieb ebenfalls einen Patienten, der am Capgras-
Syndrom litt. Es handelte sich dabei um einen 30-jährigen Mann mit
einer langen psychiatrischen Geschichte, der behauptete, die Frau,
die sich als seine Ehefrau ausgebe, sei eine Schwindlerin:

> „Er hatte die fixe Idee, seine Ehefrau sei nicht die Frau, die er
> geheiratet habe, sondern eine Doppelgängerin, und sie sei keine
> Katholikin, sondern Jüdin. Es gebe, erklärte er, auch gewisse Un-
> terschiede im Temperament, und er glaubte sogar, was die Formen
> der Geschlechtsorgane anging, Unterschiede zwischen seiner Frau
> und der Doppelgängerin zu erkennen."[7]

Gefühle und Ängste bezüglich des Ehepartners kamen auch bei
den Wahnvorstellungen meiner Patientin Louise zum Tragen, die unter dem Capgras-Syndrom litt.

Louise

Louise war ebenfalls 80 Jahre alt und litt – bedingt durch Alzheimer – an mangelhaftem Erinnerungsvermögen. Abgesehen von ihren Gedächtnisproblemen war Louise fast in jeder Hinsicht in Ordnung. Sie hatte angenehme Umgangsformen, war sehr gepflegt und tadellos zurechtgemacht. Wenn man ihr auf der Straße begegnete, hätte man nie gedacht, mit ihr könne irgendetwas nicht stimmen. Sie hatte keine seltsamen Ansichten, außer der über ihren Mann Murray, von dem sie behauptete, er sei nicht der Mann, den sie ursprünglich geheiratet habe. Louise erklärte mir, wie sie festgestellt habe, dass mit Murray irgendetwas nicht stimme:

LOUISE: „Ich ertappte mich, wie ich ein Bild betrachtete, das wir haben ... ein Bild im Wohnzimmer, von mir und meinem Mann. Und ich vergewisserte mich, ich nahm das Bild ab und betrachtete es ... und betrachtete das Gesicht, um zu sehen, ob es an der Form der Nase oder des Mundes oder sonst irgendetwas gab, das anders aussah, und ich kann es nicht sehen. Ich kann es auf dem Bild nicht sehen."

FEINBERG: „Sie können zwischen dem Bild und seinem Gesicht keinen Unterschied sehen."

LOUISE: (*Zustimmend.*) „Nein, nein."

FEINBERG: „Sie sehen gleich aus?"

LOUISE: „Sie sehen gleich aus."

FEINBERG: „Nun, wenn Sie das Bild anschauen, dann haben Sie das Gefühl, dass er das auf dem Bild sei. Aber wenn Sie ihn selbst direkt anschauen ..."

LOUISE: „Ich bekomme das Gefühl ... dass er nicht unbedingt genau so aussieht, wie Murray ausgesehen hätte ... vor vielen Jahren."

FEINBERG: „Nicht genau so aussieht, wie Murray vor vielen Jahren ausgesehen hätte. Nun, haben Sie jemals das Gefühl gehabt, es gäbe zwei von ihnen?"

LOUISE: „Ja, habe ich ... ich habe nachts das Gefühl gehabt, wenn ich allein war. Wenn ich diese Gefühle hatte, dann dachte ich, es seien zwei von ihnen da. Und es war sehr gruselig, deshalb habe ich nicht lange darüber nachgedacht."

FEINBERG: „Hm. Sie haben dieses Gefühl, dass es zwei Murrays geben könnte? Aber wenn Sie ihn sehen und Sie dieses Gefühl haben, er sei es nicht, haben Sie dann jemals geglaubt, der andere Murray müsse sonst irgendwo sein?"

LOUISE: „Das habe ich geglaubt, weil ich mir bei einigen Anlässen Sorgen gemacht habe, dass er draußen im Regen sei ... allein sei ... und sich niemand um ihn kümmere ... und er ganz auf sich gestellt sei. Und ich war sehr besorgt."

Louises Äußerungen offenbaren etwas über die Grundlage des Wahns, der symptomatisch für das Capgras-Syndrom ist. Wenn Louise Murrays Foto anschaut, ist sie sich der Tatsache bewusst, dass sie ein Foto von einem Gesicht betrachtet. Sie verwechselt Murray beispielsweise nicht mit einem Hut. Sie lässt auch kein Anzeichen erkennen, dass sie irgendwelche Probleme hätte, Gegenstände in ihrer Umwelt wie Schlüssel und Kämme zu erkennen. Aufgrund dieser Beobachtungen wissen wir, dass sie nicht unter einer *visuellen* oder *optischen Agnosie* leidet. Bei der visuellen Agnosie handelt es sich um eine globale Störung des visuellen Erkennens, bei der der Patient Gegenstände mit seinem Sehvermögen *allein* nicht erkennen kann, dieselben Objekte jedoch mit anderen Mitteln, wie etwa der Berührung, erkennt.

Louise hatte auch keine Schwierigkeiten, andere Mitglieder ihrer Familie, ihre Therapeuten oder sich selbst visuell zu erkennen. Daraus können wir schließen, dass Louise nicht unter dem Syndrom der Prosopagnosie litt. Bei einer Prosopagnosie kann der Patient Objekte im Allgemeinen erkennen, er hat jedoch die besondere Schwierigkeit, Gesichtern die richtige Identität zuzuordnen; er weiß einfach nicht, wessen Gesicht es ist. Prosopagnosie-Patienten gleichen ihr Problem, visuell Gesichter wiederzuerkennen, oftmals damit aus, dass sie zusätzlich andere sinnliche Schlüssel nutzen, wie etwa die Frisur, die Stimme, die Kleidung; so können sie ihre Fähigkeit verbessern, Menschen wiederzuerkennen. Bezeichnend ist auch, dass sie die korrekte Identität einer Person nicht leugnen, nachdem sie ihnen offenbart wurde. Hinzu kommt, dass Prosopagnosie-Patienten dieses Problem mit *allen* Gesichtern haben: Ihr Problem ist nicht selektiv auf ein bestimmtes Gesicht beschränkt. Deshalb wusste Louise, welche Person Murray sein *sollte*; es kam ihr nur nicht so vor, als sei dieser Murray der *echte* Murray. Es bestand ein Konflikt zwischen ihrer gegenwärtigen Wahrnehmung von Murray und den *Gefühlen*, die sie mit ihm verband.

Der Begriff des Capgras-Syndroms bezieht sich im Allgemeinen auf die Unfähigkeit Personen wiederzuerkennen; es gibt jedoch auch Patienten, die Orte, Gebäude oder leblose Objekte verleugnen oder nicht wiedererkennen. Dies war bei meinem Patienten Oliver der Fall.

Oliver

Oliver war ein ausgesprochener Gentleman in den Siebzigern. Er war ein Holocaust-Überlebender und in die Vereinigten Staaten emigriert, wo er geschäftlich sehr erfolgreich war. Er erlitt einen kleinen Schlaganfall und wurde in die Klinik eingewiesen. Sein Klinikaufenthalt verlief ohne weitere Komplikationen und er überstand die ganze Geschichte, ohne dass irgendwelche ersichtlichen neurologischen Schäden geblieben wären.

Bei der Heimkehr in seine geliebte Wohnung stellte er entsetzt fest, dass sie durch eine andere, fast identische Wohnung ausgetauscht worden sei. Mit anderen Worten, er war überzeugt, nun zwei Wohnungen unter derselben Anschrift zu haben. Die zweite Wohnung sei „zwei Zimmer kleiner als die ursprüngliche." Als ich ihn fragte, wie es sein könne, dass es unter derselben Adresse zwei fast identische Wohnungen gäbe, meinte er gelassen: „Ich hatte noch keine Gelegenheit, mit dem Hausverwalter oder irgendeiner anderen zuständigen Person darüber zu sprechen ... über die Plausibilität dieser Wohnung ... beide Gebäude werden von demselben Verwalter betreut."

Manche Patienten leiden an der Unfähigkeit Gegenstände wiederzuerkennen und behaupten von Gegenständen, sie seien durch Duplikate ersetzt worden; hier spricht man von einer so genannten pragmatischen Agnosie. Dieses Syndrom stellt eine Form des Capgras-Syndroms für Objekte dar. Anderson berichtete über ein faszinierendes Beispiel dieser Störung.[8]

Er beschrieb einen 74-jährigen Mann, der in Liverpool in der Klinik war und behauptete, über 300 Gegenstände seien aus seinem Haus entfernt und durch nahezu identische Duplikate ersetzt worden – unter anderem Rasierklingen, eine Bohrmaschine und Herrenunterwäsche-Garnituren. Die Täter, die dieses scheußliche Verbrechen begangen hätten, glaubte er zu kennen: seine Frau, Mrs. B., und sein Neffe, Mr. C., die sich, wie er meinte, gegen ihn verschworen hätten, um ihn zu ruinieren. Auch wenn die Ersatzgegenstände große Ähnlichkeit mit den Originalgegenständen hätten, so seien einige, meinte der Patient, doch minderwertiger als die ursprünglichen Gegenstände. So gab es zum Beispiel Malerpinsel, die im Vergleich zu den ursprünglichen nun „weniger Borsten" hatten, oder ein Paar schwarze Stiefel, die „abgetragener" aussahen, und eine Badehose, die „nicht richtig passte". Ein Computertomogramm von seinem Gehirn offenbarte, dass der Patient einen großen Gehirntumor mit einem Durchmesser von fünf Zentimetern hatte.

Eine meiner Patientinnen, Marianne, wurde auf der psychiatrischen Station eingeliefert. Sie berichtete von einer ähnlichen Erfahrung wie Dr. Andersons Patient.

Marianne

Marianne, eine Frau in den Siebzigern, hatte sich ziemlich aufgeregt, als sie vermeintlich festgestellt hatte, dass ihre Wohnung „genau wie in einem Krimi" durch eine andere ausgetauscht worden sei. Alle Möbel, Poster und sogar das Geschirr seien durch genaue Nachbildungen ersetzt worden.

MARIANNE: „Und im Küchenschrank, da fiel mir ein Unterschied auf."

FEINBERG: „Welcher war das?"

MARIANNE: „Nun, als Erstes, das Geschirr, das dort stand, war in einer Weise eingeräumt, wie ich es nie eingeräumt hätte."

FEINBERG: „In welcher Weise?"

MARIANNE: „Nun, ich sortiere es der Größe nach, und dort standen Tassen und Gläser zusammen, die nicht zueinander passten."

FEINBERG: „Worin bestand der Unterschied? Andere ..."

MARIANNE: „Muster."

FEINBERG: „Andere Muster, die Sie nicht ausgesucht hätten? Oder nicht Ihre?"

MARIANNE: „Ich bin etwas wählerisch. Und das ist ein Fehler."

FEINBERG: „Was war sonst noch anders ...?"

MARIANNE: „Ich benutze keine solchen Spültücher."

FEINBERG: „Warum? Was war damit nicht in Ordnung?"

MARIANNE: „Ich benutze keine. Ich benutze Schwämme."

FEINBERG: „Sauberer? Oder anders? Oder ..."

MARIANNE: „Sauberer. Anders. Nichts Wichtiges. Aber mir fiel auf, dass es nicht dieselben waren."

In der Zeit, in der Marianne in der Psychiatrie war, wurde ihre Psychose behandelt und allmählich setzte sich bei ihr die Erkenntnis durch, dass es tatsächlich nur eine einzige Wohnung gab. Sie selbst beschrieb das so: „Denn wenn der Film verschwindet, löst sich die traumähnliche Erfahrung auf. Ich weiß, dass es nur *eine* gibt, aber es muss die Illusion von zweien gegeben haben."

Der Familienroman

Die Abwendung, Desavouierung (Zurückweisung), Entfremdung oder das Leugnen von Personen oder Objekten, ist, oft zusammen mit der damit verbundenen Abwertung und sodann in der Fantasie vollzogenen Reduplikation, ein Thema, das nicht nur in der Neurologie, sondern auch in der Untersuchung der kindlichen Entwicklung, in der Religion, Literatur und, wie wir gerade gesehen haben, in der Mythologie seinen Nachhall findet. In der psychologischen Literatur ist die Grundstruktur des durch das Capgras-Syndrom bedingten Wahns im „Familienroman" zu finden – der Fantasie, nicht zur eigenen Familie zu gehören.

Der Begriff *Familienroman der Neurotiker* ist der gleichnamigen Schrift Freuds entlehnt.[9] Er beschrieb, wie das Kind in seinen frühen Entwicklungsjahren dazu neigt, seine Eltern in einer idealisierten Form zu betrachten. Mit der zunehmenden geistigen Entwicklung, die damit verbunden ist, dass das Kind sich der – imaginären oder realen – Unzulänglichkeiten seiner Eltern bewusst wird, wird durch dieses Bewusstsein bei dem Kind die Fantasie genährt, es sei entweder adoptiert, ein Stiefkind oder in irgendeiner anderen Form nicht wirklich das leibliche Kind seiner Eltern. Wenn diese Fantasie besonders stark zutage tritt oder intensiv ist, beschreibt Freud sie als den *Familienroman der Neurotiker*. Die tatsächliche Familie wird als die nicht wirkliche Familie abgelehnt und die „wirkliche" Familie ist – nach der Vorstellung in der Fantasie – anderswo: Das Kind hat im Grunde ein entwicklungsspezifisches Capgras-Syndrom entwickelt.

Die gleiche Geschichte ist in der mythologischen Literatur zu finden. 1909 schrieb Otto Rank, ein Schüler Freuds, einen Klassiker mit dem Titel *Der Mythus von der Geburt des Helden*, offenbar aufgrund eines Vorschlags Freuds.[10] Ranks Werk basiert auf der Beobachtung, dass die meisten bedeutenden Kulturvölker (wie etwa Babylonier, Ägypter, Israeliten, Inder, Perser, Griechen und Römer) ihre Helden, Religionsstifter, Könige und Städtegründer in Dichtungen und Sagen verherrlichen. Und diese Legenden wiesen bei den verschiedenen, obwohl räumlich und zeitlich weit voneinander getrennten Kulturen verblüffende Ähnlichkeiten bezüglich der Umstände der Geburt des Helden auf.

In der Geschichte wird der Held als Spross aristokratischer oder königlicher Eltern geboren; er ist oft der Sohn eines Königs. Die Schwangerschaft erfolgt unter extrem schwierigen Vorzeichen (das heißt: Verbot des Geschlechtsverkehrs oder lange anhaltende Unfruchtbarkeit). Während der Schwangerschaft kommt es in Form eines Traums oder eines Orakels zu einer Prophezeiung, die vor der Geburt warnt und den Vater oft für den Fall, dass es zur Geburt kommt, mit einem Unglück bedroht. Als Antwort auf diese Drohung wird das Kind in einem Kästlein dem Wasser übergeben, am

Ende dann aber doch entweder von Tieren, einfachen Leuten oder einen bescheidenen Frau gerettet – mit anderen Worten, von Menschen, die das genaue Gegenteil zur ursprünglichen adeligen Familie des Kindes darstellen.

Während das Kind heranwächst, ist es großen Widrigkeiten und vielen Herausforderungen ausgesetzt. Und schließlich rächt es sich vielfach am Vater dafür, dass dieser es so schändlich im Stich gelassen, weggegeben und seinem eigenen Schicksal überlassen hat, so dass der Held seine ursprüngliche vornehme Position einnimmt und selbst König wird. Freud und Rank waren sich einig:

„Ja, das ganze Bestreben, den wirklichen Vater durch einen vornehmeren zu ersetzen, ist nur der Ausdruck der Sehnsucht des Kindes nach der verlorenen glücklichen Zeit, in der ihm sein Vater als der vornehmste und stärkste Mann, seine Mutter als die liebste und schönste Frau erschienen ist."[11]

Rank listet fünfzehn solcher Geschichten auf, die dieser Formel entsprechen, wozu auch die älteste Überlieferung aus dem alten Babylon gehört, die die Geburtsgeschichte des Gründers von Babylon, Sargons des Ersten, erzählt. Ähnliche Heldenmythen, die Rank erwähnt, sind die Geschichten von Ödipus, Paris, Perseus, Romulus, Jesus und die von Herkules (oder Herakles), mit der dieses Kapitel begann.

Wenn wir über das Capgras-Syndrom sprechen, ist es in diesem Zusammenhang interessant und wichtig, dass Rank die Geschichte von Herakles (oder Herkules) als Beispiel eines der Mythen über die Geburt eines Helden mit einbezieht. Zeus wird als der königliche Vater Herakles' betrachtet, in diesem Fall der „ursprüngliche" Vater von hoher Geburt. Zeus nimmt die Gestalt Amphitryons an, eines Sterblichen von niedrigerer Geburt. Diese beiden Versionen von Zeus – zum einen in seiner ursprünglichen Gestalt und zum anderen in der Gestalt Amphitryons – entsprechen den zwei Versionen der Familie im „Familienroman" und in der Analogie den beiden Versionen der durch den Wahn des Capgras-Syndroms duplizierten Person. Während die Franzosen das Wort *sosie* nach der Figur Sosias für den Begriff des Doppelgängers wählten, wäre der Begriff *illusion des*

Amphitryons vielleicht eine präzisere Bezeichnung für das Syndrom gewesen.

Aber auch auf das Capgras-Syndrom gibt es jede Menge literarische Hinweise. Einer der bekanntesten ist in Fjodor Dostojewskis Werk *Die Dämonen* zu finden.[12] In diesem Buch versäumt es Strawrogin (Nikolai Wsewolodowitsch), der heimlich mit Marja Timofejewna verheiratet ist, sich bei einer Gesellschaft in der Stadt, in der sie beide leben, zu ihr zu bekennen. Konkret nach der Liaison gefragt, behauptet er stattdessen, er sei nur ein Außenstehender – nicht ihr Gatte noch ihr Bräutigam. Als Strawrogin Marja später besucht, weigert sie sich umgekehrt ebenfalls, ihn wiederzuerkennen. „Ähnlich siehst du ihm ja sehr", erklärt sie ihm, „bist vielleicht ein Verwandter von ihm – raffiniertes Volk! Nur ist meiner ein strahlender Falke und Fürst, und du bist ein mickriger Uhu und eine Krämerseele." Interessant ist, dass sie, ähnlich wie die Patienten, die als unter dem Capgras-Syndrom leidend beschrieben werden, ihn bezichtigt, nicht nur ein Schwindler zu sein, sondern auch den echten Strawrogin ermordet zu haben.

In den fünfziger Jahren machte der Film *Die Dämonischen* und danach das damit geborene Thema der „Körperfresser" Furore, ein Thema, das ebenfalls eine Capgras-Variante darstellt, wenn auch eine solche mit paranoiden Zügen. Außerirdische bemächtigen sich des Körpers von Erdenbewohnern und treten in der Maske der ursprünglichen Menschen in ihren Körpern in Erscheinung. Genau wie beim wirklichen Capgras-Syndrom können persönliche oder körperliche Merkmale Hinweise auf das Täuschungsmanöver geben. Obwohl diese außerirdischen Eindringlinge schändliche Ziele verfolgen (was einer weiteren zeitgenössischen Version des Irrglaubens des Capgras-Syndroms entspricht), wurde diese Besitzergreifung vom *Heaven's Gate Cult*, einer UFO-Kult-Sekte, begrüßt. Diese von einem charismatischen Anführer geleitete Sekte beging 1977 einen rituellen Massenselbstmord. Die Mitglieder waren überzeugt, ursprünglich von Außerirdischen abzustammen und nur für eine begrenzte Zeit auf die Erde gebracht worden zu sein, in der ihre Körper lediglich die „Vehikel" ihres Geistes waren. Nachdem sie nun ihre Zeit auf der Erde vollendet hatten, sollte dieser rituelle Selbstmord es ihnen ermöglichen, geistig wieder zum „Mutterschiff" ihres Ursprungs zurückzukehren. Dies ist ein kollektiver Familienroman, in dem die Ursprünge der Kultmitglieder geleugnet und durch die Fantasie von einer außerirdischen und – in ihrer Vorstellung – höheren Geburt ersetzt werden.

Capgras und Reboul-Lachaux versuchten in ihrem ursprünglichen Artikel eine Erklärung für die *illusion des sosies* bei ihrer Patientin Madame M. zu finden. Sie hatten festgestellt, dass das Gedächtnis für Gesichter bei Madame M. intakt war und dass bei ihr keine Anzeichen für eine wahrnehmungsspezifische Störung zu erkennen waren. Aber die Gesichter, die sie falsch identifizierte, weckten bei ihr nicht mehr die gewöhnliche emotionale Reaktion:

> „[Sie] werden trotzdem nicht mehr mit diesem Gefühl ausschließlicher Vertrautheit verbunden, das bezeichnend für die direkte Wahrnehmung, das sofortige Wiedererkennen ist. Das Gefühl der Fremdheit ist mit dem Wiedererkennen verbunden, welches im Widerspruch dazu steht. Während die Patientin eine winzige Spur von Ähnlichkeit zwischen den beiden Bildern erfasst, hört sie wegen der unterschiedlichen Emotionen, die sie auslösen, auf, sie zu identifizieren. Sie schreibt sie, was durchaus natürlich ist, diesen ähnlichen Menschen zu oder auch dieser einzigartigen unbekannten Persönlichkeit, welche unter dem Begriff des Doppelgängers bekannt ist. Bei ihr ist die Wahnvorstellung von Doppelgängern deshalb in Wirklichkeit kein sensorischer Wahn, sondern vielmehr das Ergebnis einer emotionalen Beurteilung."[13]

Bei Madame M. kollidierte die intakte Wahrnehmung von Menschen mit einem „Gefühl der Fremdheit" und die Folge war ein emotionaler Konflikt. Die mangelnde emotionale Reaktion auf die fehlidentifizierte Person rechtfertigte sie dann mit der Konfabulation, die echte Person sei durch einen Doppelgänger ersetzt worden, und das Ergebnis war die *illusion des sosies*.

Welche Form von Gehirnschädigung konnte zu dieser Trennung zwischen intaktem Wiedererkennen und der angemessenen emotionalen Reaktion führen? Ich werde am Ende dieses Kapitels auf diese Frage eingehen und möchte zuvor noch eine weitere Störung beschreiben, die mit dem Capgras-Syndrom verwandt ist.

Das Fregoli-Syndrom

Während manche Patienten das Gefühl persönlicher Verbundenheit *verlieren*, scheinen andere ebendieses Gefühl zu *gewinnen*. Vier Jahre nach der Veröffentlichung des Berichtes von Capgras- und Reboul-Lachaux veröffentlichten zwei weitere französische Ärzte einen Aufsatz mit dem Titel „Syndrome d'Illusion de Fregoli et schizophrénie".[14] In diesem Bericht beschrieben sie eine Patientin, die, wie sie es nannten, unter einem „Doppelgängerwahn" litt. Aber während Patienten, die unter dem Capgras-Syndrom leiden, imaginäre Unterschiede zwischen Personen feststellen, stellte ihre Patientin imaginäre Ähnlichkeiten zwischen den Personen in ihrer Umgebung fest – das Gegenteil des Capgras-Syndroms.

Courbon und Fail beschrieben eine 24-jährige Frau, bei der Schizophrenie diagnostiziert wurde. Sie entwickelte eine Reihe von Wahnvorstellungen, denen gemäß sie der Überzeugung war, von ihren Feinden verfolgt zu werden. Zu ihren Hauptverfolgern gehörten die berühmten Schauspielerinnen Robine und Sarah Bernhardt, die sie beide tatsächlich einmal im Theater gesehen hatte. Sie hatte das Gefühl, dass diese beiden Schauspielerinnen sie verfolgten und dabei äußerlich die Gestalt von Bekannten annähmen. Robine war in der Lage, in den Körper von Nachbarinnen oder von Passantinnen zu schlüpfen, und sie konnte andere Freundinnen und Nachbarinnen zwingen das Gleiche zu tun. Auch wenn die Patientin berichtete, dass die Personen, in deren Gestalt sie auftraten, wie beispielsweise die Schwestern auf ihrer psychiatrischen Station, äußerlich keine Ähnlichkeiten mit den Schauspielerinnen Robine und Sarah Bernhardt hätten, waren sie (nach Auffassung der Patientin) dennoch in einem gewissen Sinne von ihnen „besessen" oder „psychologisch besetzt".

Courbon und Fail benannten die Störung nach dem italienischen Schauspieler Leopoldo Fregoli, der ob seiner unglaublichen Nachahmungsfähigkeiten bekannt war und mit einer frappierenden Ähnlichkeit in die Gestalt anderer zu schlüpfen schien. Während Patienten, die unter dem Capgras-Syndrom leiden, in der Regel ihnen nahe stehende Menschen nicht wiedererkennen können, neigen Patienten mit dem Fregoli-Syndrom zu Fehlidentifikationen von Menschen, die sie kaum kennen, wie entfernte Bekannte oder Nachbarn. Das Fregoli-Syndrom tritt bei schwer kranken psychiatrischen Patienten, insbesondere bei Schizophrenie, am auffälligsten und ausgeprägtesten in Erscheinung.

Burnham beschrieb einen solchen Patienten, der nach einer Phase akuter mentaler Desorganisation das Klinikpersonal und Mitpatienten zum Teil als Personen wahrnahm, die er aus der Vergangenheit kannte, wozu auch berühmte Persönlichkeiten gehörten, die er nur aus den Nachrichten oder aus dem Fernsehen kannte.[15] Die Fehlidentifikationen setzten sich manchmal aus mehreren Personen zusammen. So fehlidentifizierte der Patient beispielsweise einen Stationshelfer als eine Mischung aus Art Linkletter, Lester Borden (der genau wie seine Schwester Lizzy Borden als Axtmörder identifiziert wurde) und anderer Person aus der Heimatstadt des Patienten, wozu auch sein Vermieter gehörte. Ein anderer Stationshelfer wurde als eine Mischung aus dem Vater des Patienten, aus Abraham Lincoln und einem Pfleger auf der Psychiatrie fehlidentifiziert. Andere berühmte Persönlichkeiten, die in die Fehlidentifikationen dieses Patienten einbezogen wurden, waren beispielsweise Walter Winchell, Dorothy Parker, Bert Lahr, Tallulah Bankhead, Gladys George, Lawrence Tibbett, Loretta Young, Alfred Gwynne Vanderbilt, William Vanderbilt, Franklin D. Roosevelt, Charlie Chaplin und Albert Einstein. In einigen Fällen hatten die fehlidentifizierten Personen tatsächlich gewisse äußere Ähnlichkeiten mit diesen Berühmtheiten: ein Mann, der für ihn Roosevelt war, hatte einen großen Kopf und einen verkrüppelten Arm, und diejenigen, die für ihn die Vanderbilts waren, galten als sehr distinguiert und reserviert.

Meine Patientin Fannie litt unter dem Fregoli-Syndrom in Bezug auf eine ihrer Mitpatientinnen.

Fannie

Fannie, eine 54-jährige leitende Managerin, war in die Klinik eingeliefert worden, nachdem bei ihr nach und nach eine Veränderung ihrer Persönlichkeit zutage getreten war. Das Computertomogramm, welches bei ihrer Einweisung gemacht wurde, offenbarte beidseitige

Gehirntumore im Bereich der Frontallappen (Abbildung 9). Die Läsionen wurden als Gehirnmetastasen von einem Lungenkrebs diagnostiziert. Sie leugnete, krank zu sein, obwohl es ihr sehr oft gesagt
worden war. Und sie behauptete, ihre Zimmergenossin in der Klinik
(die sie in Wirklichkeit nicht kannte) sei eine Bekannte von ihr.

FEINBERG: „Wie geht es Ihnen heute?“

FANNIE: „Sehr gut. Ich habe allerdings etwas Kopfschmerzen.“

FEINBERG: „Wissen Sie, wo Sie jetzt sind?“

FANNIE: „In der Klinik.“

FEINBERG: „Sie haben mir erzählt, dass Sie hier jemanden kennen.“

FANNIE: „Ja, die Dame dort im Bett (*zeigt auf das Nachbarbett*) ist
die Doppelgängerin von einer Arbeitskollegin! Sie ist genau wie
sie!“

FEINBERG: „Wirklich?“

FANNIE: „Ja. Außer, dass diese hier einen anderen Lebensstil hat. Sie
ist ein Swinger. Und sie hat eine andere Familie. Und diese hier
hat auch Gehirnkrebs!“

Fannie übertrug die Identität einer Arbeitskollegin auf ihre Zimmergenossin in der Klinik. Sie leugnete, krank zu sein, berichtete
aber von ihrer Zimmergenossin, dass diese „Gehirnkrebs“ habe –
was jedoch ihre eigene Diagnose war, die man ihr auch offenbart
hatte. Fannie hatte in Wirklichkeit keine Ahnung, warum ihre Zimmergenossin in der Klinik war. Interessant war, dass sie mir später
erklärte, dass die Zimmergenossin die gleichen Initialen wie sie, Fannie selbst, habe, obwohl sie für sie die Doppelgängerin einer Kollegin aus dem Büro war. Dies war bedeutsam angesichts der Tatsache,
dass Fannie sich ihrer eigenen Krankheit zwar nicht bewusst zu sein
schien, ihre eigene Diagnose dann aber fälschlicherweise ihrer Zimmergenossin zuschrieb. Dies implizierte, dass sie dennoch irgendein
Bewusstsein von ihrer eigenen Krankheit hatte.

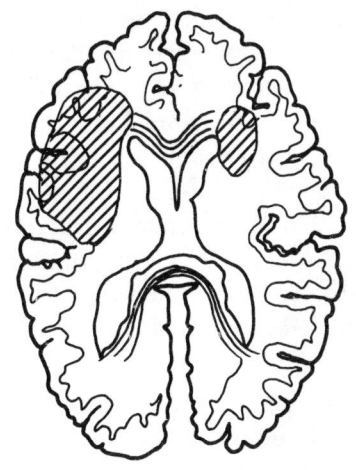

Abbildung 9: Das Computertomogramm zeigt die herdförmige Schädigung von Fannies Gehirn aufgrund zweier beidseitiger Tumoren im Bereich der Frontallappen. Beachten Sie, dass der rechte Tumor fast doppelt so groß ist wie der linke.

Mein Freund und Kollege, der Neuropsychologe Joe Giacino, machte mich auf den ausgeprägtesten Fall des Fregoli-Syndroms aufmerksam, der mir je begegnet ist.[16]

Bart

Bart ist ein Gentleman in den Sechzigern. Er ist verheiratet und hat mehrere Söhne. Er erlitt eine schwere Kopfverletzung, die weitreichende Blutungen im rechten Vorderlappen und kleinere Hirnquetschungen im linken Schläfenbein zur Folge hatte. Bei seiner Einweisung ins Krankenhaus war er zunächst äußerst lethargisch, machte in den darauf folgenden Wochen jedoch gute Fortschritte.

Als ich mit Bart sprach, schien er guter Dinge zu sein. Es gab keine Anzeichen von Erregung oder Verwirrung. Er sprach mit einer klaren und festen Stimme und sein Verhalten ließ in keiner Hinsicht erkennen, dass er unter schwerwiegenden neuropsychologischen Störungen litt, insbesondere im Bereich des Gedächtniszentrums und der Frontallappenfunktionen wie der Organisation, der mentalen Flexibilität und Selbstüberwachung.

Bart brachte es während seines Klinikaufenthalts auf insgesamt dreizehn Fehlidentifikationen. In seinem Kopf war die Klinik von

Familienangehörigen, Freunden und Arbeitskollegen bevölkert. In
fünf Fällen behauptete er von Personen auf seiner Station, die er in
Wirklichkeit kaum kannte, sie seien seine Schwiegertöchter, und in
einer glaubte er einen seiner Söhne zu erkennen. Vier Mitpatienten
oder Besucher in der Klinik identifizierte er als Arbeitskollegen oder
Personen, mit denen er geschäftliche Kontakte pflegte. Einen Ver-
waltungsangestellten bezeichnete er als den städtischen Bürgermei-
ster, einen Sozialarbeiter als einen alten Chef und einige Besucher
wurden als Freunde der Familie identifiziert. An einem Punkt behauptete Bart sogar, er selbst sei der Profi-Eisläufer, der im Fernsehen zu sehen war.

Es gibt Patienten, die behaupten, ihre gesamte Umgebung einschließlich der Menschen darin sei ihnen überaus vertraut. Mein Patient JP war – trotz erheblicher gegenteiliger Beweise – der festen
Überzeugung, dass er an einer geschäftlichen Sitzung teilnahm.

JP

JP, ein Versicherungsagent, der eine unglaubliche Ähnlichkeit mit
dem berühmten Finanzier J. Pierpont Morgan hatte, war wegen
Blutgerinnseln stationär aufgenommen worden, die seine Frontallappen zusammenpressten (Abbildung 10). Trotz aller gegenteiligen
Beweise – (zwangsverordnete Rückenlage im Krankenhausbett, stöh-
nende Mitpatienten im Zimmer, Piepsen der Herzüberwachungsge-
räte, Piepser des Klinikpersonals, beißender antiseptischer Geruch,
Tabletts, auf denen das Essen serviert wurde) beharrte er darauf, dass
wir uns in einem Konferenzraum befänden. Aber mehr noch, bei allem, was er sagte, ging es immer wieder um Geld.

FEINBERG: „Was machen Sie hier, wo befinden Sie sich jetzt? Erzählen Sie mir, was Sie hier tun?"

JP: „Nun, das ist eine Sitzung, die jedes Jahr von den Sponsoren an-
beraumt wird. Der Leiter dieser Gruppe ist in diesem Jahr ...
(Nennt den Namen seines Chefs).

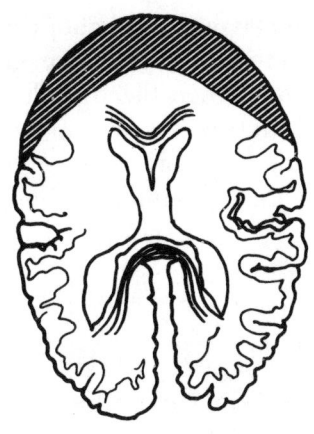

Abbildung 10: Blutgerinnsel, auch subdurale Hämatome genannt (= unter der harten Hirnhaut gelegen), bewirkten, dass JPs Frontallappen gleichmäßig zusammengepresst wurden, wie in diesem Computertomogramm dargestellt. Dies führte bei JP zu der bizarren Überzeugung, er nehme an einer Verkaufskonferenz teil, während er in Wirklichkeit mit einem Operationskittel bekleidet in einem Krankenhausbett lag.

FEINBERG: „Er ist der Leiter dieser Gruppe? Wie heißt diese Sitzung?"

JP: „Die Sitzung heißt: Eine Sitzung für integrierte Freundschaft mit den Armen in diesem Land."

(Der Patient berichtete, dass er augenblicklich an dieser Sitzung teilnehme.)

FEINBERG: „Sind die Menschen hier ... was verdienen sie?"

JP: „Sie werden meines Wissens nach Tarif bezahlt ... nur wenig darüber, und ich glaube, nicht viel weniger."

FEINBERG: „Welche Art von Arbeit mache ich, Sir?"

JP: „Ich halte Sie für den Vizepräsidenten für Marketing bei einem großen Konzern."

JP berichtete all diese unmöglichen Dinge, wobei er von seinen eigenen Problemen kein Bewusstsein zu haben schien. Er hielt an seinen Fehlidentifikationen fest trotz der Tatsache, dass er bei dem Interview mit einem Krankenhauskittel bekleidet und in weiße Krankenhauslaken eingewickelt im Bett lag.

FEINBERG: „Okay, aber dies könnte man einen weißen Laborkittel nennen. (*Ich zeigte auf meinen Kittel.*) Und hm ... dieses Namensschild mit dem Namen der Klinik darauf. Haben Sie irgendeine Vorstellung, was ich machen könnte? Könnte ich einen anderen Beruf haben? Einen alternativen Beruf? Ich frage Sie: Können Sie sich irgendetwas anderes vorstellen, was ich tun könnte?"

JP: „Ich gehe davon aus, dass Sie den Großteil Ihrer Zeit damit verbringen, dass Sie versuchen, Ihr Produkt zu verkaufen."

FEINBERG: „Versuchen, mein Produkt zu verkaufen?"

JP: „Ja. Und alles daransetzen!"

FEINBERG: „Sir, es ist nicht möglich, dass Sie ein Patient hier sind, oder? Könnten Sie ein Patient sein?"

JP: „Nein, nein."

FEINBERG: „Sie sind sich sicher ... Ihnen fehlt nichts. Sie glauben das hundertprozentig.

JP: „Sagen wir so. Ich bin ein Patient in einer Werbeanzeige."

Die Figur der kleinen Dorothee, die in dem Film *Das zauberhafte Land* (engl.: *The Wizard of Oz*) von Judy Garland dargestellt wird, ist möglicherweise der bekannteste literarische Fall, der das Fregoli-Syndrom veranschaulicht. Wenn wir Dorothee zum ersten Mal begegnen, ist sie zu Hause in Kansas, bei ihrer Familie und ihren Freunden und ihrem geliebten Hund Toto. Aber fast sofort sieht Dorothee sich dann auch schon mit einer psychischen Katastrophe konfrontiert. Die ekelhafte und gnadenlose Miss Gulch erscheint mit einem Befehl des Sheriffs bewaffnet auf Onkel Henrys und Tante Ems Farm und nimmt Toto mit. Auch wenn es Toto gelingt, Miss Gulch zu entwischen, beschließt Dorothee, dass sie von zu Hause weglaufen muss, wenn sie Totos Leben retten will.

Sie ist noch nicht sehr weit gekommen, da begegnet sie Professor Marvel, der ihr zuredet, zu ihrer Familie zurückzukehren. Aber es ist bereits zu spät. Als sie wieder auf der Farm eintrifft, braut sich gerade ein heftiger Wirbelsturm zusammen und die Landarbeiter Hunk, Hickory und Zeke haben sich zusammen mit Henry und Em bereits im Sturmkeller in Sicherheit gebracht. Allein und den entsetzlichen Windböen des Zyklons ausgesetzt erleidet Dorothee plötzlich einen heftigen Schlag an den Kopf und fällt in ein Koma. Dann träumt sie, dass sie in das geheimnisvolle und fremde Land Oos reise.

Ebenso wie Dorothee sich verzweifelt bemühte, sich während des Wirbelsturms in Kansas mit ihrer Familie wieder zu vereinigen, hat sie, als sie sich im Land Oos befindet, den inständigen Wunsch, zu ihren Lieben nach Hause zurückzukehren. Aber als sie schließlich „nach Hause gekommen" ist und aus der Bewusstlosigkeit aufwacht, teilt Tante Em ihr mit, dass sie Kansas in Wirklichkeit nie verlassen habe.

Auch wenn Dorothee nicht akzeptieren kann, dass ihre Erfahrungen in Oos nur ein Traum waren, spürt sie, dass viele der Personen, denen sie in Oos begegnet ist, „in Wirklichkeit" Personen waren, die sie aus Kansas kennt. Sich die Beule an ihrem Kopf reibend protestiert sie: „Nein ... aber es war kein Traum. Es war ein Ort ... und du ... und du ... und du ... und ihr wart da!"

Jetzt wird Dorothee bewusst, dass die Vogelscheuche, der Blech-Holzfäller und der feige Löwe verwandelte Versionen der Landarbeiter Hunk, Hickory und Zeke waren und dass der Zauberer eine andere Version von Professor Marvel war. Und wir wissen, auch wenn Dorothee es nicht sagt, dass die gerade gestorbene böse Westhexe in Wirklichkeit eine Zweitausgabe von Miss Gulch war. Genau wie beim Fregoli-Wahn waren also viele der Gestalten, denen Dorothee in Oos begegnete, verwandelte Versionen ihrer persönlichen Bekannten aus Kansas. Wie sich herausstellt, hat Dorothee Kansas nie verlassen, weder im buchstäblichen noch im übertragenen Sinne.

Reduplikation der Umwelt

Dass ein Ort, dem eine persönliche Bedeutung beigemessen wird, in eine relativ fremde, unvertraute Umgebung eingefügt wird, ist die mit Abstand verbreitetste Fregoli-ähnliche Fehlidentifikation, die in der Neurologie anzutreffen ist. Dies kommt oft bei Patienten vor, die infolge eines traumatischen Unfalls an einer dauerhaften schweren Kopfverletzung leiden, oder bei Patienten, bei denen es infolge geplatzter Blutgefäße zu Blutungen in vorderen Hirnregionen kam. Desorientierte Patienten neigen dazu, sich fälschlicherweise an einem Ort zu lokalisieren, der näher an ihrem Zuhause ist. Manchmal behauptet der Patient, es gebe zwei Versionen eines bestimmten Ortes, einen in seiner Nachbarschaft und den anderen am richtigen Ort. Wenn ein Patient davon ausgeht, es gebe zwei oder mehr Versionen von einem bestimmten Ort, so wird dieses Syndrom *Reduplikation der Umwelt* genannt.

Der erste Fall einer umweltspezifischen Reduplikation wurde 1903 von dem deutschen Neurologen Arnold Pick beschrieben.[17] Dr. Pick beschrieb eine 67-jährige Frau, die aufgrund von „psychopathischen Symptomen", wie es damals hieß, in die Klinik eingeliefert wurde. Zu den so genannten psychopathischen Symptomen gehörten Depression, Vergesslichkeit, Wahnvorstellungen, Gedächtnisstörungen, Alpträume und zeitliche Desorientiertheit. Die Gedächtnisstörung schien bei der Patientin besonders auffällig zu sein und sie erging sich in lebhaften Konfabulationen. Während sie in Wirklichkeit in Prag in der Klinik war, erzählte sie, die Klinik befinde sich in ihrer Heimstadt „K". Wurde sie gefragt, wie denn Professor Pick nach „K" gekommen sei und wie die anderen Ärzte ebenfalls dorthin gekommen sein könnten, rief sie aus: „Warum, guter Gott! Alles kann doch überall herum und hin und her reisen." Sie sprach von zwei Kliniken, der „Stadt"-Klinik und der „Vorort"-Klinik. Sich selbst lokalisierte sie gerne in der Vorortklinik, die für sie näher bei ihrem Zuhause war.

Patterson und Zangwill beschrieben einen weiteren interessanten Patienten in Edinburgh, Schottland.[18] Der 22-jährige junge Mann war aus einer Höhe von sechs Metern gefallen und hatte sich eine schwere Kopfverletzung zugezogen, die dazu führte, dass er in ein zweitägiges Koma fiel. Als er auf der Station für Schädel-Hirn-Verletzungen allmählich wieder zu Bewusstsein kam, war er nach dem Aufwachen ruhelos, verwirrt und desorientiert. Bei ihm wurde eine beiderseitige Gehirnschädigung diagnostiziert, die größtenteils die rechte Hirnhemisphäre betraf. Er sagte zwar, dass er in Schottland sei, sein ganzes Verhalten verdeutlichte jedoch, dass er das Gefühl hatte, zu Hause in Grimsby, England, zu sein. Kurz darauf erklärte er, er befinde sich in einer Klinik, die drei Kilometer außerhalb von

Grimsby liege. Als die Ärzte ihn darauf hinwiesen, dass er nicht gleichzeitig in Grimsby und in Schottland sein könne, meinte er, Grimsby und Schottland seien ein und derselbe Ort. Er spekulierte sogar, Grimsby könne zu Schottland gehören. „Auf der Karte", sagte er, „ist dieser Teil Nordschottland ... aber wenn die Leute sagen: ‚Wohnen Sie hier?', dann sage ich: ‚Ja, Grimsby!' ... Ich glaube, Recht zu haben ... Ich weiß es durch meine eigene Sprache, durch die Straßen meiner Stadt." Er meinte, es gebe eine Trennungslinie zwischen England und Schottland, die durch Grimsby verlaufe. Ein andermal erklärte er: „Ich nenne es Grimsby, und Sie nennen es Schottland ... auf der Karte ist es Schottland." Und die Ärzte in Grimsby waren für ihn auch die Ärzte in Schottland.

Eine der wohl ironischsten neurologischen Schicksalswenden traf einen Arzt, Dr. Max Levin, klinischer Professor der Neurologie am *New York Medical College*, der zugleich eine Praxis am damaligen *Flower and Fifth Avenue Hospital* hatte. Dr. Levin schrieb sehr viel über die Erscheinungsformen und Ursachen des Deliriums und deli-rösen Denkens.[19] Es faszinierte ihn, wie das Gehirn bei Verwirrt-heitszuständen operierte, und besondere Aufmerksamkeit schenkte er dem Delirium, das durch eine Überdosis Bromid verursacht wurde. Dies war offenbar in einer Zeit, in der Bromid weithin als Arznei im Gebrauch war, eine durchaus weit verbreitete Erschei-nung. Die durch eine Bromidvergiftung verursachte Verwirrung wurde als „Bromiddelirium" oder „Bromidpsychose" bekannt.[20] Dieses Delirium ähnelt den diffusen Arten von Gehirnschädigungen, die, wie wir bereits gesehen haben, nach sonstigen allgemeinen Ge-hirnverletzungen zu Desorientierung und Fehlidentifikationen füh-ren.

Levin war Anhänger von Hughling Jacksons These vom hierarchi-schen Denken.[21] Jackson zufolge (der gemeinhin auch als Vater der modernen Neurologie angesehen wird) dominieren bei desorganisier-ten Gehirnzuständen die automatischen Handlungsformen – das heißt jene, die am wenigsten komplexes Denken verlangen. Dies bedeutet, dass ein Patient unter diesen Bedingungen alles, was ihm unvertraut ist, wie die Umgebung in der Klinik und fremde Menschen, für Dinge oder Personen hält, die ihm vertraut sind. Der gehirngeschä-digte Patient flüchtet sich mit anderen Worten in primitive, reflexive, automatische Denkmuster, bei denen die inflexibelsten, automatischen Assoziationen dominieren. Levin bezeichnete dies als das Gesetz der Verwechslung des Unvertrauten mit dem Vertrauten.[22]

Levin wurde eine Autorität auf diesem Gebiet und er schrieb zahlreiche Aufsätze und Buchbeiträge über dieses Thema. Die *Encyclopaedia Britannica* bat ihn sogar, für ihre Ausgabe von 1961 einen Beitrag über das Delirium zu schreiben. Und für Dr. Levin lief alles bestens und gut, bis, wie er es später formulierte, „das Schicksal mir einen Streich spielte": Er verfiel selbst in ein Delirium, bei dem er selbst Patient wurde.

An einem Mittwochnachmittag im Mai 1966 fühlte Dr. Levin sich krank. Er maß seine Temperatur und stellte fest, dass er hohes Fieber hatte. Es stellte sich heraus, dass seine Symptome auf eine schwere *Meningitis cerebralis* (Hirnhautentzündung) infolge einer Pneumokokkeninfektion zurückzuführen waren. Er wurde ins New Yorker *Presbyterian Hospital* eingeliefert und schwebte mehrere Tage zwischen Koma und Delirium. Nach einer Phase schwerer Verwirrtheit berichtete Dr. Levin Folgendes.[23]

Ihm war gesagt worden, dass er sich im *Presbyterian Hospital* befinde, und wusste auch, dass er dort war; er hatte jedoch, wie er es nannte, die „bemerkenswerte irrige Vorstellung", die Klinik sei bei weitem nicht so weit von zu Hause entfernt, wie sie es in Wirklichkeit war. Er wohnte am *Central Park* (Westseite) in der 94. Straße. Die Klinik lag am Broadway in der 168. Straße. Damit war die Klinik einige Kilometer von seiner Wohnung entfernt. In dieser desorientierten Phase glaubte Dr. Levin, er befände sich in einem kleinen „Ableger" des *Presbyterian Hospital* am Broadway in der 98. Straße, so dass er kaum einen Kilometer von zu Hause entfernt gewesen wäre. Nach seiner Vorstellung gab es zwei *Columbia Presbyterian Hospitals*: ein kleiner Ableger ganz nahe bei sich zu Hause, auf der 98. Straße und am Broadway, wo er jetzt stationär behandelt wurde, und das eigentliche *Columbia Presbyterian Hospital* an seinem normalen Standort auf der 168. Straße in *Upper Manhattan*.

Dr. Max Levin wusste von der Beobachtung, die Dr. Weinstein und Dr. Kahn bei Patienten gemacht hatten, die unter Verwirrung litten, wonach diese die Kliniken, in denen sie sich befanden, oft reduplizierten, sich selbst irrigerweise an einem Ort wähnten, der näher an ihrer Wohnung oder ihrem Arbeitsplatz lag, und diesen anderen Ort oft als „Nebengebäude" oder „Ableger" bezeichneten. Als er sich von seiner Krankheit erholt hatte, war er verblüfft, dass seine eigene Erfahrung eine Bestätigung ihrer Erkenntnisse war.

Wenn ein Patient einen Fremden als einen Bekannten fehlidentifiziert, sprechen wir vom Fregoli-Syndrom. Wenn der Patient die Klinik, in der er sich befindet, irrigerweise in seinen eigenen Hinterhof verlegt und den Ort dupliziert, sprechen wir von einer Reduplikation der Umwelt. *Beide* Syndrome stellen eine Veränderung des Selbst in dem Sinne dar, dass sich in der Beziehung, die der Betreffende zur Welt hat, ein Wandel vollzieht. Die Grenzen des Selbst verändern sich und die persönliche Welt rückt näher.

Die Capgras-Fregoli-Dichotomie

Wie sieht die Beziehung dieser beiden Störungen zueinander, zum Selbst und zu dessen Grenzen aus? Das klinische Material lässt den Schluss zu, dass die Capgras-Fregoli-Dichotomie als ein vereinheitlichendes Prinzip zum Verständnis vieler Perturbationen des Selbst dienen kann.

Uns fällt zunächst die Ähnlichkeit zwischen dem Capgras-Syndrom und dem *Jamais-vu*-Phänomen auf. Jeder hat schon einmal die Erfahrung gemacht, dass er einen vertrauten Ort oder eine vertraute Person sah oder einer vertrauten Aktivität nachging und dennoch von einem befremdenden, irgendwie irritierenden Gefühl mangelnder persönlicher Beziehung oder Verbundenheit beschlichen wurde. Anders ausgedrückt: Der Vorgang ist mit einer Befremdung oder Entfremdung von etwas verbunden, von dem man weiß, das es einem vertraut sein sollte. Die emotionale Kraft oder Nachhaltigkeit einer derartigen Erfahrung ist auf die Tatsache zurückzuführen, dass das Individuum weiß, zu dem betreffenden Objekt *sollte* eine persönliche Beziehung bestehen – das Gefühl der Verbundenheit ist jedoch verschwunden.

In diesem Sinne stellt das Capgras-Syndrom eine Veränderung der *Verbundenheit* (im Gegensatz zu einer Veränderung der Vertrautheit als solcher) dar: Das Ganze sieht vertraut aus, es erscheint vertraut, die für diese Vertrautheit notwendige Erinnerung ist da, aber die persönliche *Verbundenheit* fehlt. Die Patientin erkennt den Ehemann als die Person, die ihr Ehemann sein *sollte*, sie verleugnet ihn jedoch, da sie ihn nicht als Ehemann *empfindet*, mit ihm nicht die gleichen *Gefühle* wie zu ihrem Ehemann verbindet. Es ist ein Rückzug aus der persönlichen Verbundenheit – ein Verleugnen oder eine Entfremdung –, der die Bühne für die Capgras-ähnliche Fehlidentifikation bereitet.

Genauso wie man die Verbundenheit zu einem Ehepartner oder einem Familienmitglied verlieren kann, kann die Asomatognosie als ein Verlust oder Entzug der persönlichen Verbundenheit zum Körper interpretiert werden. Dies bedeutet natürlich nicht, dass sensorische Verluste, Schwächen, Lähmung, Neglekt, Verwirrung und eine Fülle anderer Faktoren nicht zum Verlust der Verbundenheit oder zur Entfremdung beitragen würden. Dies sind lauter wichtige Komponenten, die jedoch nicht für die psychische Reaktion des Patienten auf diesen Verlust verantwortlich sind. Die neurologischen Voraussetzungen bereiten die Bühne für die Perturbation der Verbundenheit des Selbst zum fehlidentifizierten Objekt.

Das Fregoli-Syndrom stellt demgegenüber die entgegengesetzte Seite des Kontinuums dar. Das Fregoli-Syndrom repräsentiert eine „Überverbundenheit". In diesem Sinne ähnelt es der *Déjà-vu*-Situation, in der etwas, das relativ unvertraut ist oder zu dem der Patient keine Beziehung hat, als etwas verstanden wird, das von besonderer persönlicher Bedeutung ist. Im Gegensatz zum Capgras-Syndrom, das einen *Entzug* persönlicher Verbundenheit darstellt, kann eine Fregoli-ähnliche Störung als *Hinzufügung* einer (künstlichen) persönlichen Verbundenheit interpretiert werden. Hier werden Objekte, die dem Patienten unvertraut sind, mit einer persönlichen Verbundenheit verknüpft, die in Wirklichkeit nicht existiert.

Ob es ein Arm wie bei der Asomatognosie oder ein Ehepartner wie beim Capgras-Syndrom ist – das Selbst hat sich aus seiner engen Beziehung zurückgezogen. Die persönliche Verbundenheit zu dem betreffenden Körperteil, der Person, dem Ort oder dem Ereignis ist verloren gegangen. Parallel zu diesem Entzug kommt es gleichzeitig jedoch oft auch zu einer ausgleichenden Hinzufügung, indem der Patient sich offen zu dem fraglichen Objekt bekennt und ihm eine neue Identität verleiht. Dies erklärt, warum viele Perturbationen des Selbst in der Neurologie gleichzeitig einen Entzug wie eine Hinzufügung persönlicher Verbundenheit darstellen.[24]

Es ist faszinierend, wie dehnbar die Grenzen des Selbst sind. Das Selbst existiert nicht als rigide Struktur, so wie unsere Haut uns von der äußeren Welt trennt. Es offenbart vielmehr, genau wie die Amöbe, eine unglaubliche Fähigkeit seine Form zu verändern, seine Grenzen zu verschieben und je nach Bedarf neue Teile hervorzubringen.

Die in diesem Kapitel beschriebenen Patienten offenbaren das versteckte Potenzial für eine veränderte Durchlässigkeit zwischen dem Selbst und der Welt, einen Bruch in der „Selbst-Begrenzung". Das Selbst verliert etwas, aber aufgrund einer erhöhten Durchlässigkeit in der Selbst-Begrenzung kann es sich auch erweitern und ausdehnen.

Diese Patienten produzieren Geschichten, die den Schluss zulassen, dass ihre persönliche Beziehung oder Verbundenheit zur Welt durcheinander geraten ist. Ihr Selbst, ihr Identitätsgefühl ist entweder mit ihrer persönlichen Welt verschmolzen oder hat sich von ihr getrennt. Diese Patienten lehren uns, dass das Selbst unentwirrbar mit allem verbunden ist, was eine persönliche Bedeutung hat. Es mag ja wahr sein, dass wir das sind, was wir essen; aber soweit es um den Geist geht, gilt noch mehr, dass wir *das* sind, was wir *lieben*.

Störungen der persönlichen Verbundenheit und die Anatomie des Selbst

Da das Selbst diese Fähigkeit offenbart sich entsprechend der gegebenen Umstände zu verändern und anzupassen, ist es manchmal sehr schwierig präzise etwas zu seiner neurologischen, materiellen Basis zu sagen. Aber dennoch haben sich einige Schlüsselhinweise bezüglich der neurologischen Basis dieser Zustände herauskristallisiert. Bei der überwiegenden Mehrzahl der Patienten, die einen gelähmten Arm falsch benennen, ablehnen oder verstoßen, liegen Schädigungen der rechten Gehirnhemisphäre vor. Dies ist zum Teil durch das häufigere

Vorkommen von Neglekt bei Patienten mit Schädigungen der rechten Hemisphäre zu erklären. Der Neglekt-Patient ignoriert den linken Arm so, dass gleichzeitig *alle* Reize ignoriert werden, die auf der linken Seite des Patienten auftreten. Dies kann jedoch nicht die ganze Geschichte sein. Wenn dem so wäre, dann würde der linke Arm, wenn er den Patienten auf ihrer rechten, gesunden Seite, in ihrem rechten Blickfeld gezeigt und von ihrer linken Hemisphäre betrachtet würde, nicht nach wie vor verstoßen werden. (Vgl. Gesprächsprotokoll Sonya in Kapitel 2) Hier ist mehr im Spiel.

Es gibt möglicherweise andere Gründe dafür, dass Asomatognosie bei einer Schädigung der rechten Hemisphäre häufiger vorkommt. Wenn ein Patient einen Arm explizit fehlidentifiziert, ihm einen anderen Namen gibt oder ihn personifiziert oder davon spricht, dass er ihn in einer Reisetasche mit nach Hause nehmen wolle, so hängen diese verbalen Verhaltensweisen zum Teil von einer intakten linken Hemisphäre ab. Asomatognosie ist nicht allein das Ergebnis einer Schädigung der rechten Gehirnhälfte, sondern vielmehr das Resultat der Interaktion zwischen einer geschädigten rechten Hemisphäre und einer relativ intakten, aber veränderten linken Hemisphäre.

Eine Schädigung der rechten Hemisphäre spielt auch bei der Erzeugung anderer Fehlidentifikationen eine Rolle. So wurde zum Beispiel festgestellt, dass die so genannte reduplizierende Paramnesie, eine Sinnestäuschung, bei der ein Erlebnis in der Erinnerung doppelt oder mehrfach erscheint, nach einer Schädigung der rechten Hemisphäre gehäufter auftritt. Benson und seine Mitarbeiter analysierten im Rahmen einer Studie eine Reihe von Patienten, die unter reduplizierender Paramnesie litten, und stellten dabei fest, dass in allen Fälle eine Schädigung der hinteren Regionen der rechten Hemisphäre vorlag.[25] Diese Verbindung zwischen einer Schädigung der rechten Hemisphäre und der reduplizierenden Paramnesie wurde durch eine ähnliche, von Ruff und Volpe durchgeführte Studie untermauert.[26] Um diese Beziehung weiter zu untersuchen, habe ich zusammen mit einem Kollegen insgesamt 69 veröffentlichte Fälle von Patienten mit reduplizierender Paramnesie untersucht. Auch wir stellten einen engen Zusammenhang zwischen diesem Syndrom und einer Schädigung der rechten Gehirnhemisphäre fest.[27]

Es gibt einige bekannte Fälle, bei denen das Capgras-Syndrom mit einer Verletzung der rechten Gehirnhälfte verknüpft wurde. Staton und Kollegen beschrieben einen Mann, der im Alter von 23 Jahren durch einen schweren Autounfall einen großen Gehirnschaden erlitten hatte.[28] Ein Computertomogramm bestätigte, dass seine rechte Hemisphäre weitreichend geschädigt war, einschließlich Hinterhauptlappen und Schläfenlappen (*Lobus parietalis* und *Lobus temporalis*). Bei diesem unglücklichen jungen Mann stellte sich eine erhebliche Persönlichkeitsveränderung ein: Er wurde in den Monaten nach seinem Unfall immer zurückgezogener und reizbarer und legte ein explosives Temperament an den Tag.

Acht Jahre nach dem Unfall setzte sich bei ihm die Überzeugung durch, dass seine Freunde und Verwandten alle „Doppelgänger" der echten Personen seien. Er behauptete sogar, seine Katze sei nicht „echt", und der Beweis dafür war für ihn die neue Narbe an ihrem Ohr.

In einem anderen Fall beschrieben Alexander und Kollegen einen 44-jährigen Mann, der an einer Kopfverletzung und einer Schädigung seiner rechten Gehirnhemisphäre litt.[29] Vor dem Unfall hatte der Patient paranoide Wahnvorstellungen bezüglich seines Jobs erkennbar werden lassen; nach der Kopfverletzung setzte sich bei dem Patienten die Überzeugung durch, dass er zwei fast identische Familien habe.

Welche Faktoren könnten in diesen Fällen die verzerrte persönliche Beziehung oder Verbundenheit hervorgebracht haben? Viele Neurowissenschaftler, die bei diesen Störungen die Rolle der rechten Hemisphäre betont haben, haben dies auf der Grundlage der weitreichenden temporolimbischen Verbindungen getan – das heißt, auf der Grundlage der Verbindungswege, die zwischen dem Schläfenlappen, der wichtig für das Gedächtnis ist, und dem limbischen System, jenem Teil des Gehirns bestehen, der mit Emotionen, Schmerz, Freude und Motivation verknüpft ist.

Alexander und seine Kollegen waren der Ansicht, dass sowohl das Capgras-Syndrom als auch die Reduplikation das Ergebnis „eines verzerrten, aber unwiderstehlichen Gefühls von Vertrautheit mit einem Ort oder einer Person, nicht aber von Identität des Ortes oder

der Person" sein könnten.[30] Dies könnte auf Läsionen des rechten
Schläfen- und Frontallappens zurückzuführen sein, durch die die
normalen temporolimbischen Verbindungen unterbrochen wurden.

Staton und seine Kollegen argumentierten ähnlich, um das Capgras-Syndrom bei ihrem Patienten mit einer Verletzung der rechten
Hemisphäre zu erklären.[31] Sie waren der Meinung, dass bei ihrem
Patienten die *Verbindung* zwischen seinem für die Vergangenheit zuständigen Gedächtnisspeicher und seiner gegenwärtigen Erfahrung
unterbrochen war. Diese *funktionale* Unterbrechung der Verbindung
zwischen Gedächtnis und gegenwärtiger Erfahrung war das Ergebnis
einer *anatomischen* Trennung zwischen dem Hippokampus, der für
die Bildung neuer Erinnerungen wichtig ist, und anderen Gehirnregionen, die für die Speicherung vergangener Erinnerungen zuständig
sind.

Ellis und Young warteten mit einer anderen These bezüglich des
Ursprungs des Capgras-Syndroms auf, wenn auch nicht mit aus-
drücklicher Bezugnahme auf die rechte Hemisphäre.[32] Diese Autoren
waren der Auffassung, dass es zwei anatomisch festgelegte Routen
gebe, die bei der visuellen Erkennung von Gesichtern eine Rolle
spielten und einbezogen würden. Eine „ventrale", also zum Bauch
gehörige Route, sei für das explizite Wiedererkennen der Identität
eines Gesichtes wichtig. Diese Route sei entscheidend, um die wahr-
nehmungsspezifischen Merkmale eines Gesichtes mit den gespeicher-
ten Erinnerungen in Einklang zu bringen, und eine Schädigung dieser Route führe zum Zustand der Prosopagnosie.

Und eine zweite, „dorsale Route" (wörtlich: dem Rücken zu gelegene Route) sei, so die Autoren, notwendig für das Wiedererkennen
der emotionalen Bedeutung von Gesichtern. Diese Route verbinde
die visuellen Regionen des Gehirns mit dem limbischen System, einer Gehirnregion, die für emotionale Vorgänge wichtig ist.

Da die ventrale Route des Patienten intakt sei, würden Gesichter
erkannt, aber da die dorsale Route hier unterbrochen sei, fehle dem
Patienten die richtige emotionale Reaktion auf das Gesicht. Im Ergebnis entwickele der Patient dann die Wahnvorstellungen des Capgras-
Syndroms in dem Bemühen, den Widerspruch zwischen den wahrneh-
mungsspezifischen und den emotionalen Informationen zu lösen.

Es gibt auch noch andere Beweisführungen, welche die These stützen, dass Patienten mit Schädigungen der rechten Hemisphäre tatsächlich ein verzerrtes Gefühl von Vertrautheit erleben. Landis und seine Kollegen berichteten über eine Reihe von Fällen, bei denen zumindest eine Läsion der rechten Gehirnhälfte vorlag und die alle ein Gefühl von Vertrautheit mit ihrer Umwelt verloren hatten.[33] Bezeichnend für diese Patienten war die Neigung, sich in vertrauten Umgebungen zu verirren, sowie ein feststellbarer Mangel an Verbundenheit mit ihrer Welt.

Darüber hinaus wurde auch in Versuchen die These untermauert, dass die rechte Hemisphäre eine stärkere Rolle spielt, wenn es um das Entdecken und Wiedererkennen von etwas Vertrautem oder persönlich Bedeutsamem geht. In einer Reihe von Untersuchungen haben van Lancker und seine Kollegen die überlegene Rolle der rechten Gehirnhälfte bei einer ganzen Reihe von Aufgaben demonstriert, wenn es um die Fähigkeit der Probanden ging, vertraute Stimmen von unvertrauten zu unterscheiden.[34] Ähnlich ist die rechte Hemisphäre auf das Wiedererkennen vertrauter Namen, ob gesprochen oder geschrieben, spezialisiert.

Eine Analyse dieser Fälle scheint den Schluss nahe zu legen, dass die rechte Hemisphäre bei der Aufrechterhaltung der Identität eine besondere Rolle spielt. Es gibt jedoch auch viele Fälle von wahnbedingten Fehlidentifikationen, bei denen keine selektive Schädigung der rechten Hemisphäre vorliegt.

Dr. Levin, der eine umweltspezifische Reduplikation zeigte, litt zum Beispiel infolge einer Pneumokokkeninfektion an einer Hirnhautentzündung, also an einer bakteriellen Infektion des äußeren Schutzmantels des gesamten Gehirns. Eine Meningitis zieht oft die Gehirnphysiologie allgemein in Mitleidenschaft, so dass der Patient unter eingeschränkter Wachsamkeit und mentaler Verwirrung leidet, also unter Symptomen, die darauf schließen lassen, dass das Gehirn diffus von dem pathologischen Prozess betroffen ist. Viele Patienten, die zu umweltspezifischen Reduplikationen neigen, haben diffuse Gehirnstörungen. Viele Capgras-Syndrom-Patienten leiden unter dem Frühstadium der Alzheimer-Krankheit, einer Störung, die weit verstreute Gehirnregionen betreffen kann. Eine große Anzahl von

Patienten, die unter dem Fregoli- oder dem Capgras-Syndrom leiden,
haben psychiatrische Krankheiten, bei denen die ursächliche Gehirn-
pathologie unbekannt, der Krankheitsprozess jedoch wahrscheinlich
nicht auf die rechte Hemisphäre beschränkt ist.

Verschiedene Störungen, denen unterschiedlichste Gehirnerkran-
kungen zugrunde liegen, können zu einer Veränderung des Ego führen. Aber alle hier besprochenen Theorien, die auf den Ursprung
wahnhafter Fehlidentifikationen eingehen, postulieren, dass das präzise Wiedererkennen der persönlichen Bedeutung oder Bedeutsamkeit von Personen, Orten und Dingen die Einbeziehung zahlreicher
Gehirnregionen voraussetzt. Und diese unterschiedlichen Gehirnregionen müssen durch komplexe Verbindungswege miteinander verknüpft sein, die die diversen Regionen des Gehirns zu einer Einheit
integrieren.

Wie gelingt es dem Gehirn, diese verschiedenen Regionen so zu
vereinigen, dass ein kohärentes Selbstgefühl und ein kohärentes Gefühl persönlicher Verbundenheit entstehen kann? Dies ist eine der
vielen Fragen, mit denen wir uns beschäftigen müssen, wenn wir verstehen lernen möchten, wie das Gehirn die Einheit des Ego erschafft.

Kapitel 4
Persönliche Mythenbildungen

Beim Capgras-Syndrom verliert der betroffene Patient einen Aspekt des Persönlichen; diese Ego-nahen Aspekte seiner selbst werden dem Selbst entfremdet. Beim Fregoli-Patienten trifft das Gegenteil zu: Das Fremde und Unvertraute erhält die Wärme des Persönlichen und der Beziehung. Es gibt noch eine weitere Transformation des Selbst, die ich als *persönliche Konfabulation* bezeichne.[1]

Bei der persönlichen Konfabulation legt sich der Patient ein reales Ereignis aus seinem Leben selbst so zurecht, dass es nicht mehr in Zusammenhang mit der gegebenen Situation steht, oder er erfindet eine rein fiktive Lebensgeschichte, in der er in einer anderen Identität die Hauptrolle spielt. Die Perturbation des Selbst ist hier subtiler als bei den krasseren Erscheinungsformen des Capgras- und Fregoli-Syndroms. Ich bin jedoch davon überzeugt, dass eine Analyse dieser komplizierten und ausgeklügelten konfabulierten Erzählungen eine grundlegende Struktur erkennen lässt, die Ähnlichkeit mit anderen Varianten der Fehlidentifikation hat.

Was ist Konfabulation?

Der Begriff „Konfabulation" bezeichnet allgemein eine unrichtige, aber unbeabsichtigt falsche Äußerung. Konfabulationen treten bei einer Vielzahl neurologischer und psychiatrischer Störungen auf. Eine Amnesie, eine Erinnerungslücke – wenn Patienten sich nicht mehr an einen bestimmten Aspekt ihrer zurückliegenden Erfahrungen erinnern können – ist einer der Zustände, der mit tief greifenden und dramatischen Konfabulationen assoziiert wird. Bei amnestischen Patienten wird traditionell zwischen zwei Arten der Konfabulation unterschieden, auch wenn sich inzwischen zunehmend die Erkenntnis durchsetzt, dass diese Formen sich überschneiden und ineinander greifen.

Die erste Art ist die so genannte situative Konfabulation. Berlyne zufolge sind situative Konfabulationen in der Regel kurz und werden situativ durch eine Frage ausgelöst, die das fehlerhafte Gedächtnis des Patienten auf die Probe stellt.[2] Seiner Ansicht nach handelt es sich bei situativen Konfabulationen um tatsächliche Erinnerungen, die in einen anderen zeitlichen Zusammenhang gestellt werden, und ihr Inhalt ist autobiografisch und bezieht sich auf Ereignisse aus der jüngeren Vergangenheit des Patienten. Diese Art der Konfabulation wird auch als „provozierte Konfabulation" bezeichnet.[3]

Patienten, die zu situativen Konfabulationen neigen, greifen dabei oft auf Elemente aus ihrer unmittelbaren Umwelt zurück. Stuss und seine Kollegen beschrieben beispielsweise einen Patienten, der in einem Büro interviewt wurde, in dem an einer Wand eine dekorative große Landkarte mit dem Titel *Cuttyhunk Island, Dukes County, Massachusetts* hing.[4] Als dem Patienten die Standardorientierungsfrage gestellt wurde, wo er sich jetzt befinde, antwortete er: „Massachusetts". Auf eine weitere Nachfrage kam die Antwort: „Cuttyhunk Island".

Ich habe zahlreiche Patienten mit derartigen „Kontaminationen", die in einer fortlaufenden Erzählung auftraten, untersucht. Das nachfolgende Beispiel mag als Veranschaulichung dieser Konfabulationsvariante dienen.

Linda

Linda hatte sich mit 65 Jahren gerade einer Hirnaneurysma-Operation unterzogen. (Arterienerweiterung im Gehirn) Sie hatte eine erfolgreiche Karriere gemacht, litt nun jedoch unter einem schwerwiegenden Gedächtnisverlust. Ihr Hauptproblem war, dass sie keine neuen Erinnerungen bilden konnte, ein Zustand, der als *anterograde Amnesie* bezeichnet wird. Außerdem litt sie auch unter einer Form des Gedächtnisverlustes, die als *retrograde Amnesie* bekannt ist: Verlust von Erinnerungen, die in der Vergangenheit gebildet wurden und die der Patient nicht mehr abrufen kann.[5]

Während einer meiner Visiten machte ich eine Videoaufzeichnung von einem Interview mit Linda an ihrem Bett in der Klinik.

FEINBERG: „Und warum sind Sie hier?"

LINDA: (*Schaut sich um.*) „Wir kamen alle hier unten hin, sie sagten, es sei eine gute Idee, hier unten hin zu kommen ... um den Lampen, der Kamera, der Action ... ausgesetzt zu sein. Wie es sein würde ... (*In dem Moment war deutlich zu hören, wie eine Krankenschwester, die sich um eine Patientin im Nachbarbett kümmerte, gerade sagte: ‚Der Herzmonitor bleibt hier, solange Sie in diesem Zimmer sind.'*) ... wie es sein würde, ... vom Monitor wegzukommen, von der Kamera wegzukommen, richtig? Deshalb sagte ich: ‚Großartig bei mir.' So fing es an. Dann habe ich mit dem Ding, mit dem Monitor angefangen, und sie haben mit mir gesprochen und mir erzählt, wie ...‘"

FEINBERG: „Weshalb sind Sie denn jetzt hier?"

LINDA: „Um von der Kamera wegzukommen. Ich werde von diesem ... Blabla ... wegkommen. Und Sie wissen, was Blabla, Blabla heißt. (*Lacht.*) Die Kamera ... und Blabla, Blabla ...‘"

In diesem Zusammenhang scheint die Konfabulation einen „Lückenfüller"-Zweck zu erfüllen; sie scheint die Lücke derjenigen Elemente des Erlebten zu füllen, an die die Patientin sich nicht mehr erinnern kann. Sie versucht einfach Erinnerungslücken zu füllen, um einen kohärenten Eindruck von ihrer Welt zu vermitteln. Im Bemühen, ihr Gesicht zu wahren, scheinen diese Patienten ihre Gedächtnislücken zu füllen, um als intakte und gesellschaftlich akzeptable Individuen dazustehen, statt zuzugeben, dass sie sich einfach nicht daran erinnern können, was es zum Frühstück gab, wo sie sind oder was sie dort machen, wenn sie danach gefragt werden.

Viele Autoren haben betont, dass es sich bei Konfabulationen um reale Erinnerungen handele, die zeitlich falsch eingeordnet würden.[6] Patienten, die angesichts eines erheblichen Gedächtnisverlustes konfabulieren, haben unter Umständen Schwierigkeiten, ihre Erinnerungen in die richtige Reihenfolge zu bringen. Vergangene und gegenwärtige Erinnerungen verschwimmen miteinander, werden verwechselt, miteinander kombiniert, kondensiert und aus dem Zusammenhang herausgerissen. Durch diese Konfusionen werden Erinnerungen aus der Vergangenheit in die Gegenwart

übertragen und können so für die Verfälschung der Erinnerung
verantwortlich sein.

Victor, Adams und Collins beschrieben beispielsweise einen Patienten, der monatelang täglich untersucht wurde, aber trotzdem behauptete, er habe den Arzt „vorher erst zwei- oder dreimal" gesehen
und „vor etwa einer Woche das letzte Mal".

> „Dem Patienten zufolge sei der untersuchende Arzt beim letzten
> Mal in Begleitung eines fetten Mannes erschienen, der eine Brille
> getragen habe, und sie seien mit ihm in eine Turnhalle gegangen,
> wo sie sich über ‚alte Zeiten' unterhalten hätten. Bei demselben
> Anlass habe einer von uns angeblich auch eine Coca-Cola-Flasche
> überschäumen lassen, so dass die Dienste einer Putzfrau nötig ge-
> wesen seien, um das Ganze aufzuwischen. In Wirklichkeit hatte
> der Patient den untersuchenden Arzt allein gesehen, und zwar ei-
> nen Tag zuvor. Der fette Mann mit der Brille war der zuständige
> Stationsarzt und die ‚Turnhalle' war eine leer stehende, frisch re-
> novierte Station. Der Patient war von einem Psychologen dorthin
> geführt worden und hatte dort einen Intelligenztest absolviert (bei
> dem er als normal intelligent' abgeschnitten hatte). Der Patient er-
> innerte sich jedoch weder an den langen Test noch an den Psycho-
> logen, einen schmächtigen Mann. Der Vorfall mit der Coca-Cola-
> Flasche hatte sich tatsächlich ereignet, allerdings mehrere Wochen
> vorher an seinem Bett auf der Station während eines Besuches sei-
> ner Frau."[7]

Situative Konfabulationen stimmen oft mit der Realität überein,
sind plausibel, aber falsch. Oft wird der Beruf oder der gegenwärtige
Aufenthaltsort des Patienten mit einbezogen, wobei die Angaben als
solche vielfach zwar falsch, aber nicht unbedingt völlig frei erfunden
sind.

Nach Bonhoeffer gibt es eine zweite Konfabulationsvariante, die
über die aus Erinnerungsstörungen erwachsenden Bedürfnisse hin-
auszugehen scheint.[8] Diese Konfabulationen werden als „fantastische" oder „spontane" Konfabulationen bezeichnet. Betont wird
hierbei, dass die Konfabulationen ausgeschmückt und lange anhal-
tend sind, eine wahnhafte Qualität haben und spontan von Patienten
dargeboten werden können, ohne dass ärztlicherseits versucht wird,
ihr Erinnerungsvermögen auf die Probe zu stellen. Manche Patienten
produzieren für jeden, der bereit ist zuzuhören, ihre Geschichten.

Bonhoeffer verglich diese Konfabulationen mit Träumen, Tagträu-
men oder Fantasien, da sie sich oft über die Realität hinwegsetzen
und große Ungereimtheiten tolerieren. Bei der Entstehung fantastischer Konfabulationen spielt die Persönlichkeit des Patienten möglicherweise eine größere Rolle. Diese Konfabulationen spiegeln vielleicht auch mehr als die situative Variante die Motivation, den Affekt
und die Wünsche des Patienten wider.

Patienten, bei denen beide Konfabulationsvarianten – die situative
und die eher fantastische oder spontane Form – in Erscheinung treten, leiden oft an einer Störung des autobiografischen Gedächtnisses.
Beim autobiografischen Gedächtnis handelt es sich dem Neuropsychologen Paul Eslinger zufolge um jenen Aspekt des Gedächtnisses,
„der die *persönlichen Fakten, Ereignisse* und *Erfahrungen* im Leben
eines Menschen enthält und maßgebend zum Identitätsgefühl, zur
persönlichen Geschichte, zeitlichen Kontinuität und zu den Beziehungen zu Personen und Orten beiträgt".[9]

Bei der Mehrzahl der konfabulierenden Patienten liegen Störungen
im Bereich des autobiografischen Gedächtnisses, des so genannten
episodischen Gedächtnisses, vor. Episodische Erinnerungen sind an
bestimmte Momente im Leben eines Menschen geknüpft und sind
Erinnerungen an persönlich erlebte Dinge. Der Psychologe Endel
Tulving bezeichnete diese Art der Erinnerung als „eine mentale Zeit-
reise, das Wiedererleben von Dingen, die in der Vergangenheit geschehen sind".[10]

Manche Patienten konfabulieren ausschließlich in Reaktion auf
Fragen, die man ihnen stellt, um damit ihr autobiografisches, episodisches Wissen zu testen. Auch wenn wir erst am Anfang der Erforschung der Anatomie des autobiografischen Gedächtnisses stehen,
gibt es bereits erste Anzeichen, die darauf schließen lassen, dass die
Fähigkeit, bestimmte Erinnerungen aus der eigenen Vergangenheit
abzurufen und sich tatsächlich daran zu erinnern, ein weitreichendes
Netzwerk von neuralen Verbindungen voraussetzt, das viele Gehirnregionen mit einbezieht. Eslinger war der Auffassung, dass bei episodischen autobiografischen Erinnerungen komplexe Interaktionen
zwischen den beidseitigen Frontallappen- und Schläfenlappenregio-
nen im Spiel sind.[11]

Persönliche Konfabulation

Die Erinnerungen an die eigene Lebenserfahrung sind für die Erschaffung und Aufrechterhaltung des Selbst mit Sicherheit wichtig. Die interessantesten und persönlich bedeutsamsten Konfabulationen sind jedoch jene, die der Patient nicht einfach hervorbringt, weil er bestimmte Ereignisse offenbar vergessen hat, sondern weil er ein verzerrtes Selbstgefühl zu haben scheint. Deshalb habe ich den Begriff der *persönlichen Konfabulation* gewählt, um diese Art der Konfabulation zu beschreiben. Die lange anhaltenden, ausgeschmückten und faszinierenden Formen der Konfabulation sind jene Varianten, die der Patient über sich selbst hervorbringt; sie sind ein Weg, seine Gefühle zu seinem Selbst zum Ausdruck zu bringen.

Patienten, die mit persönlichen Konfabulationen aufwarten, stellen sich selbst, ihre persönlichen Erfahrungen, ihre Probleme und die Dinge, die sie vor allem beschäftigen, in einer Geschichte dar. Dabei handelt es sich um Ereignisse, die dem Patienten angeblich, aber nicht real in der Vergangenheit widerfahren sind, oder auch um eine Darstellung seiner gegenwärtigen Erfahrungen. Die Erzählung kann reale oder fiktive Orte oder Personen einbeziehen; im Vordergrund können alltägliche Banalitäten stehen, häufig ist sie aber eher fantastischer Natur. Sie geht oft auf die neurologischen Probleme des Patienten ein, im Mittelpunkt können aber auch persönliche traumatische Ereignisse oder Umstände stehen. Diese Konfabulationen können mit einem persönlichen Mythos verglichen werden, einer Geschichte über das Selbst in verschleierter Form.

Weinstein und Kahn haben diese persönlichen Aspekte der Konfabulation erkannt. Weinsteins Position zu Konfabulationen lässt sich meines Erachtens am besten anhand seiner Analyse erklären, die er von einem seiner Fälle veröffentlichte.[12]

Der kranke Willie

In ihrem klassischen Werk *Denial of Illness* beschrieben E. A. Weinstein und R. L. Kahn eine 53-jährige Frau, die ins *Mount Sinai Hospital* eingeliefert worden war. Sie hatte Lungenkrebs, der sich so weit ausgebreitet hatte, dass die rechte Hälfte des Kleinhirns betroffen war. Sie war verwirrt, schläfrig und litt an Harninkontinenz. Die Patientin leugnete ihre Krankheit und ebenso, dass sie operiert worden war.

Sie war die Mutter von Zwillingen, einem Jungen und einem Mädchen, die inzwischen 26 Jahre alt waren. Der Sohn hieß William und wurde von ihr allgemein „Bill" genannt. Ihre Tochter hieß Hilda.

Während des Klinikaufenthalts konfabulierte die Patientin, dass sie neben ihrer Tochter noch zwei Zwillingssöhne habe: Bill, ihren wirklichen Sohn, und einen fiktiven Sohn, „Willie". Sie beschrieb Bill und Willie beide als Unteroffiziere der Marine; aber während Bill auf der *Queen Mary* nach Hause zurückgekehrt sei, sei Willie auf der *Queen Elizabeth* zurückgekommen. In ihrem zivilen Leben seien beide Werbegrafiker – was Bills tatsächlicher Beruf war –, sie seien äußerlich jedoch sehr verschieden. Bill sei größer, kräftiger, athletischer und bei den Mädchen beliebter als Willie.

Weinstein und Kahn betonten, dass die Patientin zwar leugnete selbst krank zu sein, und absolut unzugänglich für jeden Gedanken an ihre eigene Krankheit zu sein schien, sich aber große Sorgen um Willies Gesundheit machte. Sie erzählte, dass sie ihn seit Weihnachten nicht mehr gesehen habe – das war der Zeitpunkt, an dem ihre Krankheit ausgebrochen war. Und sie machte sich Sorgen, weil sie gehört habe, dass er sich von einer Krankheit erhole. Sie äußerte immer wieder, welche große Sorgen sie sich um Willie mache, weil sie ihn so lange nicht mehr zu Gesicht bekommen habe, und sie beharrte darauf, dass er wirklich sehr krank sein müsse. Sie machte allen Vorhaltungen und beklagte sich, dass niemand ihr die Wahrheit über ihn sagen wolle.

Weinstein und Kahn analysierten diesen Fall und gelangten zu dem Schluss, dass die Wahnvorstellung von Willie für die Patientin ein Vehikel war, um ihre Gefühle und Sorgen bezüglich ihrer eigenen Person zum Ausdruck zu bringen. Diese Reduplikation ihres Sohnes symbolisierte die persönlichen Sorgen, die sich die Patientin um sich selbst machte.

Nach Weinsteins Überzeugung war der Hauptmotivationsfaktor für das Entstehen von Konfabulationen und Reduplikationen in der

Tatsache zu suchen, dass die Patienten ihre eigenen Schwierigkeiten leugneten. Weinstein zufolge leugneten diese Patienten ihre Situation zwar, aber ihre persönlichen Probleme und Sorgen traten dennoch in symbolischer und metaphorischer Form unter dem Deckmantel ihrer Konfabulationen zutage.

In Zusammenhang mit Wahnvorstellungen zu Kindern, die infolge von Gehirnverletzungen auftreten, berichteten Weinstein, Kahn und Morris, dass die Konfabulation von einem zusätzlichen oder nicht existenten Kind bei diesen Patienten eine der am häufigsten auftretenden Fantasien war.[13] Sie stellten fest, dass Patienten, die in Wirklichkeit kinderlos waren, erzählten, sie hätten ein Kind oder mehrere, während Patienten, die Kinder hatten, ihre Familie vielfach um einen zusätzlichen Sohn oder eine zusätzliche Tochter erweiterten.

Darüber hinaus berichteten Patienten oft, dass das Phantomkind die gleiche Krankheit oder Behinderung wie sie selbst habe, wie auch der Fall vom fiktiven Willie veranschaulichte. Das heißt, dass die Patienten bei der Beschreibung ihres Phantomkindes ihre Gefühle gegenüber sich selbst zum Ausdruck brachten. Bezeichnend für jene Patienten, die über Kinder sprachen, war, dass sie in ihre Familien besonders eingebunden waren und ihr Leben um die Elternrolle herum strukturierten. Diese Struktur war aller Wahrscheinlichkeit nach auch der Grund dafür, dass das Kind für diese Patienten ein treffendes Symbol war.

Weinstein und seine Kollegen waren der Meinung, dass der Großteil des veränderten Verhaltens als der Versuch verstanden werden könne, eine Verbundenheit herzustellen und ein Selbstkonzept oder eine soziale Rolle im Sinne der bedeutenden Symbole der eigenen Erfahrung zu etablieren. Das Kind wurde, mit anderen Worten, als Weg zur Darstellung des Selbst benutzt. Diese Konfabulationen erlaubten es den Patienten, angesichts gravierender Funktionsstörungen des Gehirns ihr Selbstkonzept, ihre Identität und ihre sozialen Rollen wiederherzustellen. Der nachfolgende Fall veranschaulicht einige dieser Punkte.

Sam

Sam, ein Mann in den Sechzigern, hatte sich nach einer schweren Verletzung des Vorderhirns, die eine anterograde und retrograde Amnesie hervorgerufen hatte, einer Aneurysma-Operation unterziehen müssen. Sam konfabulierte ständig und war seit Jahren immer wieder in Kliniken stationär behandelt worden. Seine Krankheit hatte zu fürchterlichen Eheproblemen geführt und seine Frau hatte ihn infolge seiner Krankheit leider verlassen. Er war der leibliche Vater von drei Kindern, hatte jedoch nie ein Kind adoptiert (– wie er mir gegenüber behauptete). Sam leugnete, irgendwelche nennenswerten kognitiven oder Gedächtnisstörungen zu haben.

Mein Kollege, Dr. Giacino, zeichnete während einer Sitzung, bei der die kognitiven Fähigkeiten des Patienten bewertet wurden, das nachfolgende Interview auf. Sam erzählte von einer fiktiven Adoption, die er mit seiner Frau gerade arrangiert habe.

SAM: „Ich glaube, doch etwas mehr an Fähigkeiten zu haben, als sie mir zutrauen."

PRÜFER: „Dann eine letzte Frage: Hat dieses Aneurysma (Arterienerweiterung) oder haben die Folgen dieses Aneurysmas Ihr Leben in irgendeiner Hinsicht verändert?"

SAM: „Nein."

PRÜFER: „Das heißt, Ihr Leben ist im Grunde genauso wie vorher?"

SAM: „Ja, genauso wie vorher. Wir haben ein weiteres Baby ... wir haben es gerade adoptiert, und ich habe drei eigene Kinder. Ich habe ein eigenes Haus."

PRÜFER: „Wann haben Sie ein Baby adoptiert?"

SAM: „Das Endergebnis haben wir erst vor etwa einem Monat bekommen.

PRÜFER: „Ihnen wurde gesagt, dass Sie das Baby haben könnten?"

SAM: „Das Baby hat jetzt aber Probleme. Sie versuchen die Probleme zu lösen, wissen Sie, bevor es wirklich von jemandem adoptiert wird ... das Baby. Sie möchten sicherstellen, dass es die richtige Richtung ist."

PRÜFER: „Wer adoptiert das Baby tatsächlich?"

SAM: „Ich und meine Frau."

PRÜFER: „Haben Sie das Baby schon gesehen?"

SAM: „Nun, wir haben Bilder gesehen. Und ich habe das Baby auch schon persönlich gesehen."

PRÜFER: „Und wo lebt das Baby jetzt?"

SAM: „Das Baby lebt bei der Mutter, und ich glaube, es ist die Mutter des Jungen, der weggegeben wurde ... und die Mutter möchte das Baby haben. Ich vermute, sie hat ihre Söhne verloren, sie könnte auch das Baby haben. Das ist dann ein kleines Problem."

Nach einigem weiteren Hin und Her erkundigte der Prüfer sich nach den Problemen des Kindes.

PRÜFER: „Sie sagten eben, das Baby habe einige Probleme."

SAM: „Das haben die Psychologen dem Mann erzählt, der der Chef des Krankenhauses ist. Wissen Sie, es ist so, dass sie manchmal Dinge sagen, mit denen ich einverstanden bin, und manchmal Dinge, mit denen ich nicht einverstanden bin. Ich denke, es wird zu viel Druck auf das Kind ausgeübt, als dass es wirklich eine ehrliche Antwort geben könnte. Ich glaube nicht, dass ein Kind, das sechs oder sieben Jahre alt ist, in der Lage ist, Ihnen die richtige Antwort zu geben."

PRÜFER: „Welche Art von Problemen hat dieses Kind?"

SAM: „Ich weiß nicht ... um Ihnen aufrichtig die Wahrheit zu sagen, ich weiß es nicht. Ich weiß, dass dieses Kind seit mehreren Jahren immer wieder im Krankenhaus war, und sie beurteilen sie irgendwie nach den Fortschritten, die sie machen, oder nach solchen Dingen." (*Der Patient wurde während des Interviews beurteilt.*)

PRÜFER: „Wie werden sie beurteilt?"

SAM: „Ich vermute, dass sie sie beurteilen müssen, wenn sie die Dinge nicht zu hören bekommen, die sie hören wollen ... wie bei dem Kind, das keine Leistungen bringt, was ich für sehr unfair halte, ein Kind auf diese Weise so grundlegend zu analysieren."

Sams Aussagen über das erfundene Kind und die geplante Adoption waren ein Weg, um seine Sorgen wegen seiner Krankheit und andere persönliche Probleme zum Ausdruck zu bringen: etwa sein Gefühl verlassen worden zu sein und was er angesichts der aktuellen Situation empfand, in der er von Prüfern bewertet wurde. Das Verblüffende an persönlichen Konfabulationen ist, dass die Patienten ihre persönlichen Ängste und Wünsche zum Ausdruck bringen, aber kein Bewusstsein davon haben, dass sie in Wirklichkeit *über sich selbst sprechen.*

Weinsteins Patienten konfabulierten nicht nur über erfundene Kinder, sondern erzählten bei ihren Konfabulationen auch Geschichten von anderen realen oder fiktiven Familienmitgliedern.

Am *Walter Reed General Hospital* wurde zum Beispiel eine Gruppe meist männlicher Veteranen untersucht, die alle entweder durch Autounfälle, Schussverletzungen oder Aneurysmarupturen Kopfverletzungen davongetragen hatten. Viele dieser Patienten konfabulierten, dass jemand in ihrer Familie krank sei. In den meisten Fällen war es ein Bruder, der angeblich krank war.

Weinstein und seine Kollegen stellten fest, dass diese Geschichten von einem realen – nicht erfundenen – Bruder handelten, die Patienten jedoch eine Geschichte erfanden, wonach einer der Brüder krank geworden war oder ein Schicksal erlitten hatte, das ihrem eigenen nahe kam. In ihren Erzählungen hatte ihr Bruder einen ähnlichen Unfall wie sie selbst gehabt oder eine ähnliche Verletzung wie sie selbst erlitten und in manchen Fällen wurde den Brüdern nachgesagt, sie seien gestorben.[14]

Ein ausgezeichnetes Beispiel einer derartigen selbstbezogenen Konfabulation stellt ein von Baddeley und Wilson beschriebener Fall dar.[15] Ihr Patient, der kurz RJ genannt wurde, war von Beruf Bauingenieur, arbeitete jedoch als Werbemanager, als er im Alter von 42 Jahren in einen schweren Autounfall verwickelt wurde. Er trug eine schwere Kopfverletzung mit intrakraniellen Blutungen (Blutungen im Schädelinnern) in beiden Frontallappen davon und wurde ins *Rivermeed Rehabilitation Center* in Oxford eingeliefert.

Da der Patient nach dem Autounfall etliche Tage bewusstlos war, ging man davon aus, dass er keine wirkliche Erinnerung an den

Unfall habe. Als dieser Patient dann jedoch erzählte, was ihm passiert sei, trivialisierte er die Schwere des Unfalls. Obwohl er dabei
fast ums Leben gekommen, bewusstlos geworden und sofort ins
Krankenhaus gebracht worden war, konfabulierte er, direkt nach
dem Unfall habe er zu demjenigen, mit dessen Auto er zusammen-
gestoßen war, gesagt: „Tut mir Leid, Kumpel", und: „Machen Sie
sich keine Sorgen deswegen, es war ebenso sehr mein Fehler wie
Ihrer." Trotz des Ernstes seines Zustandes, trotz der Tatsache, dass
er jetzt in der Klinik lag, und trotz all der Dinge, die sich nach
diesem Unfall herauskristallisiert hatten, behauptete RJ, das Klinikpersonal habe ihm gesagt: „Mit Ihnen ist alles in Ordnung, Sie sollten nach Hause gehen."

RJ hatte in der Realität einen erwachsenen Bruder, Martin, der
nach wie vor mit dem Patienten in Kontakt war. RJ konfabulierte
jedoch, dass er zwei Brüder habe, beide hießen Martin, der eine Martin sei jedoch bei einem Autounfall ums Leben gekommen. Er sagte,
seine Mutter habe geglaubt, es sei „irgendwie etwas makaber", dass
es zwei Martins gebe, aber so sei es „nun einmal gewesen."

Diese Konfabulationen stellen ein erstaunliches, sich immer wieder
wiederholendes Muster dar, das auf der ganzen Welt anzutreffen ist.
Weinstein, Kahn und Malitz berichteten über einen 20-jährigen Sani-
täter, der im Juni 1952 im *Walter Reed Hospital* war und sich bei
einem Autounfall eine schwere Kopfverletzung zugezogen hatte.[16]
Er berichtete, er sei in Korea getötet worden und seine Leiche sei an
jenem Morgen zurückgekommen. Später erzählte er, sein Bruder sei
getötet worden und seine Leiche befinde sich in einem Sarg unter
seinem Bett.

Linda, die weiter oben bereits beschrieben wurde, ließ ebenfalls
die Neigung erkennbar werden, andere Familienmitglieder zu ver-
vielfachen oder zu reduplizieren.

Linda

Ich habe Linda am Anfang dieses Kapitels kurz beschrieben. Linda
ist jene 65-jährige Frau, die über „Lampen, Kamera und Action" konfabulierte. Sie hatte im Bereich des Vorderhirns eine Gehirnarterien-

Aneurysmaruptur erlitten, die beidseitige Blutungen im Bereich der Frontallappen ausgelöst hatte. (Abbildung 11)

Linda ließ kaum erkennen, dass sie ihre Operation und Krankheit überhaupt zur Kenntnis genommen hatte. Anfänglich leugnete sie kategorisch jede Operation und Krankheit. Später erzählte sie uns, sie sei bei ihrer Nichte zu Besuch, die ein „Hirnaneurysma" habe. Und sie sagte auch, sie habe eine Tante, die im Krankenhaus sei, weil sie wegen eines Aneurysmas „nicht mehr klar denken konnte". Die Patientin hatte zwar tatsächlich eine Nichte und eine Tante, die aber beide keineswegs krank waren.

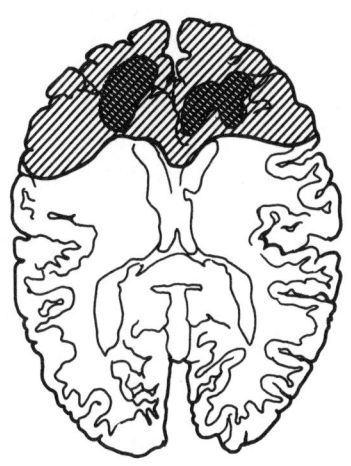

Abbildung 11: Linda hatte ein Gehirnarterien-Aneurysma, das geplatzt war. Ihr Kernspinresonanztomogramm offenbarte eine weitreichende Schädigung beider Frontallappen. Die auf der Abbildung markierten dunklen Bereiche stellen das Blut aus den Blutungen dar. Die schraffierten Bereiche zeigen die Regionen, die um die Blutungen herum von Schwellungen und Infarktbildungen betroffen waren. Als Ergebnis dieser weitreichenden Schädigung litt Linda unter Gedächtnisstörungen und neigte zu persönlichen Konfabulationen.

Der nachstehende Dialog fand bei einem anschließenden Interview statt.

FEINBERG: „Gut, ist sonst noch jemand hier, den Sie kennen?"

LINDA: „Ja, noch einige Cousinen."

FEINBERG: „Noch einige Cousinen? Sie sind alle hier in der Klinik?"

LINDA: „Ja."

FEINBERG: „Sind sie wirklich hier?"

LINDA: „Ja."

FEINBERG: „Haben Sie sie gesehen, seit Sie hier sind?"

LINDA: „Ja."

FEINBERG: „Weshalb sind sie hier?"

LINDA: „Wegen der gleichen Sache, weshalb ich hier bin."

FEINBERG: „Und die wäre?"

LINDA: „Arterienerweiterungen, oben im Kopf."

FEINBERG: „Sie haben also mehrere Cousinen hier?"

LINDA. „Wegen der gleichen Sache."

FEINBERG: „Alle haben ..."

LINDA: „Aus dem gleichen Grund ... Arterienerweiterungen oben im Kopf."

FEINBERG: „Wie viele sind es?"

LINDA: „Sechs."

FEINBERG: „Sechs Cousinen, und sie haben alle Arterienerweiterungen?"

LINDA: „Ja."

Ich erzählte dieser Patientin eine Geschichte, die vielfach als Gedächtnistest verwendet wird, aber auch als Gradmesser dafür genutzt werden kann, inwieweit ein Patient konfabuliert, leugnet oder ein Bewusstsein von den Umständen hat und dazu neigt, sich selbst in Erzählungen zu projizieren. Die Geschichte ist einer alten Volkslegende entlehnt und taucht in vielen unterschiedlichen Kulturen und in verschiedenen Formen auf. Wir nennen sie „Die Königsgeschichte".[17]

FEINBERG: „Ich werde Ihnen eine Geschichte erzählen und ich möchte, dass Sie sie mir dann wieder erzählen, so gut es geht. Es war einmal ein König, der war sehr krank, und seine Ärzte konnten ihn nicht heilen. Seine weisen Männer sagten ihm jedoch: Oh König! Ihr würdet wieder gesund werden, wenn Ihr das Hemd eines glücklichen Mannes tragen würdet.' So sandte der König seine Boten ins ganze Königreich aus und sie fanden einen glücklichen Mann, der jedoch kein Hemd besaß. Und jetzt erzählen Sie mir die Geschichte."

LINDA: „Es gab einen König, der ... eine Arterienerweiterung oder
irgendetwas an seinem Kopf hatte. (*An diesem Punkt hob die Patientin ihre linke Hand hoch und ertastete damit ihre eigene Operationsnarbe auf ihrem Kopf.*) Er konnte für immer geheilt werden, wenn er einen Mann mit einem glücklichen Hemd fand.
Deshalb wurde sonst nichts unternommen. Er wurde nie operiert.
Es gab keine ... nichts wurde für diesen unglücklichen Mann getan, überhaupt nichts wurde für ihn getan! Deshalb hing er unglücklich im Krankenhaus herum."
FEINBERG: „So, und was meinen Sie dazu?"
LINDA: „Ich denke, wenn ich so unglücklich wäre, sollte ich operiert
werden und damit glücklich sein."

Linda neigte dazu, ihre Krankheit herunterzuspielen, sprach je-
doch von vielen „anderen", die die gleiche Krankheit wie sie hätten.
Sie tat dies im Rahmen einer persönlichen Konfabulation, bei der die
Grenzen der Patientin verzerrt sind und ihre eigenen Sorgen in ihrer
Erzählung metaphorisch dargestellt werden.

Manche der Charaktere, die in selbstbezogenen Konfabulationen
auftauchen, sind ziemlich kurios und fantastisch, wie etwa im folgenden Fallbeispiel.

Walter

Ich untersuchte einen 55-jährigen Mann, einen Alkoholiker, der wegen agitierten Verhaltens in die Psychiatrie gebracht worden war. Er
hatte schlimme Zeiten durchgemacht und lebte in einem eingeschos-
sigen Ein-Personen-Apartment in einem Hotel ohne Aufzug. Er
hatte offenbar ziemlich stark getrunken. Seine Nachbarn hatten den
Notruf verständigt und so war er schließlich wegen Verwirrtheit,
Agitiertheit und bizarren Verhaltensweisen mit einem Krankenwagen
in die Klinik gebracht worden. Bei der Einlieferung wurde er auf
Alkoholentzug gesetzt. Nachdem er wieder zu sich gekommen war
und sich etwas erholt hatte, schilderte er den Grund für seine Einweisung wie folgt:

FEINBERG: „So, dann erzählen Sie mir mal, was Sie in die Klinik gebracht hat. Was war das Problem?"

WALTER: „Ich glaube, dass einige Kreaturen in mein Apartment eingedrungen waren. Ich schaffte es nicht sie hinauszubekommen und sie hatten einfach so einen seltsamen Ausdruck in ihrem Gesicht, irgendwie zynisch ... nicht lachend, lächelnd. Es schien ihnen Spaß zu machen, mich zum Narren zu halten."

FEINBERG: „Erzählen Sie mir mehr."

WALTER: „Ich versuchte sie loszuwerden, indem ich die Türschlösser austauschte. Ich habe die Schlösser zweimal ausgetauscht ... und, ja, ... ich habe versucht, sie hinauszutreten, aber sie schienen unterschiedslos immer wieder zurückzukommen. Sie nahmen kleine Sachen ... ja ... die Fernbedienung vom Fernseher."

FEINBERG: „Sie nahmen sie weg?"

WALTER: „Ja, ja. Sie verschwand ... als es anfing, dachte ich, sie existierten irgendwie, weil mir Sachen weggenommen wurden. Wie hätten sie von jemandem weggenommen werden sollen, der nicht existierte?"

FEINBERG: „Was dachten Sie, woher sie kamen, als Sie sie zum ersten Mal sahen?"

WALTER: „Ich habe mir nie Gedanken darüber gemacht, woher sie kamen. Einmal bin ich so wütend geworden, ich habe sie hochgehoben ... das war eine männliche Kreatur, und ich habe ihn rausgeworfen ... und das war im Januar, als das alles anfing, und ich habe ihn an einem sehr, sehr kalten Tag draußen auf die Eingangstreppe des Gebäudes gesetzt."

FEINBERG: „Eine dieser Kreaturen?"

WALTER: „Und ich habe ein kleines Paar Schuhe neben ihm hingestellt, und ich habe Kleidung über ihn gelegt. Und dann muss jemand angerufen haben, dass ich grausam zu Tieren sei, und sofort kam auch schon der Krankenwagen und nahm ihn mit. Ich weiß nicht, was sie dann mit ihm gemacht haben. Ja, aber wissen Sie, wenn es ein Lebewesen war, dann war es grausam, das zu tun, aber ich habe es getan ... und ich schämte mich. Es war extrem kalt draußen; aber ich habe nur versucht, ihn aus meinem Apartment hinauszubekommen, und ich war verzweifelt! Ich hatte seine Kleidung und ein kleines Paar Schuhe und ich habe sie draußen auf den Stufen vor dem Gebäude hingestellt. Es war das einzige Mal, dass ich versucht habe jemanden umzubringen."

FEINBERG: „Wie groß waren die Schuhe?"

WALTER: „Nun, ich glaube, es waren meine Schuhe. Sie waren sehr alt. Es waren abgelegte Schuhe, wenn ich mich recht erinnere. Sie haben sie nie angezogen ... Ich habe ein Paar Schuhe und eine kurze Hose hingelegt."

Walters Geschichte über die kleinen Kreaturen diente zahlreichen Zwecken. Zum einen half sie ihm, seinen Gedächtnisverlust und die verloren gegangenen Dinge zu erklären, indem er eine Erklärung fand, wohin seine persönlichen Habseligkeiten verschwunden waren. Und sie diente auch dazu, seine persönlichen Probleme darzustellen. Als ich die Mitbewohner, die sich um diesen Mann gekümmert hatten, befragte, teilten sie mir mit, dass man ihn völlig zerzaust und in einem desolaten Zustand vor dem Apartmenthaus gefunden habe, aus dem er an einem kalten Abend im tiefen Winter hinausgeworfen worden sei. Er musste mit dem Krankenwagen in die Klinik gebracht werden. Die Geschichte von seiner Einlieferung in die Klinik weist starke Parallelen zu der Geschichte auf, an die er sich nicht bewusst erinnern kann.

Diese Konfabulationen, die vielfach in Form von reduplizierten Verwandten dargeboten werden, können als bedeutsam und als Erfahrungen des Selbst interpretiert werden, die in symbolischer Form zum Ausdruck gebracht werden. Die Erfahrung des Patienten wird, mit anderen Worten, in die Erfahrung eines realen, aber duplizierten Ehepartners oder Familienmitglieds oder eines fiktiven Objektes verwandelt, auf die der Patient seine eigenen Erfahrungen oder Gefühle projiziert.

Weinstein und seine Kollegen betonten, dass diese Erzählungen als metaphorischer Ausdruck der persönlichen Gefühle des Patienten betrachtet werden könnten. Sie waren der Meinung, dass die Fiktion eine Personifikation, Vergegenständlichung oder Metapher für die

Gefühle sei, die der Patient insbesondere gegenüber sich selbst, seinen Schwierigkeiten, Problemen, Sorgen, Ängsten wie auch Motivationen habe.[18]

Angesichts von Stress und Desorganisation, Anomie, Entfremdung, Befremdung und Depersonalisation, angesichts jener Bedingungen, die durch die katastrophale Situation der Gehirnstörung verursacht wurden, gewinnt die durch eine Konfabulation als Erklärung für die gegenwärtige Situation entstandene Erzählung eine größere Realität als die tatsächlichen Umstände, in denen die Patienten sich selbst befinden. So gesehen kann die Transformation des Selbst unter diesen Umständen eine Form der Anpassung an oder der Kompensation für eine gravierend gestörte Gehirnfunktion sein.

Eine Erklärung der persönlichen Konfabulation

In Kapitel 3 habe ich die These vertreten, dass die Capgras-Fregoli-Dichotomie als ein vereinheitlichendes Prinzip dienen könne, das uns beim Verständnis vieler neurologischer Perturbationen des Selbst helfen könne. Nach diesem Prinzip werden die Asomatognosie und das Capgras-Syndrom als der *Entzug* der persönlichen Verbundenheit interpretiert und die Reduplikation der Umwelt und das Fregoli-Syndrom stellen die *Hinzufügung* einer persönlichen Verbundenheit dar.

Ich glaube, dass dieses Muster des Entzugs und der Hinzufügung persönlicher Verbundenheit uns bei unserem Verständnis von Patienten hilft, die zu persönlichen Konfabulationen neigen. Nehmen Sie zum Beispiel die Patientin, die über ihren Sohn Willie konfabulierte, den sie vermisste. Diese Patientin hat ihre persönliche Verbundenheit zu ihrer eigenen Erfahrung verloren. Dies kann auf viele Faktoren zurückzuführen sein, etwa Gedächtnisverlust, Verwirrtheit und sogar auf die Tatsache, dass die Umstände ihrer Krankheit ihr zum Teil nicht offenbart wurden. Dies führte dazu, dass die Patientin ihre eigene Erfahrung desavouierte (verleugnete), sich von den Ereignissen in ihrem Leben entfremdet fühlte. Durch das Vehikel des fiktiven Willie war die Patientin, Weinstein zufolge, in der Lage wiederum eine Verbundenheit zu ihrer eigenen Erfahrung herzustellen, und zwar in einer Weise, die für sie selbst plausibel war. In dem Sinne repräsentierte Willie jene Aspekte ihrer Erfahrung, die sie selbstdesavouierte.

Das Gleiche gilt für den Patienten, der konfabulierte, dass es zwei Martins gebe. Dieser Patient hatte seine normale Beziehung zu den traumatischen Ereignissen seines Autounfalls, zu seiner anschließenden Einlieferung in die Klinik, zu seiner Rehabilitation und seinen Verletzungen verloren. So konfabulierte er dann einen fiktiven Martin, den er an seine eigene Stelle setzte. Und damit sagte er im Prinzip: „Ich habe nicht das Gefühl, das sei mir passiert, sondern ich habe das Gefühl, es sei ihm passiert." Meine Patientin mit all den Verwandten, die an Arterienerweiterungen litten, sagte mir: „Ich habe nicht das Gefühl, dass ich eine Operation hatte, um mein Leben zu retten ... Ich habe das Gefühl, es war eine Operation, um das Leben von sonst jemandem zu retten!"

Dieses Muster des Löschens oder Hinzufügens persönlicher Verbundenheit bei Erlebnissen des Selbst wiederholt sich immer wieder bei Fällen mit Störungen des Selbst. Der Patient, der über die „kleinen Kreaturen" konfabulierte, die in einem Krankenwagen weggebracht wurden, hatte offenbar die Erinnerung an seine eigene Erfahrung verloren. Dennoch tauchen gleichzeitig viele der Elemente aus seiner eigenen Erfahrung in der Konfabulation über den kleinen Mann auf, der ins Krankenhaus gebracht wird. Wiederum ist die Erfahrung, die dem fiktiven Objekt zugeschrieben wird, eine Repräsentation seiner eigenen Erfahrung.

Vielleicht ist der Patient, der über das adoptierte Kind konfabulierte, das pointierteste Beispiel von allen. Dieser Patient konfabuliert – nach wiederholten Klinikaufenthalten, dem Verlust seines Lebensunterhalts, der Zerstörung seines Lebens und der Entfremdung von seiner Frau – ein adoptiertes Kind, um das er sich kümmern möchte, das er ernähren und versorgen möchte, von dem er hofft, dass es wieder gesund wird, dessentwegen er sich beklagt, es verteidigen zu müssen, und bei dem er das Gefühl hat, dass die Prüfer zu hart, zu verurteilend und zu kritisch mit ihm verfahren. Die Gefühle des Patienten gegenüber sich selbst werden in der

Konfabulation über das Kind repräsentiert. Wie Weinstein argumentierte, geben diese Konfabulationen dem Patienten ein stärkeres Identitätsgefühl, ein stärkeres Gefühl der Stabilität, und er empfindet sie als realer als die tatsächlichen Ereignisse selbst.[19] Sie sind therapeutisch und helfen, wiederum ein Identitätsgefühl und ein Gefühl der Zugehörigkeit zur Welt herzustellen, die ansonsten unbegreiflich erscheinen könnte.

Die Elemente, die in diesen konfabulierten Erzählungen auftauchen, drehen sich ganz überwiegend um Objekte oder Menschen, die den Patienten am Herzen liegen – Brüder und Schwestern, Ehepartner und Kinder, der Beruf und das Zuhause. Sie offenbaren die Struktur der jeweils individuellen Verknüpfungen von Beziehungen, Anliegen und Sorgen – kurz: ihrer Identitäten. Sie zeigen, wie das Selbst in der Fantasie der Konfabulationen dieser Patienten durch einen Kobold oder ein angehendes Adoptivkind repräsentiert wird.

Diese Konfabulationen haben eine traumähnliche Qualität. Man hat oft das Gefühl, als habe die Bewusstseinsstörung, die diese Patienten an den Tag legen, einen „Wachtraum" ermöglicht, einen persönlichen Mythos, der es der symbolischen Natur des Unbewussten erlaubt, direkt zu uns sprechen, ohne die normale Selbstkontrolle, die die meisten Patienten erkennen lassen, wenn sie interviewt werden. Vielleicht ist es diese Qualität, die diesen Erzählungen in mancher Hinsicht eine so mythenhafte Qualität verleiht.

Persönliche Konfabulationen und die Anatomie des Selbst

Die am häufigsten geschädigte Hirnregion bei Patienten, die zu fantastischen und spontanen Konfabulationen neigen, sind die Frontallappen. Stuss und seine Kollegen beschrieben eine Reihe von Fällen mit „außergewöhnlichen", fantastischen Konfabulationen.[20] Ein Patient behauptete, sich bei dem Versuch, sein Kind zu retten, das am Ertrinken gewesen sei, den Kopf verletzt zu haben. Ein anderer Patient erklärte, als er nach seiner Operationsnarbe gefragt wurde, er habe während des Zweiten Weltkrieges ein Mädchen im Teenageralter überrumpelt. Sie habe ihn dreimal in den Kopf geschossen und ihn getötet, aber die Operation habe ihn wieder ins Leben zurück-geholt. Derselbe Patient „beschrieb verschiedentlich, nach seiner Familie gefragt, wie sie in seinen Armen gestorben oder vor seinen Augen umgebracht worden seien, oder er schilderte in grässlichen Details seine sexuellen Erlebnisse mit seinen Töchtern". Beim ersten Patienten lag eine Schädigung sowohl der Stirn- als auch der Schläfenlappen vor; der zweite hatte einen großen rechtsseitigen Frontallappeninfarkt.

Kapur und Coughlan beschrieben einen Patienten, bei dem, wie das Computertomogramm zeigte, eine Frontallappenschädigung vorlag.[21] Dieser Patient erging sich anfänglich sowohl in fantastischen als auch in situativen Konfabulationen und bei formalen neuropsychologischen Tests wurde nachgewiesen, dass er unter einer erheblichen Frontallappenfunktionsstörung und einer Amnesie litt. Monate später ließen die Konfabulationen des Patienten nach und er wartete nur noch mit situativen Konfabulationen auf, die aus Erinnerungen an tatsächliche Ereignisse bestanden, die aber in eine falsche zeitliche Abfolge oder in einen falschen räumlichen Zusammenhang gestellt wurden. Bei neuerlichen Tests wurde festgestellt, dass er zwar immer noch eine Gedächtnisstörung hatte, nun aber nicht mehr unter der Frontallappenfunktionsstörung litt, die in der Phase der spontanen Konfabulationen bestanden hatte.

Weitere Belege für den Zusammenhang zwischen fantastischen Konfabulationen und einer Schädigung der Frontallappen lieferten Fischer und seine Kollegen, die neun Patienten untersuchten, die im Bereich des Vorderhirns Gehirnarterien-Aneurysmarupturen erlitten hatten und zu Konfabulationen neigten.[22] Alle fünf Fälle, die „spontane" Konfabulationen an den Tag legten, litten unter einer schweren Amnesie. Neuropsychologische Tests und Aufnahmen des Gehirns zeigten, dass bei ihnen eine Schädigung der Frontallappen vorlag. Im Unterschied dazu lag bei den vier Fällen, die zu situativen Konfabulationen neigten, zwar auch eine schwere Amnesie vor, bei ihnen war jedoch keine so gravierende Schädigung der Frontallappen wie bei den Patienten mit spontanen Konfabulationen zu erkennen. DeLuca und Cicerone schließlich lieferten Beweise dafür, dass eine Schädigung der Frontallappen eine zentrale Rolle bei der Erzeugung von Konfabulationen spielt.[23]

Eine Frontallappenfunktionsstörung hat in einer komplexen und vielschichtigen Weise Einfluss auf Konfabulationen. Die Frontallappen spielen bekanntlich eine wichtige Rolle bei der Selbstregulation und Selbstüberwachung bzw. Selbstkontrolle. Stuss und seine Kollegen gelangten zu dem Schluss, dass Patienten infolge ihrer Frontallappenschädigung nicht mehr in der Lage seien, ihre Reaktionen zu hemmen, und dies könne dem impulsiven verbalen Verhalten Vorschub leisten, das bei der Konfabulation zutage tritt.[24] Außerdem könne eine durch Frontallappenläsion verursachte Störung der Selbstregulation und der Selbstbewusstheit zum einen dazu führen, dass der Überwachungs- bzw. Kontrollmechanismus des Verhaltens versage, und zum anderen dazu, dass es nicht wichtig erscheine, ob eine Leistung korrekt oder falsch erbracht werde. Dies könne beides zu Konfabulationen beitragen.[25]

Bei vielen Patienten, die zu persönlichen Konfabulationen neigen, liegt eine Schädigung ihrer Frontallappen vor. Sowohl bei Sam, der die Geschichte über das Adoptivkind erfunden hatte, als auch bei Linda, die so viele fiktive Cousinen hatte, war der Frontallappen, insbesondere rechtsseitig, erheblich geschädigt. Auch RJ, der Patient von Baddeley und Wilson, hatte bilaterale Frontallappenläsionen.

Viele der „außergewöhnlichen" Konfabulationen, die von Stuss und seinen Kollegen beschrieben wurden, erfüllen die Kriterien persönlicher Konfabulationen. Das häufige Vorkommen von Frontallappenschädigungen bei Patienten, die zu persönlichen Konfabulationen neigen, lässt darauf schließen, dass die Art und Weise, in der das Selbst bei diesen Patienten gestört ist, und dass die Art und Weise, in der das Ego in persönlichen Konfabulationen verändert wird, zum Teil auf eine Funktionsstörung der Frontallappen zurückzuführen ist. Und die Frontallappen müssen auch für das normale „Funktionieren" der Ego-Grenzen und des Selbst wichtig sein.

Auch wenn zahlreiche Patienten mit einer Frontallappenschädigung unter erheblichen Perturbationen des Selbst leiden, bedeutet diese Erkenntnis nicht, dass das Selbst in den Frontallappen „enthalten" wäre oder dass die Frontallappen das Selbst „erschaffen" würden. Wir könnten das Selbst eines Menschen nicht entfernen, wenn wir die Frontallappen entfernten. Wir haben bereits gesehen, dass auch die Schädigung verschiedener anderer Hirnregionen zu Perturbationen des Selbst führen kann, und dieser Liste werden wir noch weitere Regionen hinzufügen, die für die Erschaffung und Aufrechterhaltung des Selbst wichtig sind.

So dürften die Fälle, mit denen wir uns beschäftigt haben, zum Beispiel verdeutlicht haben, dass Gehirngeschädigte auch die Sprache als Weg nutzen können, um die Integrität des Selbst zu bewahren. Die Sprache erleichtert es dem Patienten, sich selbst und anderen das katastrophale Ereignis zu erklären. Ein Beispiel hierfür ist der Asomatognosie-Patient. Auch wenn er sich von einem Arm entfremdet hat, kann er dem Arm einen Namen geben oder behaupten, dieser gehöre einem anderen geliebten Menschen. Diese verbalen Verhaltensweisen können dem Patienten helfen, eine Beziehung zu diesem Körperteil aufrechtzuerhalten.

Patienten, die zu persönlichen Konfabulationen neigen, liefern weitere Beispiele dafür, wie die Sprache angesichts einer Gehirnschädigung das Selbst aufrechterhalten kann. Diese Patienten mit einer Frontallappenschädigung schöpfen verbale Geschichten, die den befremdenden und unbeunruhigenden Umständen ihrer gegenwärtigen Situation eine Kohärenz verleihen. Unter diesen besonderen Bedingungen erleben wir, welche Rolle die Sprache und die dominante (meist die linke) Gehirnhemisphärenfunktion bei der Aufrechterhaltung des Selbst spielen.

Michael Gazzaniga ist der Überzeugung, dass die Sprache bei der Erschaffung des Selbst und des Bewusstseins eine Schlüsselrolle spielt. In seinem Buch *Das erkennende Gehirn* erläutert er seine These, wonach die linke Hemisphäre letztlich Herr und Gebieter über das individuelle Bewusstsein sei.[26] Gazzaniga zufolge sind die verschiedenen Teile des Gehirns, die so genannten Gehirn-„Module", in der Lage, unabhängig voneinander zu operieren und ihre Funktionen zu erfüllen. Einige Module können zum Beispiel wichtig für die Gedächtnisfunktionen sein, andere Module sind in emotionale Funktionen involviert und wiederum andere sind für Berechnungen zuständig. Diese Module beeinflussen unser Verhalten mitunter in einer Form, die sich unserem Bewusstsein entzieht. In solchen Fällen sei es dann die Aufgabe der „Interpreten"-Module (wie Gazzaniga sie nennt), die in der für die Sprache dominanten Hemisphäre lokalisiert sind, eine rationale Grundlage für das Verhalten zu liefern.

Als Beispiel führt Gazzaniga den Fall an, dass jemand urplötzlich den Drang entwickelt Froschschenkel zu essen. Der Impuls, etwas derart Außergewöhnliches zu verzehren, scheint aus dem Nichts heraus zu kommen und der „Interpret" weiß in Wirklichkeit nicht, warum dieses Verlangen aufgetreten ist. Gleichwohl legt das „Interpreten"-Modul sich eine Theorie für dieses Verhalten zurecht. In diesem Fall stellt es vielleicht die Hypothese auf, der Drang Froschschenkel zu essen sei entstanden, „weil ich mich über die französische Küche informieren will". Gazzaniga zufolge ist die zwischen dem sprachvermittelnden Interpreten-Modul und den anderen Modulen des Gehirns wirksame Dynamik verantwortlich für die Entstehung unserer Überzeugungen über uns selbst.

Viele Bereiche des Gehirns leisten einen Beitrag zum Selbst. Das Problem scheint nicht so sehr die Frage zu sein, wo das Selbst im Gehirn lokalisiert ist, sondern vielmehr, wie es möglich ist, dass ein einziges Selbst existieren kann, wenn das Selbst, das Ego, praktisch über das ganze Gehirn verteilt ist. Auf dieses Problem müssen wir eingehen, wenn wir verstehen möchten, wie das Gehirn eine einheitliche Person, das „Ich", erschafft.

Kapitel 5
Von Spiegelbildern und Doppelgängern

„Jetzt schauen Sie mal her, Sie!", platzte ich heraus.

„Merken Sie eigentlich gar nichts?"

Er rollte sich auf den Rücken und setzte sich.

„Wie meinen Sie?", fragte er, und ein misstrauisches Stirnrunzeln verfinsterte sein Gesicht.

Ich sagte: „Sie sind wohl blind."

Etwa zehn Sekunden blickten wir einander unverwandt in die Augen. Langsam hob ich den rechten Arm, aber sein linker ging nicht mit in die Höhe, wie ich es beinahe erwartet hatte. Ich kniff das linke Auge zu, aber seine Augen blieben beide offen. Ich streckte die Zunge heraus. Er brummte nochmals:

„Was ist denn? Was ist denn?"

Ich zog einen Taschenspiegel hervor. Während er noch danach griff, betatschte er sein Gesicht und blickte dann auf seine Handfläche, fand aber dort weder Blut noch Vogeldreck. Er betrachtete sich in dem himmelblauen Glas. Gab es mir mit einem Achselzukken zurück.

„Sie Narr!", rief ich. „Sehen Sie nicht, dass wir beide ... Sehen Sie Narr nicht, dass wir ... Jetzt hören Sie mal zu ..: Schauen Sie mich ganz genau an ..."

Vladimir Nabokov, *Verzweiflung*[1]

Patienten, die zu persönlichen Konfabulationen neigen, verwischen im übertragenen Sinne die Grenzen des Selbst. Damit meine ich hier im Zusammenhang der Konfabulation, dass das Selbst persönlich auftritt in der Maske einer Figur der Geschichte, die der Patient selbst erfunden hat. Asomatognosie-Patienten scheinen demgegenüber im buchstäblichen Sinne einen Teil des Selbst zu verlieren. Der Patient, der unter einer schweren Asomatognosie leidet, kann seinen Arm völlig verstoßen und personifizieren, so als würde er jemand anderem gehören.

Ich möchte jetzt noch auf ein weiteres Krankheitsbild eingehen, die spiegelbildliche Verkennung oder Fehlidentifikation, bei der der Patient seinen realen Körper in leibhaftiger Form zwar erkennen kann, aber unfähig ist, dessen Spiegelbild wiederzuerkennen.

Verkennung des eigenen Spiegelbilds

Es ist erstaunlich, wie verwundbar manche Aspekte des Wiedererkennens seiner selbst sind. In dem Roman *Verzweiflung* beschwört Nabokovs Protagonist Hermann bei einem völlig Fremden, Felix, eine doppelte Identität herauf. Um seinen eigenen Tod vorzutäuschen – und im Glauben, dass andere überzeugt sein würden, dass er tot sei –, bringt Hermann seinen Doppelgänger Felix um, mit der Absicht, an dessen Versicherung heranzukommen und danach ein sorgloses Leben führen zu können.

Genau wie Hermann zeigten zwei Patientinnen, die ich untersuchte, seltsame Verhaltensweisen, wenn sie mit Spiegeln konfrontiert wurden: Ihre Spiegelbilder hatten für sie keine Ähnlichkeit mit ihnen selbst. Beide Frauen zeigten Anzeichen einer kognitiven Störung, die zum einen auf einen Schlaganfall und zum anderen auf Demenz zurückzuführen war. Die Fehlidentifikationen ihrer eigenen Spiegelbilder waren bei beiden Frauen äußerst faszinierend.

Susan

Susan, eine Frau in den Sechzigern, war seit dem Alter von fünf Jahren hörbehindert. Sie hatte jedoch die Fähigkeit entwickelt, mittels Lippenlesen und Zeichensprache zu kommunizieren. Bei einem Augentest hatten sich Hinweise auf eine Funktionsstörung der rechten Gehirnhemisphäre ergeben. Dieser Verdacht wurde durch ein Kernspinresonanztomogramm ihres Gehirns bestätigt, die eine Atrophie (Schwund, Schrumpfung) der rechten Schläfenbeinregionen anzeigte.

Eine Zeit lang benutzte Susan vor dem Spiegel in ihrem Schlafzimmer die Zeichensprache. Auf die Frage, was sie dort tue, sagte sie, sie unterhalte sich mit der „anderen" Susan. Sie war überzeugt, dass es noch eine andere Susan gebe, die genauso aussah wie sie, die gleich alt war und den gleichen Hintergrund sowie die gleiche Ausbildung hatte usw. Diese andere Susan war immer im Spiegel zu sehen. Susan erklärte, die andere Susan sei ebenfalls taub und benutze auch die Zeichensprache, um sich zu verständigen. Sie und die andere Susan hätten dieselbe Grundschule besucht, sich damals jedoch „nicht gekannt". Die andere Susan hätte ein Kind, das genauso aussehe wie ihr eigenes. Susan und ihre Doppelgängerin waren buchstäblich in jeder Hinsicht identisch, nur dass die andere Susan die Neigung hatte, zu viel zu reden, und sich nicht so gut wie die echte Susan in der Zeichensprache verständigen konnte.

Die Patientin beschrieb die andere Susan sehr ausführlich:

SUSAN: „Nun, sie ist schon in Ordnung ... klingt komisch für mich, als Susan mit einer anderen Susan zu sprechen, denn, Sie müssen wissen, sie war ein neuer Mensch für mich, und ich bin überrascht. Sie war schon in Ordnung, sie ist jedoch sehr nervös, sie möchte immer ihren Willen durchsetzen ... sie wusste überhaupt nicht, dass sie nicht gut hören konnte, und sie ist keine sehr gute Lippenleserin. Ich musste für sie das meiste in der Zeichensprache machen, damit sie es verstehen konnte ... sie macht jedes Wort nach, das ich sage, so, so wie diese Geste ... sie kennt nicht einmal die Zeichensprache sehr gut und ich war ein wenig verwirrt, wissen Sie, weil ich sie wollte. Ich dachte, dass sie die Zeichensprache sehr gut kennen würde, damit ich es nicht zweimal wiederholen muss, dann habe ich aber festgestellt, dass sie nicht so helle ist. Ich hasse es, das zu sagen ... ich möchte nicht prahlen, aber sie ist ein netter Mensch. Aber eines noch zu ihr ... ich sehe sie jeden Tag durch einen Spiegel, und das ist der einzige Ort, wo ich sie sehen kann. Wenn sie mich durch den Spiegel sieht, schaut sie erst ein wenig, dann kommt sie herüber und spricht mit mir, und so fing es an, dass wir uns durch unsere Zeichensprache miteinander angefreundet haben. Sie war sehr nett."

Genau wie bei den in Kapitel 3 beschriebenen Capgras-Syndrom-Fällen war bei Susan keine Prosopagnosie zu erkennen. Bezeichnend für Prosopagnosie-Patienten ist eine allgemeine Unfähigkeit, Gesichter wiederzuerkennen. Diese Patienten können niemanden aufgrund seines Gesichtes wiedererkennen. Hierbei handelt es sich, mit anderen Worten, um eine spezifische visuelle Identifikationsstörung, nicht um ein Leugnen der Identität.

Susan war in der Lage, andere Familienmitglieder, Ärzte und Nachbarn genau wiederzuerkennen. Sie hat – außer sich selbst im Spiegel – nie jemanden fehlidentifiziert. Stand ein Familienmitglied oder ich selbst hinter ihr, wenn sie in einen Spiegel schaute, so identifizierte sie das Spiegelbild dieser anderen Person stets korrekt als Spiegelbild. Wir können somit also nicht sagen, ihre Unfähigkeit, ihr eigenes Spiegelbild zu erkennen, nur durch eine Wahrnehmungsstörung bedingt gewesen sei.

Susan leidet unter einem Capgras-Syndrom für ihr Spiegelbild.[2] Eine frühe Beschreibung dieses Krankheitszustandes lieferte Gluckman 1968.[3] In seinem Aufsatz beschrieb Gluckman eine 61-jährige Frau, die an einer Hirnatrophie und schwer wiegenden psychiatrischen Symptomen litt, die Gluckman als paranoide Schizophrenie diagnostizierte. Diese Patientin beklagte sich, dass eine Frau, die ihre Doppelgängerin sei, in ihrem Haus lebe und sie in jeder Hinsicht nachahme. Sie hatte Angst vor dieser Doppelgängerin und sie betitelte sie als „eine alte Hexe" oder „eine hässliche Hexe".

Gluckman beschrieb, was geschah, wenn seine Patientin vor einem Spiegel stand, in dem sie sich in voller Größe sehen konnte:

> „Wenn ich neben ihr stand, konnte sie mein Spiegelbild identifizieren, aber das Problem war immer ihr eigenes Spiegelbild. Auf Wunsch lächelte sie, blickte wütend, machte eine Faust oder kämmte ihr Haar vor dem Spiegel. Diese Handlungen konnte sie bei ihrer Doppelgängerin jedoch nie identifizieren. Sie waren für sie immer nur eine Nachahmung oder ein Mittel der anderen, sich über sie selbst lustig zu machen oder sie zu beleidigen. Sie konnte jedoch das Spiegelbild jeder Geste oder jedes Gesichtsausdrucks oder jeder Handlung, die bzw. den ich machte, ganz normal deuten."

Gluckmans Patientin reagierte sehr negativ auf ihr Spiegelbild. Sie schleuderte einen Eimer Wasser und andere Gegenstände gegen ihr Spiegelbild, in dem Versuch, ihre Doppelgängerin aus dem Haus zu vertreiben. Ihr Ehemann musste alle spiegelnden Flächen im Haus mit Papier überkleben und er konnte sie nicht im Auto mitnehmen, weil sie die Doppelgängerin im Lack und in den Scheiben des Autos reflektiert sah.

Eine andere Patientin von mir, Rosamond, neigte zu ebenso verblüffenden wie erschreckenden und mitunter gefährlichen Fehlidentifikationen ihres Spiegelbildes.

Rosamond

Richard B., der aus dem italienischen Mittelschichtviertel in Queens stammte und nur noch einer Teilzeitbeschäftigung nachging, brachte seine Frau zu mir in die Praxis. Richard und seine Frau waren seit 30 Jahren verheiratet und hatten gemeinsam zwei Kinder großgezogen. Sie hatte erst kurze Zeit vorher angefangen ein seltsames Verhalten zu zeigen, das ihrem Mann und ihren beiden erwachsenen Kindern Sorgen machte: Wann immer Rosamond ihr Spiegelbild sah, glaubte sie, eine fremde Frau folge ihr. Wenn sie die Frau bat zu sagen, wer sie sei, weigerte diese sich, auch nur ein Wort zusprechen, so dass Rosamond – zuerst verbal, dann körperlich – ihr Spiegelbild attackierte. Richard konnte sie nicht allein im Badezimmer lassen, weil sie dann den Spiegel auf dem Medizinschränkchen attackiert hätte. Abends konnte sie nicht am Wohnzimmerfenster vorbeigehen, ohne über die Frau zu wettern, die angeblich von draußen hereinschaute. Sie schrie: „Du Flittchen! Mach dich nach Hause! ... Lass uns allein!"

Die Frau tauchte in den Scheiben geparkter Autos auf und an den Schaufenstern in den Straßen ihrer Nachbarschaft. Bei hellem Tageslicht schrie Rosamond sie an und fuchtelte wild mit den Armen nach ihr, um sie zu vertreiben. Ihrer Familie war ihr Verhalten einerseits sehr peinlich und andererseits hatte man gleichzeitig auch Angst, dass sie sich dabei verletzen könnte.

Als Richard das Verhalten seiner Frau schilderte, war ich anfangs ziemlich überrascht, da sie äußerlich einen etwas großmütterlichen, sehr ordentlichen und gepflegten Eindruck auf mich machte. Sie rückte die Knöpfe an ihrer Strickjacke zurecht, drückte ihre Lederhandtasche fest gegen ihren Bauch und rieb ein paar Fussel von ihren Hosenbeinen, während sie zaghaft meine Fragen beantwortete. Ihre heftigen Verhaltensweisen, von denen ihr Mann mir berichtete, waren ihr selbst offenbar nicht bewusst. Während meines Gesprächs mit ihm saß Rosamond ruhig da und hörte zu, während ihr Mann ihre Symptome beschrieb. Sie erschien mir nicht sonderlich erregt. Da ihr Besuch angekündigt war, hatte ich hinter mir einen Spiegel versteckt, den ich ihr schließlich hinhielt, so dass sie ihr eigenes Spiegelbild beobachten konnte. Sie schaute vielleicht zehn Sekunden hin, dann stand sie auf, setzte sich wieder, zog die Augenbrauen hoch und wurde ziemlich wütend und verstört.

ROSAMOND: „Hast du die Geschichte gehört? Eh? Hast du sie gehört? Jetzt kommst du heraus ... mach dich nach Hause, wo du hingehörst. Du hast hier nichts zu suchen ... du wohnst hier nicht! Raus!" (*Sie wedelte mit der Hand.*)

Ihr ganzes Auftreten und Verhalten veränderte sich. Ihr Gesicht wurde in der Erregung fast zur Grimasse verzerrt.

FEINBERG: „Wer ist das?"

ROSAMOND: (*Schreiend.*) „Das ist sie, das ist sie! Ja, das ist sie ... sicher ist sie das! Sie hat keinen Namen ... Ich habe ihren Namen nie gehört ... nie, nie! Ich habe ihn nie gehört! Sie hat mir nie ihren Namen gesagt. Nein, nein ... du kannst nicht ins Haus gehen! Nein, du kannst nicht ins Haus gehen! Sie hat mir nie was gesagt, hatte jede Menge Probleme mit ihr."

Dann konzentrierte sie ihren Blick, ihr Gesicht war nicht einmal mehr dreißig Zentimeter vom Spiegel entfernt.

ROSAMOND: „Raus!"

FEINBERG: „Erinnert sie Sie an jemanden, den Sie kennen?"

ROSAMOND: „Nein ... nein, ich habe sie nie gekannt."

Sie schüttelte ihre Hand, als wolle sie das Spiegelbild von sich wegwerfen. Dann zeigte sie darauf und behauptete:

ROSAMOND: „Ja, nicht die hier. Dann fängt sie an, mich mit diesen Titulierungen zu beschimpfen, Straßenmädchen ... kann sie nicht ausstehen."

Ihr armer Mann saß besorgt und mit gerunzelter Stirn da. Sie konnte sich nicht von dem Spiegel lösen:

ROSAMOND: „Du hast hier nichts zu suchen ... du hast hier nichts zu suchen. Ja, du. Wonach ... suchst du? Sag ihnen, wo du wohnst ... sag es ihnen heute. Sag ihnen, wo du wohnst ... he? Ja?"

Während sie den Spiegel anschrie, begann sie, sich ordentlicher herzurichten, indem sie ihre Jacke vorne zusammenzog, um ordentlicher zu erscheinen.

ROSAMOND: „Was meinst du mit wir, wir? Wer bist du? Wie heißt du? Sag mir deinen Namen? He? Weißt du, wie du heißt? Wo wohnst du? Geh zum Teufel, mach dass du hier wegkommst!"

FEINBERG: „Was glauben Sie, wie alt sie ist?"

ROSAMOND: „Ich weiß nicht, sie ist einfach eine alte Hexe ... sie ist eine Hexe. Ja, und du, und du. He, ich habe keine Angst vor dir. Mach schon ... Ich weiß nicht, sie ist einfach eine alte Hexe. Ja, sie ist eine Hexe ... ja, hast Angst, es zu sagen."

FEINBERG: „Sie wissen, dass sie ein wenig wie Sie aussieht."

ROSAMOND: „Nein, tut sie nicht ... kommen Sie, sind Sie sicher?"

FEINBERG: „Natürlich."

ROSAMOND: „Schauen Sie, sie hat keine Brille." (*Die Patientin trug eine Brille.*)

FEINBERG: „Schauen Sie einmal genau hin."

ROSAMOND: „Nein ... das bin ich nicht ... das bin ich nicht! (*Fingerte am obersten Knopf ihrer Bluse herum, der zugeknöpft war.*)

FEINBERG: „Wo ist Ihre Brille? Haben Sie keine Brille?"

Ich drehte den Spiegel um, so dass sie jetzt auf die Pappe auf der Rückseite schaute.

FEINBERG: „Wo ist sie hingegangen?"

ROSAMOND: „Weiß ich nicht."

FEINBERG: „Ist sie weg?"

ROSAMOND: „Nein, nicht weg."

FEINBERG: „Wie kann ich sie verschwinden lassen, indem ich einfach diesen Spiegel umdrehe? Was ist dies hier?" (*Ich tippte auf die Rückseite des Spiegels.*)

ROSAMOND: „Es ist ein Spiegel ... als ob ich irgendwie ein Idiot wäre. Seien Sie still."

Ich drehte die spiegelnde Seite wieder nach vorne und wiederum schaute sie direkt hin.

ROSAMOND: „Wie heißt du? (*Sie sprach wieder zu dem Spiegel.*) Sag ihm, wie du heißt!" (*Hielt ihrem Spiegelbild drohend den Finger hoch.*)

FEINBERG: „Ist sie im Spiegel?"

ROSAMOND: „Sag ihnen, wo du wohnst! Sag ihm, wo du wohnst! Sie wissen nicht, wo sie wohnt. Sie ist nicht im Spiegel."

FEINBERG: „Ist sie im Spiegel?"

ROSAMOND: „Sie ist nicht im Spiegel. He, sie ist nicht im Spiegel."

FEINBERG: „Halten Sie ihn, hier, nehmen Sie ihn, schauen Sie, schauen Sie." (*Ich drehte den Spiegel um, hielt ihr ständig wechselnd mal die Rückseite, mal die Vorderseite hin.*)

ROSAMOND: „Sie möchten wissen, wer sie ist? Sie möchten wissen, wer sie ist? Weil du eine ... bist, genau das bist du. Wir wissen, wo du wohnst. Wo wohnst du? Weißt du was? Du bist ein Taugenichts. Weißt du was? Du bist ein Taugenichts. Ja, wo du gehst ... ja, du kleine Schlampe ... ja. Jetzt weißt du, wo du hingehen wirst. Du wirst nach Hause gehen ... und wenn wir nach Hause kommen, wissen Sie was? Wir werden sie gleich wieder vorfinden, wie sie um die ... wir werden wieder sehen, wie sie direkt um die Fenster herumgeht. In den Fenstern, wo sie beobachtet ... lauscht, was wir tun. Ich kann sie nicht ausstehen ... sie geht auch im Haus herum, seit langem in der Gegend herum ... wissen Sie das? Die ganze Zeit behelligt sie jeden. Ich wollte sie immer schlagen!"

Sie erregte sich schließlich so sehr, dass ich ihr den Spiegel wegnehmen musste, damit sie sich wieder beruhigen konnte. Sie saß vornübergebeugt und rieb unentwegt über ihre Knie, vor und zurück.

ROSAMOND: „Ich werde sie umbringen, ... ich bin so sauer auf sie."

Ihr Mann machte sich Sorgen, sie könne sich mit einem Messer vor den Spiegel stellen und tatsächlich auf sich selbst einstechen. Deshalb musste ich sie sofort behandeln, ehe sie sich selbst oder ihren Mann verletzte.

Ihr Mann berichtete, dass die Fehlidentifikation bei jeder spiegelnden Oberfläche auftrat, von Schaufensterscheiben bis zu den Spiegelungen im Auto. Im Spiegel ihrer Puderdose verkannte sie ihr Spiegelbild jedoch nicht. Ich versuchte mir das damit zu erklären, dass es vielleicht auf die geringe Größe des Spiegels zurückzuführen war, dass das Symptom nicht so leicht auftreten konnte.

So forderte ich sie als Erstes auf, ihre Puderdose herauszunehmen, und bat sie, ihr Spiegelbild zu identifizieren, was sie korrekt tat. Mit Hilfe einer Reihe von Spiegeln in zunehmender Größe gelang es mir – während das Spiegelbild immer größer wurde –, sie trotz ihrer anfänglichen Proteste davon zu überzeugen, dass sie ihr eigenes Spiegelbild wiedergaben. Ich wiederholte diesen Vorgang über mehrere Tage hinweg, bis ihr Ehemann mir schließlich berichtete, dass ihr gestörtes Verhalten verschwunden sei.

Das Selbst als Erkanntes und Erkennendes

Susan, meine erste Patientin, die ihr Spiegelbild fehlidentifizierte, behauptete, diese andere Version von ihr im Spiegel ähnele ihr in allen wesentlichen äußerlichen Aspekten sehr, sie habe den gleichen Hintergrund und die gleiche Ausbildung. Susan berichtete zwar selbst, dass sie in den Spiegel schaue, wenn sie dieses Symptom erlebe, tatsächlich bewusst war ihr diese Tatsache jedoch offenbar nicht, wenn sie vor dem Spiegel die Zeichensprache benutzte, um mit der anderen Susan zu kommunizieren.

Rosamond war ebenfalls in der Lage, den Spiegel selbst korrekt zu identifizieren. Sie konnte den Spiegel zum Beispiel in der Hand halten und ihn identifizieren; dennoch reagierte sie auf ihr Spiegelbild, als sei es das Spiegelbild einer anderen Person.

Susan und Rosamond verhielten sich, als sei ihr Wissen, dass sie sich im Spiegel betrachteten, von ihrem Verhalten gegenüber dem Spiegel abgespalten. Hier liegt eine Spaltung der Erkenntnisfähigkeit im psychologischen Sinne vor: *Ein Bereich des Erkennens – die Wahrnehmung einer Person im Spiegel – wird nicht mit dem anderen integriert – mit dem Selbstkonzept.*

Bei Susan und Rosamond haben wir es zu tun mit einer pathologischen Spaltung des Selbst in das *Erkennende* – das „Ich", welches den subjektiven Aspekt des Selbst darstellt, das in den Spiegel schaut – und das *Erkannte* – das „Mich", welches den objektiven Aspekt des Selbst darstellt, das im Spiegel gesehen wird.

Diese Fälle demonstrieren, dass es eine gewisse Unabhängigkeit des „Ich" vom „Mich" geben kann. Der Psychologe William James glaubte nicht, dass es ein „Ich" gebe, das vom „Mich" getrennt werden könne; er sah vielmehr die Beziehung zwischen dem Selbst als Subjekt und dem Selbst als Objekt als die zwei Seiten derselben Medaille. Was William James über diese Beziehung zwischen den subjektiven und objektiven Aspekten des Selbst zu sagen hatte, war Folgendes:

> „Woran ich auch immer denken mag, ich bin mir gleichzeitig stets mehr oder weniger meiner selbst, meiner persönlichen Existenz bewusst. Und gleichzeitig bin *ich* es, der sich einer Sache bewusst ist; so dass mein ganzes Selbst, als sei es ein doppeltes (teils das Erkannte und teils das Erkennende, teils Objekt und teils Subjekt) zwei Aspekte haben muss, die sich voneinander unterscheiden und von denen wir, um der Kürze willen, den einen das Mich und den anderen das Ich nennen können. Ich bezeichne sie als 'unterschiedliche Aspekte' und nicht als separate Dinge, weil die Identität des Ich mit dem Mich, sogar beim Vorgang dieses Unterscheidens selbst, das vielleicht unausrottbarste Diktum des gesunden Menschenverstandes ist."[4]

Wir alle müssen ein delikates Gleichgewicht zwischen dem subjektiven und dem objektiven Selbst wahren, um ein integriertes Selbst zu bleiben. Die Grenzen des Selbst sind jedoch ständig in Bewegung und wir können uns unserer selbst mehr oder weniger bewusst sein, je nach den Umständen. Vor dem Spiegel stehend werden wir uns unserer selbst akut bewusst; während wir schlafen oder träumen, gibt es kaum eine Selbstbewusstheit.

Die Fähigkeit, die Aufmerksamkeit auf das Selbst zu konzentrieren, die durch das Wiedererkennen im Spiegel messbar ist, scheint ein komplexer mentaler Zustand zu sein. Nach den vorliegenden Erkenntnissen wurde diese höchste Ebene des Selbst als Objekt seiner selbst erst relativ spät in der Evolutionsgeschichte erreicht. Gordon G. Gallup machte vor über 25 Jahren eine bemerkenswerte Entdeckung.[5] Die meisten Tiere, bis hin zu den großen Menschenaffen, zeigen keine Anzeichen dafür, dass sie sich selbst wiedererkennen, wenn ihnen ein Spiegel vorgehalten wird. Selbst wenn zum Beispiel Affen über eine längere Zeit Spiegeln ausgesetzt werden, reagieren sie auf ihre Spiegelbilder, als hätten sie es mit anderen Tieren zu tun.

Gallup demonstrierte, dass Schimpansen, wenn sie erstmals einem Spiegel ausgesetzt sind, anfänglich so reagieren, als würden sie einen anderen Schimpansen sehen, und sie legen entsprechende soziale Gebärden an den Tag, die an ihr Spiegelbild gerichtet sind. Nach etwa zwei Tagen beginnen diese Tiere jedoch den Spiegel für ihre eigene Körperpflege zu benutzen und darin Teile ihres Körpers zu betrachten, die sie sonst mit den Augen direkt nicht sehen könnten. Mit anderen Worten, sie verhielten sich schließlich so, als würden sie *sich selbst betrachten*.

Um sicherzugehen, dass diese Schimpansen tatsächlich ein gewisses Maß an Selbstbewusstheit entwickelt hatten, kennzeichnete Gallup die Tiere über einer Augenbraue und am gegenüberliegenden Ohr mit leuchtend roter Farbe und setzte sie erneut dem Spiegel aus. So gekennzeichnet bemühten sie sich unmissverständlich, diese Markierungen direkt an ihrem Körper zu inspizieren, nicht in ihrem Spiegelbild. Diese Reaktion auf Spiegel wurde nur bei Menschen, Schimpansen und Orang-Utans gefunden. Gorillas zeigen interessanterweise nicht die Fähigkeit, sich selbst im Spiegel wiederzuerkennen.

Ein Rhesusaffe erkennt sich nicht im Spiegel wieder. Aber wenn er sich selbst „leibhaftig" sieht, wenn er direkt auf seine eigenen Hände, seine eigenen Füße oder seinen Schwanz sieht, reagiert er keineswegs überrascht oder ängstlich. Das heißt, dass die Kategorie des „Mich" bei vielen Tieren präsent sein muss. Demnach scheint es, genau wie beim Bewusstsein im Allgemeinen, dass es nur ein höher entwickeltes, komplexeres „Mich-Bewusstsein" ist, welches es ermöglicht, sich selbst im Spiegel wiederzuerkennen.

Doppelte Absicherung

Nicht jeder fiktive Doppelgänger wird nur im Spiegel gesehen. Die Vorstellung, dass jedes Individuum einen Doppelgänger habe, der vom eigenen Körper trennbar ist, ist fast in allen Kulturen verbreitet. Die alten Ägypter glaubten an die Existenz der „Ka-Seele", einen körperlosen „Doppelgänger" des Leibes. Sie glaubten daran, dass jedes Individuum einen Geist oder eine Ka-Seele habe, die immaterieller Natur und vom Körper getrennt sei. Sie diente als unsichtbarer Doppelgänger. Die Ka-Seele, die bei der Geburt des Individuums erschaffen wird und über den Tod des Individuums hinaus Bestand hat, ist das Urbild des Glaubens, wonach jeder Mensch eine Seele besitze, die sein immaterieller Doppelgänger sei.

Die Naga, ein indomongolider, in Asien beheimateter Stamm, glauben an einen Geist, der das genaue Abbild des Verstorbenen im Augenblick seines Todes sei. Sie glauben, dass alle Veränderungen, die der Körper im Laufe des Lebens erfährt – wie Narben, Male, Tätowierungen und Verstümmelungen –, im Geist des Einzelnen reproduziert werden.[6]

Literarische Hinweise auf Doppelgänger gibt es in Hülle und Fülle. Diese Vorstellung taucht in den Werken Goethes, Guy de Maupassants, Edgar Allan Poes, Oscar Wildes und Fjodor Dostojewskis auf, um nur einige der zahlreichen Autoren zu nennen. Das Wort „Doppelgänger" verwendete als Erster der deutsche Schriftsteller Jean Paul (Richter).[7] In Richters Werk taucht der Doppelgänger als ein Männerpaar auf, als „Milchbrüder", die einander so ähnlich waren, dass diese Ähnlichkeiten „sie zu *einer* in zwei Körper einge-

pfarrten Seele machten", so dass sie zusammen ein Individuum bilde-
ten, einzeln genommen aber jeweils als Hälfte eines Ego erschienen.
Jede Hälfte war vom anderen „Alter Ego" abhängig, um vollständig
zu sein. In seinem Roman *Siebenkäs* schrieb Richter:

> „Aber wie Freundinnen gern einerlei Kleider, so trugen ihre Seelen
> ganz den polnischen Rock und Morgenanzug des Lebens, ich
> meine zwei Körper von einerlei Aufschlägen, Farben, Knopflö-
> chern, Besatz und Zuschnitt ..."[8]

Autoskopie

Richters Werk wurde zweifellos durch die Tatsache beeinflusst, dass
er selbst an der als Autoskopie bekannten Störung litt. Bei der Autoskopie (auch als Heautoskopie oder autoskopische Halluzination bekannt) handelt es sich um eine visuelle Halluzination, bei der das
Selbst in die äußere Welt projiziert wird, die eigene Gestalt außerhalb der eigenen Person als eine zweite, identische Person wahrgenommen wird. Richter sagte von seinen eigenen autoskopischen Halluzinationen: „Ich schaue ihn an, er schaut mich an, und wir halten
beide unser Ego entsetzt aus."[9]

Dostojewski, ebenfalls von der Vorstellung vom Doppelgänger fas-
ziniert, war Epileptiker. Möglicherweise litt er auch unter autoskopischen Halluzinationen, da Epilepsie zu den Zuständen gehört, die
autoskopische Halluzinationen hervorrufen können.

In seinem Roman *Der Doppelgänger* liefert Dostojewski, was
nicht überrascht, die berühmteste literarische Abhandlung über die
autoskopische Halluzination.[10] Petrowitsch Goljadkin, der Protagonist der Geschichte, ist ein verunsicherter Bürokrat inmitten einer
von Ängsten und Wirren erfüllten Zeit. Goljadkin erfährt sowohl gesellschaftlich als auch in Liebesbeziehungen Ablehnung. Am Rande
eines psychischen Zusammenbruchs wird er misstrauisch und para-
noid. Während dieser Zeit wird Goljadkin mit seinem Doppelgänger
konfrontiert, der als greifbare Person, als separate visuelle Einheit
dargestellt wird. Bedauerlich für den armen Goljadkin ist, dass der
Doppelgänger eine recht bedrohliche Präsenz darstellt; er schafft es,
Goljadkin in Schwierigkeiten mit seinen Kollegen und Vorgesetzten

zu bringen, lässt ihn mit unbezahlten Rechnungen dastehen und sorgt auch dafür, dass er in Probleme mit Frauen gerät. Am Ende hat Goljadkin eine Erscheinung von Dutzenden von Goljadkins und wird in eine Irrenanstalt gebracht.

Das Erscheinungsbild autoskopischer Halluzinationen ist von Fall zu Fall verschieden. Das autoskopische Trugbild ist oft halbtransparent, geist- oder gallertähnlich. Es hat eine realistische Form, Kontur, Ausprägung und Dichte, es hat oft jedoch nicht die „Undurchsichtigkeit" eines realen Objektes, so dass die halluzinierende Person hindurchsehen kann. Einige beschrieben ihre autoskopischen Halluzinationen als sehr lebensecht, als würde ein realer Mensch vor ihnen stehen.[11]

Ein interessantes Merkmal der autoskopischen Halluzination ist, dass die Illusion oder Halluzination oft die Handlungen des Patienten nachahmt. Dr. Todd und Dr. Dewhurst behandelten eine junge Frau, die unter starken Ängsten, einer schweren Depression und seit vier Jahren unter autoskopischen Halluzinationen litt. Während sie, von Angstzuständen geplagt, in der Klinik war, sah ein Trugbild ihrer selbst, wie sie in einem Sarg lag. Die Doppelgängerin ahmte genau jede ihrer Bewegungen nach. „[Die] schimärenhafte Doppelgängerin sah wie ein Festkörper und lebensecht aus. Sie hatte für gewöhnlich die Kleidung an, die auch die Patientin trug; bisweilen präsentierte sie sich jedoch auch mit einem Kleid, das die Patientin unlängst in einem Schaufenster bewundert hatte."[12]

Ein zentrales Charakteristikum autoskopischer Halluzinationen ist die enge Verbindung zwischen dem Trugbild und dem Subjekt. Die autoskopische Halluzination ist mit einem Gefühl der Zugehörigkeit oder der Verbundenheit verknüpft, das gleichzeitig als wichtiges unterscheidendes Merkmal dient. Im Unterschied zu dem Capgras-Patienten, der den Zusammenhang zwischen dem Bild und der Verbundenheit leugnet oder desavouiert, empfindet der halluzinierende Patient sich als Teil der autoskopischen Halluzination. Bezeichnend für ihn ist ein Gefühl des Einsseins mit der Halluzination. Die Halluzination wird, wie Todd und Dewhurst es formulierten, mit einer „persönlichen Bedeutung" durchtränkt; sie ist mit einem „Gefühl des

Eigentums und allen dazugehörigen emotionalen und vorstellungs-spezifischen Komponenten" verknüpft.[13]

Autoskopische Halluzinationen können bei Patienten auftreten, die unter psychiatrischen oder neurologischen Störungen leiden. Sofern die Autoskopie neurologisch bedingt ist, ist die Ursache meist bei epileptischen Leiden zu suchen.[14] Bei einigen Patienten ist dieses Anfallsleiden auf eine Schädigung des Scheitellappens zurückzuführen.

Bei einem 57-jährigen Veteran des Ersten Weltkrieges, der sich durch einen Granatsplitter eine Verletzung seines rechten hinteren Scheitellappens zugezogen hatte, traten die Anfälle erst mehrere Jahre nach der Verwundung auf. In Zusammenhang mit einer solchen Situation berichtete er: „Ich war im Sprechzimmer des Arztes und starrte in den Garten. Dann sah ich den Mann etwa einen guten Meter von mir entfernt zu meiner Linken. Plötzlich dämmerte mir, wer er war. Das war ich." Er sah ein lebensgroßes Trugbild von sich selbst, das identisch mit ihm war und ungefähr zehn Tage anhielt. Bei einer anderen Gelegenheit sagte er, er habe „Massen winziger Figuren in allen Regenbogenfarben gesehen – alle ich selbst".[15]

Der ehemalige Soldat erlebte eine externalisierte Halluzination von sich selbst. Er behielt aber seine gewöhnliche ichzentrierte Perspektive bei und war sich bewusst, wo sich sein Körper jeweils räumlich befand, und er blieb in diesem Körper.

Es gibt jedoch andere Fälle, in denen der Patient mit so genannten „außerkörperlichen Erfahrungen" konfrontiert wird, das heißt, dass er seinen Körper wie aus der Perspektive eines Außenstehenden sieht.

Dr. Lippman beschrieb beispielsweise eine 37-jährige Hausfrau und Mutter dreier Kinder, die unter autoskopischen Halluzinationen litt. Diese traten häufig auf, wenn sie gerade damit beschäftigt war, den Frühstückstisch zu decken.

> „Da waren mein Mann und die Kinder, so wie immer, und mit einem Schlag schienen sie dann nicht mehr dieselben zu sein. Gut, sie waren mein Mann und die Kinder – aber sie waren einfach nicht mehr dieselben ... Das Ganze war irgendwie komisch. Ich hatte das Gefühl, als würde ich auf einer geneigten Ebene stehen

und aus ein paar Meter Höhe von oben auf sie herabschauen, und dabei sah ich mir selbst zu, wie ich das Frühstück servierte. Es war, als befände ich mich in einer anderen Dimension, aus der ich mich selbst und sie betrachtete. Ich hatte keine Angst, war nur erstaunt. Ich wusste immer, dass ich in Wirklichkeit bei ihnen war. Dennoch gab es da das 'Ich', und es gab das 'Mich' – und einen Augenblick später war ich wieder eins."[16]

Ich behaupte nicht, es gebe einen immateriellen Doppelgänger, einen Astralkörper oder ein psychisches Selbst, welches den physischen Körper verlassen könne. Solche Erfahrungen werden jedoch als sehr real erlebt, als würden sie tatsächlich stattfinden. Und sie sind bei weitem keine Seltenheit und keineswegs auf mental unstabile Menschen beschränkt.

Die Liste der allgemeinmedizinischen, neurologischen und psychiatrischen Krankheitsbilder, die Autoskopie verursachen können, ist lang. Neben Epilepsie und Migräne wurde die Autoskopie auch mit Fleckfieber, Grippe, verschiedenen Formen von Gehirninfektionen, Alkoholismus, Drogen- oder Medikamentenvergiftungen, Gehirntumoren und Gehirnblutungen in Verbindung gebracht. Nicht bei jedem Patienten, der unter Autoskopie leidet, muss eine Gehirnläsion vorliegen. Dieses Phänomen wurde ebenso von Patienten mit unterschiedlichsten psychiatrischen Symptomen, darunter Hysterie, zwanghaften Störungen, Schizophrenie oder Depression, berichtet.

Die Vision vom Selbst und der Seele

Es besteht auch eine verblüffende Ähnlichkeit zwischen autoskopischen Halluzinationen und den so genannten außerkörperlichen Nah-Tod-Erfahrungen. Und es ist sicherlich alles andere als ein Zufall, dass die Wahrnehmung eines Doppelgängers im Volksglauben als Vorahnung des eigenen Todes verstanden wird (so zum Beispiel bei der ursprünglichen Bevölkerung im Elsass). Dem germanischen Volksglauben zufolge galt es ebenfalls als böses Omen für den unmittelbar bevorstehenden Tod, wenn man den eigenen „Engel" sah. Diesem Zusammenhang begegnet man immer wieder in den volkstümlichen Überlieferungen in fast allen Teilen der Welt.

Todd und Dewhurst wiesen hin auf die faszinierende Ähnlichkeit zwischen diesem Volksglauben und dem Schicksal des Narziss, der im „Wasserspiegel" eines Sees sein eigenes Bild bestaunte und ein frühzeitiges Ende fand.[17]

Barth beschrieb 1890 den folgenden Fall:

> „... Ein Buchbinder aus Straßburg – ein junger und gesunder Mann, der nicht über Gebühr abergläubisch war – ging in den Keller hinunter, um einen Krug Wein zu holen, mit dem er seinen Durst löschen wollte. Nachdem er die zum Keller führende Tür geöffnet hatte, sah er sich selbst, wie er, vor dem Fass kauernd, Wein abfüllte. Als er näher trat, schaute sich der Geist mit offenkundiger Gleichgültigkeit kurz um, ehe er verschwand. Diese Vision hatte nicht länger als einen Augenblick gedauert. Er torkelte blass und zitternd die Treppe hoch. Am Abend desselben Tages hatte er Schüttelfrost- und Fieberanfälle. Er legte sich ins Bett und starb innerhalb weniger Tage unter hohem Fieber unklarer Genese."[18]

Otto Rank war der festen Überzeugung, dass es eine starke Verbindung zwischen dem eigenen Spiegelbild, dem Schatten und dem Glauben an die Seele gebe.

> „Wir haben gesehen", schrieb er, „dass den wilden Völkern die Bezeichnungen für Schatten, Spiegelbild und ähnliche Begriffe auch für die Vorstellung ‚Seele' dienen und dass die ursprünglichste Seelenvorstellung der Griechen, Ägypter und anderer hochstehender Kulturvölker sich mit der eines dem Körper wesensgleichen Doppelgängers deckt."[19]

Nach diesem Glauben verlässt die Seele den Körper und nimmt eine materielle Gestalt an, die, Rank zufolge, unter günstigen Umständen sichtbar werde und eine „Exteriorisation der Seele" darstelle.[20] Der Doppelgänger, der als Vorbote des Todes verstanden werde, sei eine Form des Leugnens des Todes, eine greifbare Manifestation des Weiterlebens der Seele, nachdem der sterbliche Körper verschieden sei. Der Doppelgänger tauche in dem Augenblick auf, in dem die Seele sich darauf vorbereite, den Körper zu verlassen und in ihr ewiges Leben jenseits der materiellen Welt einzutreten.

Die Vision vom Selbst stellt eine Projektion des Selbst dar. Ein bemerkenswertes Charakteristikum der Autoskopie ist, dass das Selbst,

das Ego, der Standpunkt, von dem aus die Welt psychologisch wahrgenommen wird, als eine kohärente Wesenheit, als eine Einheit auftritt, die außerhalb des Körpers erfahren werden kann. Die Autoskopie lehrt uns, dass das Selbst gespalten sein kann und dass man eine
duale Bewusstheit oder einen dualen Standpunkt haben kann, also
eine erlebende und eine beobachtende Wesenheit. Der weit verbreitete Glaube an „Schutzengel", die Erfahrung des depersonalisierten
Selbst bei außerkörperlichen Erfahrungen in religiösen Settings, die
bei normalen Menschen unter Stressbedingungen vorkommende Vorstellung von der Anwesenheit eines unsichtbaren Geistes, dies alles
lässt darauf schließen, dass die Fragmentierung des Selbst ein allgemeines menschliches Phänomen darstellt.

Imaginäre Gefährten und Schutzengel

Patienten, die unter Fehlidentifikationen ihres Spiegelbildes leiden,
veranschaulichen die imaginativen und fantasieähnlichen Aspekte
mancher Konfabulationen. Sie zeigen eine Ähnlichkeit mit einer anderen Variante der Verdoppelung, die allgemein in der kindlichen
Fantasie vom „imaginären Gefährten" vorkommt. Der imaginäre Gefährte repräsentiert in der kindlichen Entwicklung den Glauben oder
die Fantasie von einem Freund, einem Gefährten oder einem *Alter
Ego*. Einige Autoren gehen davon aus, dass fast alle Kinder irgendwann und in irgendeiner Form einen imaginären Gefährten haben.
Alle Psychologen, die sich mit dem Thema befasst haben, gehen
zweifellos darin einig, dass imaginäre Gefährten eine allgemeine und
keineswegs unbedingt abnormale Erscheinung seien. Dieser imaginäre Gefährte taucht für gewöhnlich im Alter zwischen drei und
sechs Jahren auf. Er kann nett und boshaft sein, kann ein Mensch,
ein anderes Kind oder ein Tier sein. Er erfüllt viele Zwecke, angefangen davon, dass er dem Kind als Spielkamerad dient, ihm Gesellschaft leistet, bis dahin, dass er als griffbereiter Sündenbock herhal-
ten kann. Das Kind spricht mit ihm, spielt mit ihm und er nimmt in
der Welt des Kindes fast einen physischen Raum ein. Interessant ist,
dass imaginäre Gefährten in der Regel selbst nicht bei dem Kind zu
Hause wohnen; wo sich das Zuhause des Gefährten genau befindet,
ist im Allgemeinen signifikant.[21]

Manche imaginären Gefährten können zu Recht als Alter Egos des Kindes betrachtet werden. Der Psychiater O. E. Sperling lieferte eine besonders gute Beschreibung eines imaginären Gefährten als Alter Ego.[22] Es handelte sich um folgenden Fall:

Ein Junge namens Rudy wurde zu Sperling gebracht, weil seine Eltern glaubten, er halluziniere. Rudy hatte einen besonders lebendigen imaginären Gefährten, den er „Rudyman" nannte. Er verlangte, dass er einen eigenen Stuhl bekam, auf dem er sitzen konnte, und er bat Rudyman um Erlaubnis, wenn er bestimmte Dinge tun wollte. Wurde er aufgefordert, seine Suppe zu essen, so sagte er, er müsse zuerst Rudyman fragen, und dann erklärte er: „Rudyman sagte, ich solle die Suppe essen." Wann immer seine Eltern ihm eine Anweisung gaben, hielt Rudy ihnen stets entgegen, er müsse erst Rudyman fragen, ob er gehorchen solle.

Sperling fiel auf, dass der Vater des Kindes Herman hieß und dass „Rudyman" aus Rudy und dem Namen des Vaters zusammengesetzt war. Und er stellte auch fest, dass viele Merkmale Rudymans (wie seine Größe und seine laute, kräftige Stimme) den Schluss zuließen, dass Rudyman sowohl Merkmale des Kindes als auch des Vaters auf sich vereinigte.

Der imaginäre Gefährte ist zwar nicht immer, aber doch oft eine Projektion der Ideale des Kindes. Somit stattet das Kind ihn oft mit Attributen aus, die es selbst gerne besäße, beispielsweise Kraft und Stärke, Reinlichkeit, Klugheit und Rechtschaffenheit. Andererseits besitzt der Spielgefährte auch Charakteristika, die das Kind gerne verleugnen möchte.

Das Wichtigste ist, dass der imaginäre Gefährte dem Kind Gesellschaft leistet. Der Kinderneurologe Nagera schilderte die Geschichte von Tony, dessen erster Bruder geboren wurde, als Tony drei Jahre alt war.[23] Er war offenbar nicht auf das Ereignis vorbereitet worden und reagierte ziemlich verstört auf die Ankunft des Kindes. Unmittelbar nach der Geburt tat er mit einem Mal so, als habe er einen imaginären Freund namens „Dackie". Er sprach stundenlang mit Dackie. Dackie war sein ständiger Gefährte; er stand morgens mit Tony auf und ging allabendlich mit ihm zu Bett. Dackie blieb bei ihm, bis er etwa fünf Jahre alt war.

Eine sehr ähnliche Geschichte wurde über Caroline erzählt, die drei Jahre und acht Monate alt war, als sie kurz nach der Geburt ihres Bruders Barry „Dooley" erfand. Caroline unterhielt sich stundenlang mit Dooley. Wie im Fall von Rudy und Rudyman behauptete sie, Dooley stifte sie zu vielen Unartigkeiten an, die sie sich zu Schulden kommen ließ.

Gelegentlich kann der imaginäre Gefährte sowohl ein Spielkamerad als auch ein Alter Ego oder Ersatz für das Kind sein. Nagera beschrieb einen weiteren faszinierenden Fall von einem Kind namens Miriam. Miriam war das jüngste von drei Kindern. Ihre Eltern ließen sich scheiden und kurz danach tauchte Miriams imaginäre Gefährtin „Susan" auf. Miriams Mutter hatte einen so genannten „mentalen Zusammenbruch" erlitten und war mehrere Wochen in der Klinik. Der Vater hatte die Familie dann letzten Endes verlassen.

Miriam zog sich zunehmend sowohl von ihren Geschwistern als auch von ihren Schulkameraden zurück. Interessant ist, dass sie den Berichten zufolge realitätsorientiert war und den Unterschied zwischen Realität und Fantasie sehr wohl begriff. Trotzdem war sie in der Lage, mit ihrer imaginären Gefährtin ein Fantasieleben zu führen. Auf der einen Seite hatte sie so etwas wie eine mütterliche Beziehung zu Susan. Sie erzählte, dass sie Susan abends, wenn ihr kalt war, mit zusätzlichen Laken zudeckte. Sie dachte bei den Mahlzeiten an Susan, weil sie hungrig sein könnte. Miriam schien Susan in gewisser Weise zu „bemuttern" und dies wurde so interpretiert, dass sie in der Fantasie bis zu einem gewissen Grad die verlorene Beziehung zu ihrer damals abwesenden Mutter, die in der Klinik war, wiederhergestellt habe. Interessant war, dass Susan es Miriam einerseits ermöglichte, eine Mutterrolle zu übernehmen, andererseits gleichzeitig aber auch die Identität von Susan selbst annahm. Miriam erzählte zum Beispiel Dinge wie: „Ich glaube, Susan ist gerade sehr unglücklich" oder: „Susan hat keine Familie, arme Susan." Ein andermal sagte sie, Susan sei wütend, sie hasse ihre Lehrer, sie hasse sogar Miriam selbst. Susan brachte damit viele ihrer eigenen Gefühle zum Ausdruck.

Nagera zufolge versuchte Miriam ihren Problemen Ausdruck zu verleihen, indem sie sie Susan zuschrieb. Als sie vier Jahre später, nachdem ihre imaginäre Gefährtin verschwunden war, darüber nachdachte, erfasste Miriam treffend die Komponenten von Fantasie und Realität (die Susan in sich vereinigte), indem sie sagte: „Ich habe sie erfunden ... natürlich war sie real."

Imaginäre Gefährten tauchen bei Kindern oft in stressintensiven Situationen auf. L. B. Murphy lieferte hierfür ein ausgezeichnetes Beispiel.[24] Der dreijährige Sam verunglückte eines Tages im Badezimmer; ihm wurde beim Schließen der Tür eine Fingerkuppe abgeschnitten. Die Verletzung musste genäht werden und dabei hatte man das Kind gewaltsam von der Mutter wegnehmen müssen. Unmittelbar danach hatte Sam einen kleinen Elf namens Woody erfunden. Er erzählte, Woody sei die ganze Zeit bei ihm gewesen, als sonst niemand bei ihm sein konnte. Woody erfüllte viele Zwecke – er war ein Gefährte, manchmal ein Helfer und ein andermal ein Sündenbock. Später sagte Sam zu seiner Mutter (– ein Zeichen unglaublicher Einsicht): „Weißt du, Mama, Woody war in Wirklichkeit du."

Der Punkt ist, dass die Existenz eines imaginären Beistands und die Inanspruchnahme der Fantasie in solchen fraglichen Situationen in Wirklichkeit eine sehr gesunde Anpassung an ansonsten stressreiche Situationen darstellt. Frailberg war der Meinung:

> „Das Kind, das seine Fantasie und die in seiner Fantasie entstandenen Personen nutzt, um seine Probleme zu lösen, ist ein Kind, das für seine mentale Gesundheit sorgt. Es kann seine menschlichen Verbindungen und seinen guten Kontakt zur Realität und gleichzeitig seine imaginäre Welt aufrechterhalten. Darüber hinaus kann nachgewiesen werden, dass der Kontakt des Kindes zur realen Welt durch seine periodischen Ausflüge in die Fantasie gestärkt wird. Es wird leichter, die Frustrationen der realen Welt zu ertragen und sich den Anforderungen der Realität zu stellen, wenn man sich zeitweilig in einer Welt erholen und aufbauen kann, in der die innersten Wünsche in der Fantasie erfüllt werden können."[25]

Psychischer Stress scheint somit also das Auftauchen imaginärer Gefährten zu fördern. In solchen Zeiten braucht man jemanden.

Der britische Neurologe McDonald Critchley berichtete über ein verwandtes Phänomen, das er als Vorstellung von der Anwesenheit eines unsichtbaren Geistes bezeichnete.[26] Dahinter steht das Gefühl oder der Eindruck, der sich bisweilen bis zum Wahn steigern kann, dass man „nicht allein" sei. Dabei geht es um das Gefühl, dass jemand jenseits des Selbst anwesend sei. Dies ist weder eine visuelle Halluzination noch eine Fehlidentifikation; es handelt sich um das Gefühl, nicht allein, sondern in Gesellschaft zu sein. Sowohl der imaginäre Gefährte als auch diese Vorstellung von der Anwesenheit eines unsichtbaren Geistes tauchen in Stresssituationen auf.

Critchley war während des Zweiten Weltkrieges bei der *Royal Navy* und hatte dort Gelegenheit Matrosen zu untersuchen, die im Krieg seltsame Erfahrungen gemacht hatten. Bei einer der Geschichten ging es um Schiffbrüchige. Er beschrieb zwei Marineluftwaffenpiloten, die bei der Schlacht um die „Bismarck" ins Meer abgestürzt waren. Während sie auf einem winzigen Schlauchboot auf offener See trieben, hatten sie das wiederkehrende Gefühl, eine dritte Person sei bei ihnen. (Der Antarktisforscher Shackleton beschrieb, in einem schweren Schneesturm gefangen, eine ähnliche Erfahrung.)

Critchley stellte fest, dass diese Geschichten alle ein gemeinsames Merkmal hatten, nämlich extremen physischen und psychischen Stress. Faktoren wie Erschöpfung, den Elementen ausgesetzt zu sein, Hunger, Wasserentzug und die geringe Chance zu überleben spielten dabei sämtlich eine Rolle.

Eine ähnliche Geschichte berichtete er von zwei Seeleuten, die auf einem Floß in der Straße von Malakka umhertrieben. Einer der beiden wurde von Haien angegriffen und gefressen. Der überlebende Seemann berichtete: „Während der ganzen Fahrt hatte ich das seltsame Gefühl, dass jemand bei mir sei, auf mich aufpasste und mich vor Schaden bewahrte ... es war, als seien manchmal drei Personen und nicht zwei auf dem Floß gewesen. Nachdem ... [sein Gefährte] tot war, hatte ich noch stärker als vorher das Gefühl."

Critchley erzählte auch die Geschichte einer Patientin, die er in England gesehen hatte. Die Frau litt im Bereich der Scheitellappen unter beidseitigen Schrumpfungen des Gehirns und sie wachte nachts mit dem starken Gefühl auf, dass eine Person, die sie sehr gut kannte, im Zimmer nahe bei ihr stehe. Es war jemand, den sie tatsächlich sehr gut kannte: Sie merkte schließlich, dass diese Person niemand anderes als sie selbst war. Sie beschrieb sie als ihr „Alter

Ego", das sich außerhalb ihres Blickfeldes, hinter ihr oder zu ihrer Linken zu befinden schien.

Diese Anwesenheit, dieses Alter Ego oder diese Erweiterung des Selbst mag bedrohlich und beängstigend sein; sie kann jedoch auch eine Schutzfunktion erfüllen, ein Gefährte sein, insbesondere wenn sie unter extremen Stressbedingungen (wie in der Geschichte von dem Matrosen im Zweiten Weltkrieg) auftaucht.

Es zeugt meiner Einschätzung nach von besonderer Einsicht, dass Critchley diese autoskopischen Erfahrungen mit dem Glauben an „Schutzengel" verglich.

Florence

Aber nicht jede Vorstellung von der Anwesenheit eines unsichtbaren Geistes ist positiv. Florence, eine meiner Patientinnen, ist 58 Jahre alt. Sie leidet an Parkinson, in einem noch nicht sehr weit fortgeschrittenen Stadium, und sie erhält entsprechende Medikationen. Bis spät in der Nacht macht sie ihrem Mann Vorhaltungen, er sei untreu. Sie imaginiert eine andere Frau im Haus.[27]

FLORENCE: „Nun, sie war nicht stark zurechtgemacht, sie hatte aber Make-up auf ..."

FEINBERG: „Wen sahen Sie bei Ihrem Mann?"

FLORENCE: „Diese eine."

FEINBERG: „Und was geschah? Was sahen Sie?"

FLORENCE: „Nun, ich kam aus einem Geschäft ... und ich kam etwas früher zurück. Wissen Sie. Ich dachte, ich gehe nach Hause ... und dann kam ich nach Hause, dann waren sie hier! Aber er sagte, da sei in Wirklichkeit nichts. Es ist – wie sagt man? –, als würde man eine Fata Morgana sehen."

FEINBERG: „Eine Halluzination?"

FLORENCE: „Ja, eine Halluzination."

FEINBERG: „Was haben Sie gesehen? Haben sie etwas gemacht?"

FLORENCE: „Sich geküsst, ihren Mund aufeinander gedrückt. Sie wissen, was ich meine? Und er, er hat sich wirklich nichts dabei gedacht. Aber ich, ich weiß nicht warum, aber ich halte es für sehr schlimm."

FEINBERG: „Was dachten Sie, was passierte?"

FLORENCE: „Nun, ich dachte, wissen Sie, wie ein ... wissen Sie ... er ging mit ihr hinaus, und solche Dinge dachte ich ... die mein Mann noch nie getan hat, wir sind seit so vielen Jahren verheiratet, ich meine, das war ein Schock! Aber er denkt sich nichts dabei. Einfach so was."

Es stellte sich heraus, dass dieses Symptom kurz nach der Krebsoperation ihres Mannes aufgetreten war, die sexuelle Kontakte zwischen ihm und seiner Frau schwierig gemacht hatte.

FEINBERG: „Wie hat sich diese Operation auf Ihre Beziehung ausgewirkt?"

FLORENCE: „Nun, ich habe einfach das Gefühl, wissen Sie, dass er vielleicht nicht dazu bereit ist."

FEINBERG: „Bereit zu was?"

FLORENCE: „Sie wissen doch, für einen Akt, wissen Sie, um Geschlechtsverkehr zu haben. Er ist nicht bereit dazu. Oder vielleicht möchte ich auch nicht. Vielleicht ist die Zeit noch nicht gekommen."

FEINBERG: „Wie stehen Sie dazu?"

FLORENCE: „Es ist in Ordnung. Ich bin keines dieser Geschlechtstiere. Ich nicht!" (*Lachend.*)

Ich sprach mit Florence über die Beziehung zu ihrem Mann und wie sie mit den durch seine Krankheit verursachten sexuellen Schwierigkeiten umgehen konnte. Zwei Wochen später kam sie wieder.

FEINBERG: „Einige Dinge, über die wir das letzte Mal gesprochen haben. Ein Thema war, wie sich Ihre Beziehung zu Ihrem Mann seit seiner Krankheit verändert hat."

FLORENCE: „Ja, und vor einer Woche hat sie sich sogar noch weiter verändert."

FEINBERG: „In welcher Hinsicht?"

FLORENCE: „Wir hatten seit langer Zeit zum ersten Mal wieder Geschlechtsverkehr ... seit sehr langer Zeit ... Sollte ich Ihnen das erzählen? Ich weiß nicht. Lange Zeit."

FEINBERG: „Wirklich? Wie kam es dazu?"

FLORENCE: „Ich weiß nicht. Plötzlich war es passiert."

FEINBERG: „Es war das erste Mal seit ..."

FLORENCE: „Oh, mein Gott, seit über zwei oder drei Jahren."

FEINBERG: „Seit der Operation?"

FLORENCE. „Ja."

FEINBERG: „Sehr interessant. Von wem ging die Initiative aus?"

FLORENCE: „Ich weiß nicht. Es kam einfach über uns, während wir miteinander redeten, über dieses und jenes, und ehe wir uns versahen ..."

FEINBERG: „Hm ... Kann es sein, dass unser Gespräch beim letzten Mal Sie beide einander wieder ein wenig näher gebracht hat?"

FLORENCE: „Wahrscheinlich ja. Ja, das hat es! Wie sollte es sonst dazu gekommen sein?"

FEINBERG: „Und Sie fühlen sich gut damit?"

FLORENCE: „Oh, ja. Ich dachte, er mag mich nicht mehr ..."

Das Imaginierte, das Alter Ego, der imaginäre Gefährte oder Nemesis stellen Personifikationen, Vergegenständlichungen von Hoffnungen oder Ängsten dar. Der Geist erschafft konkrete Repräsentationen von inneren, manchmal verborgenen Emotionen und verhilft ihnen zu einem eigenen Leben.

Kapitel 6
Alles zusammenhalten

In den vorangegangenen Kapiteln haben wir uns mit den verschiedenen Möglichkeiten beschäftigt, wie die Einheit des Selbst nach einer Gehirnschädigung gestört sein kann. Zu den wichtigen Dingen, die wir aus diesen Fällen lernen, gehört die Erkenntnis, wie die mentale Einheit von der physischen Unversehrtheit des Gehirns abhängt. In diesem Kapitel werden wir auf eine Gehirnstruktur eingehen, die bei der Aufrechterhaltung der mentalen Einheiten eine herausragende Rolle spielt: das *Corpus callosum*.

Wenn das Gehirn „gespalten" ist

Die oberen Teile des Gehirns, einschließlich der stammesgeschichtlich jüngsten Struktur, des Neokortex, sind in eine linke und eine rechte Hemisphäre unterteilt. Das *Corpus callosum*, auch „Balken" genannt, ein Nervenfaserstrang aus etwa 200 Millionen bis einer Milliarde Fasern, ist der Hauptverbindungsweg zwischen den beiden Hemisphären.[1] Dieser große Nervenfaserstrang verbindet anatomisch symmetrische Regionen der Hemisphären. Die Zellen einer bestimmten Scheitellappenregion der linken Hemisphäre werden zum Beispiel mit den Zellen der spiegelgleichen Region in der rechten Hemisphäre verbunden. Der „Balken" ermöglicht es jeder Hemisphäre, die entgegengesetzte Gehirnhälfte zu aktivieren, mit ihr zu kommunizieren und ihre Aktivitäten zu integrieren (vgl. Abbildung 12).

Wie wir bei den in Kapitel 2 besprochenen Asomatognosie-Fällen gesehen haben, werden motorische Kontrolle und sensorische Repräsentation auf einer Körperseite durch die gegenüberliegende Hemisphäre kontrolliert. Die linke Gehirnhälfte steuert und kontrolliert die rechte Seite des Körpers, während die rechte Hemisphäre für die Kontrolle der anderen Seite zuständig ist. Jede Hemisphäre kann auch die ipsilateralen (auf der gleichen Seite befindlichen) Körperteile kontrollieren, aber nur in sehr begrenztem Umfang. Die Muskeln entlang der

Körpermittellinie sind beispielsweise Körperteile, die von beiden Hemisphären kontrolliert werden.

Die beiden Hemisphären sind auch auf jeweils bestimmte Aktivitäten spezialisiert. So beherbergt und bestimmt die linke Hemisphäre bekanntlich bei der Mehrzahl der Rechtshänder die sprachlichen Fähigkeiten. Das heißt, dass die Fähigkeit eines Rechtshänder, zu verstehen und zu sprechen, zu lesen und zu schreiben die spezialisierten Funktionen der linken Gehirnhälfte voraussetzt. Die rechte Hemisphäre hat ihre eigenen spezialisierten Fähigkeiten, darunter optisch-räumliche Funktionen, die Aufmerksamkeitskontrolle, eine besondere Rolle bei emotionalen Verhaltensweisen und eine Fülle anderer Fähigkeiten, zu denen die rechte Hemisphäre einen größeren Beitrag leistet als die linke.

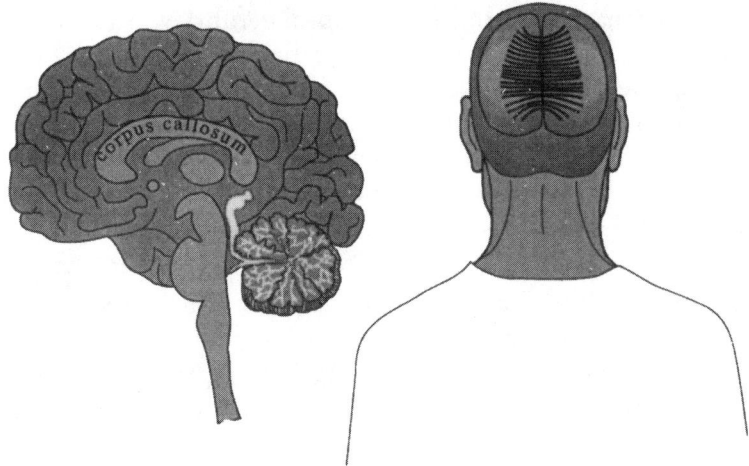

Abbildung 12: Der linke Teil der Abbildung ist ein Längsschnitt durchs Gehirn, der die Lage des *Corpus callosum* verdeutlicht, eine „Brücke" aus Axonen, über die die Neuronen der beiden Hemisphären miteinander kommunizieren. Bei Split-Brain-Patienten durchtrennte man diese Nervenfaserbrücke, den „Balken", um epileptische Anfälle unter Kontrolle zu bringen und zu verhindern, dass sie sich von einer Gehirnseite zur anderen ausbreiten. Rechts auf der Abbildung ist eine schematische Darstellung des menschlichen Gehirns mit intaktem *Corpus callosum* (ungespalten), von hinten betrachtet, zu sehen.

Wenn eine der beiden Hemisphären eine Funktion für den *gesamten* Organismus steuert, sprechen wir von der für diese Funktion *dominanten* Hemisphäre, wenngleich auch die nichtdominante Gehirnhälfte im Allgemeinen ebenfalls einen Beitrag zu dieser Funktion leistet und mit der anderen Hemisphäre kooperiert, um integrierte Verhaltensweisen hervorzubringen.

Menschen, bei denen die beiden Hemisphären durch eine Schädigung des *Corpus callosum* getrennt sind – sei es, dass die Schädigung chirurgisch bedingt oder die Folge eines Schlaganfalls, eines Tumors oder irgendeiner anderen Ursache ist –, lassen eine teilweise mangelhafte Überkreuzkommunikation zwischen den beiden Gehirnhälften erkennen. Sie werden als so genannte Split-Brain-Patienten bezeichnet. Die bekanntesten und am besten untersuchten Beispiele solcher Split-Brain-Patienten sind Epileptiker, bei denen eine so genannte Callosotomie durchgeführt wurde. Bei dieser Operation wird der „Balken", der die beiden Hirnhälften miteinander verbindet, chirurgisch durchtrennt, um ein weiteres Ausbreiten der Anfälle von einer Hemisphäre auf die andere zu unterbinden.[2] Patienten mit einer Schädigung des „Balkens" bieten oft eine einmalige Gelegenheit zu untersuchen, inwieweit eine physische Spaltung des Gehirns auch zu einer mentalen Spaltung führen kann.

Aufgrund der Tatsache, dass die Kanäle des visuellen Systems über Kreuz verlaufen, werden optische Informationen aus dem linken Sehfeld direkt in die rechte Hemisphäre übertragen und optische Informationen aus dem rechten Sehfeld umgekehrt in die linke Hirnhemisphäre (Abbildung 13).

Unter normalen Umständen wird die jeweils von einer Hemisphäre aufgenommene Information über das *Corpus callosum* der gegenüberliegenden Hemisphäre mitgeteilt und damit wird die visuelle Einheit gewahrt. Wenn ein Split-Brain-Patient seinen Blick jedoch direkt geradeaus richtet und ein Objekt kurz in sein rechtes Sehfeld projiziert wird, dann erkennt nur die linke Gehirnhälfte dieses Objekt (vgl. Abbildung 14).

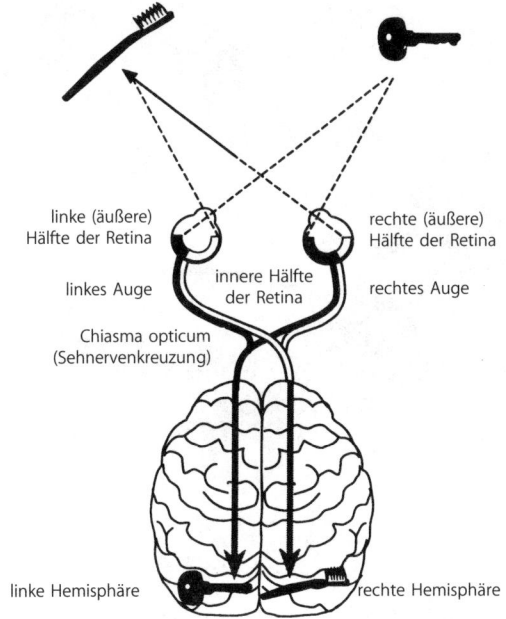

linke (äußere)
Hälfte der Retina

linkes Auge

innere Hälfte
der Retina

Chiasma opticum
(Sehnervenkreuzung)

rechte (äußere)
Hälfte der Retina

rechtes Auge

linke Hemisphäre rechte Hemisphäre

Abbildung 13: Das visuelle System. Objekte, die sich im linken Sehfeld befinden, werden von der rechten Hemisphäre wahrgenommen und umgekehrt. Von der linken Hemisphäre aufgenommene Informationen werden normalerweise über das *Corpus callosum* in die rechte Hemisphäre weitergeleitet. Sofern dieser Nervenfaserstrang jedoch durchtrennt wurde, können visuelle Informationen nicht mehr von der einen Hemisphäre zur anderen weitergeleitet werden.

Sofern beispielsweise das Bild eines Schlüssels kurz in sein *rechtes* Sehfeld projiziert wird, so wird nur die „sprechende" linke Hemisphäre das Wort voll zur Kenntnis nehmen und in der Lage sein, das Wort laut auszusprechen. Die von der linken Hemisphäre gesteuerte rechte Hand wird das Wort „Schlüssel" schreiben können und in der Lage sein, aus einer Gruppe von Gegenständen einen Schlüssel herauszunehmen, während die linke Hand, die vorrangig der Kontrolle der rechten Hemisphäre unterliegt, den Reiz anscheinend völlig ignoriert.

Sofern das Bild einer kurz ins *linke* Hemifeld projizierten Zahnbürste an die *rechte* Hemisphäre weitergeleitet wird, verhindert die Einschränkung der verbalen Fähigkeiten der rechten Hemisphäre, dass der Patient das Wort laut lesen kann. Der optische Stimulus kommt in der rechten Hemisphäre an; aber aufgrund der Durchtrennung des „Balkens" kann das Erkennen dieses Wortes nicht an die „sprechende" linke Hemisphäre zur Verbalisierung weitergegeben werden. Wird der Patient jedoch gebeten, das dem gezeigten *Wort* entsprechende Objekt zu suchen, kann die linke Hand die Zahnbürste aus einer Gruppe von Gegenständen heraussuchen, während die rechte Hand dies nicht kann.

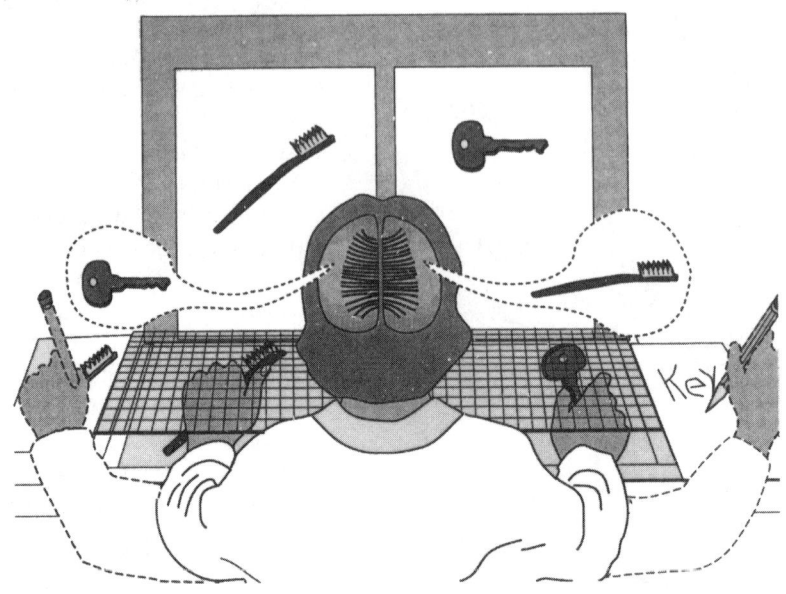

Abbildung 14: Wenn zwei Objekte, beispielsweise eine Zahnbürste und ein Schlüssel, gleichzeitig in die beiden nebeneinander liegenden Sehfelder projiziert werden, kann der Split-Brain-Patient mit der von der jeweiligen Hemisphäre kontrollierten Hand das Objekt auswählen, diese Hemisphäre weiß jedoch nichts von dem Objekt, welches in die *andere* Hemisphäre projiziert wurde.

Das gleiche Prinzip gilt, wenn dem Patienten Objekte *außerhalb* seines Sehfeldes in die linke Hand gegeben werden. Auf diese Weise ertastete Objekte können nicht laut benannt werden, während der Patient aber durchaus in der Lage sein kann, das Objekt mit der linken Hand zu zeichnen.

Werden zwei visuelle Stimuli gleichzeitig projiziert – jeweils einer in jedes Sehfeld –, so stellen wir fest, dass jede Hand das ihrer jeweiligen Hemisphäre gezeigte Objekt wiederfinden kann; der Patient kann jedoch nicht, wenn er daran gehindert wird, das von der rechten Hemisphäre erkannte Objekt zu benennen, sagen, ob es sich bei den beiden Stimuli um denselben Gegenstand handelte oder nicht (Abbildung 14).[3]

Das „Fremde-Hand"-Syndrom

Damit stellt sich folgende Frage: Inwieweit kann angesichts dieser Zweiteilung bei diesen Patienten davon gesprochen werden, dass sie nicht nur *einen* Geist, sondern zwei besitzen? Die Vorstellung, dass in einem Kopf nicht nur *ein* Geist, sondern zwei existieren können, hat in der Tat eine lange Geschichte. Der britische Arzt Arthur Ladbroke Wigan behauptete bereits 1844, die beiden Hemisphären besäßen, selbst bei einem intakten Gehirn, ein jeweils separates Bewusstsein – wobei jede Hemisphäre für sich eine Ganzheit darstelle.[4]

Dr. Wigan zufolge verfügt der Mensch über eine „Dualität des Geistes", selbst wenn die Gehirnhemisphären intakt und nicht getrennt worden seien. Seine Überzeugung ging weitestgehend auf die Beobachtung zurück, dass Menschen, bei denen eine der Gehirnhälften operativ entfernt worden war, dennoch ein normales Bewusstsein besaßen. Wigan ging davon aus, dass die beiden Hemisphären in einer koordinierten Form funktionierten, weil sie es so gelernt hätten. Für Wigan war das *Corpus callosum* „kaum mehr als ein Band mechanischer Einheit".

Die Ergebnisse von Versuchen, die mit Split-Brain-Patienten durchgeführt wurden, haben einige Wissenschaftler mutmaßen lassen, Wigan könne Recht haben und wir sollten vielleicht tatsächlich davon ausgehen, dass unsere beiden Hemisphären jeweils über einen unabhängigen Geist verfügten.[5]

Es gibt Fälle, in denen Callosotomie-Patienten tatsächlich nicht nur *einen* zweckgerichteten Geist, sondern zwei zu haben scheinen. Der deutsche Neurologe Kurt Goldstein beschrieb eine solche Patientin. 1908 berichtete er von einer 57-jährigen Frau, die behauptete, ihre linke Hand verhalte sich so, als habe sie einen eigenen Willen. Die Patientin fand keine Erklärung, was dieses ungewöhnliche Symptom hätte verursacht haben können, und war zu dem Schluss gelangt, ihre linke Hand müsse besessen sein.

Bei einer Gelegenheit, so schrieb Goldstein, habe ihre Hand sie am Hals gepackt und versucht sie zu erdrosseln und konnte nur gewaltsam weggerissen werden. Ebenso habe sie gegen den Willen der Patientin die Bettlaken heruntergerissen. Sie beklagte sich über ihre

Hand, weil diese ihr eigenes Gesetz habe und ein „willenloses Werkzeug" sei; wenn sie einmal etwas zu fassen bekommen habe, weigere sie sich, es wieder loszulassen. Sie selbst, sagte die Patientin, könne mit der Hand gar nichts tun; wenn sie etwas trinken wolle und die Hand das Glas zu fassen bekomme, lasse sie es nicht mehr los und verschütte das Getränk. Dann schlage sie ihre Hand und sage zu ihr: „Benimm dich, mein Händchen!" Sie vermute, meinte sie lächelnd, dass sie von einem bösen Geist besessen sei.[6]

Nach ihrem Tod wurde bei einer Gehirnautopsie festgestellt, dass sie mehrere Schlaganfälle erlitten hatte, bei denen verschiedene Hirnregionen in Mitleidenschaft gezogen worden waren. Aber zusätzlich zu diesen Schlaganfällen entdeckte Goldstein noch eine wichtige Läsion im *Corpus callosum.*

Ich habe mehrere solcher Fälle kennen gelernt, bei denen heute von dem so genannten „Fremde-Hand"-Syndrom gesprochen wird.[7] Bei einem Patienten, der unter diesem Syndrom leidet, handelt eine Hand aus ihrem eigenen Antrieb heraus und entzieht sich der bewussten, willkürlichen Kontrolle des Patienten. Die Hand reagiert auf das Läuten des Telefons, nimmt den Hörer ab und weigert sich, der anderen Hand den Hörer zu geben; sie schüttet einfach ein Glas Wasser in das bereitstehende Müsli; sie versucht den Patienten im Schlaf zu strangulieren und so weiter und so fort. Das Ausschlaggebende beim „Fremde-Hand"-Syndrom ist, dass eine Hand des Patienten sich so verhält, dass dieser keine Kontrolle mehr darüber zu haben glaubt. Die Hand handelt scheinbar zweckorientiert und willkürlich, aber der Patient behauptet, die Bewegungen seien unerwünscht, unwillkürlich und nicht im Einklang mit seinen bewussten Absichten.

Welche Hand die „fremde" ist, hängt bei den einzelnen Patienten davon ab, wo ihr Gehirn beschädigt ist. Sofern die Gehirnläsion ausschließlich auf den „Balken" beschränkt ist, ist es fast immer die linke Hand, die sich so fremd verhält. Es ist typisch, dass Patienten mit diesem Syndrom, bei denen das *Corpus callosum* operativ durchtrennt wurde, eine „fremde" linke Hand entwickelt haben. Hingegen kann es bei Patienten, bei denen eine Schädigung der Frontallappen und gleichzeitig oft eine „Balken"-Schädigung vorliegt, ebenso gut die rechte wie die linke Hand sein, die sie als die „fremde" Hand entwickeln.[8]

Einer meiner Patienten, Stevie, ist ein gutes Beispiel.

Stevie

Stevie war Ende Sechzig und litt unter einer linksseitigen Frontallappen-Balken-Läsion (vgl. Abbildung 15). Einer der Klinikärzte holte mich eines Tages hinzu, um bei ihm einige ungewöhnliche Verhaltensweisen zu beurteilen. Nach seinem Schlaganfall hatte Stevie unter einer leichten Schwäche des rechten Arms und der rechten Hand gelitten, die glücklicherweise jedoch sehr schnell wieder verschwunden war. Aber nach einigen Tagen hatte Stevie das Gefühl, dass diese Hand irgendwie anfing, sich etwas seltsam zu verhalten. Als Erstes fiel ihm auf, dass er die Hand manchmal nicht *willkürlich* bewegen und dazu bringen konnte, bestimmte Dinge zu tun. Wenn er zum Beispiel einen Becher mit Saft in der rechten Hand hielt, war er manchmal außerstande, ihn aufs Tablett zurückzustellen, und einige Male hatte er den Becher unwillkürlich in seiner Hand zerdrückt, wobei sich der ganze Inhalt dann über ihn ergossen hatte. Einmal hatte er plötzlich einen Löffel quer durchs Zimmer geworfen. Diese Dinge machten ihm verständlicherweise große Sorgen. Diese bizarren Verhaltensweisen waren für ihn nicht nur unerklärlich, sondern auch erschreckend.

Als ich Stevie zum ersten Mal traf, saß er auf einem Stuhl neben seinem Krankenhausbett. Er schien gefasst und aufgeweckt zu sein. Ich stellte mich vor und schüttelte ihm die Hand. Er war jedoch mehrere Sekunden lang nicht in der Lage, den Griff zu lösen, obwohl ich ihn mehrfach darum bat. Ich setzte mich auf sein Bett und wollte gerade anfangen, ihn über seine Schwierigkeiten zu befragen, als mir plötzlich auffiel, dass seine rechte Hand an seinem Bein emporkroch. Stevie schien dies zunächst gar nicht zu bemerken, aber als die „fremde" Hand sich immer weiter das Bein hinaufbewegte, registrierte er es schließlich doch. Er schien alarmiert und versuchte sofort, die „fremde" Hand mit der normalen Hand vom Bein wegzuziehen. Die rechte Hand schien sich den Bemühungen der anderen

Hand jedoch zu widersetzen. Sie schien ausweichen zu wollen; Stevie hielt sie jedoch so fest, so dass es kein Entkommen gab.

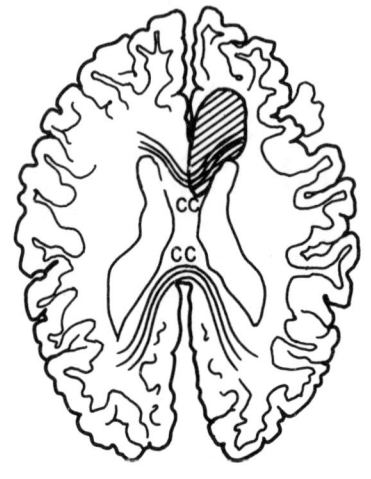

Abbildung 15: Stevie hatte linksseitig im mittleren Frontallappenbereich einen tiefen Infarkt erlitten (Blutverlust in jener Gehirnregion – worunter allgemein ein „Schlaganfall" verstanden wird). Das Kernspinresonanztomogramm seines Gehirns zeigte, dass der Schlaganfall zu einer Schädigung des *Corpus callosum* und dies wiederum zur Enthemmung seiner verrückt spielenden, „fremden" rechten Hand geführt hatte.

Als er glaubte, die Hand sei ruhig geworden, ließ er sie los. Aber die rechte Hand kehrte sogleich wieder an sein rechtes Knie zurück, um weiter das Bein hochzuklettern. Diesmal war Stevie jedoch darauf gefasst und schnappte sie, ehe sie sehr weit gekommen war. Er hielt sie jetzt sogar noch länger fest, gut eine oder zwei Minuten, ehe er sie wieder losließ. In Sekundenschnelle zog sie an seinem Krankenhaushemd. Jetzt behielt er sie im Auge, aber erneut fing sie an, an seinem Bein hochzukriechen, und er war gezwungen, sie wegzureißen und im Zaum zu halten.

FEINBERG: „Was ist passiert?"

STEVIE: „Was ist passiert ... sie kam fast an meine Genitalien ...."

FEINBERG: „Wie bitte?"

STEVIE: „Ich kam fast ...."

FEINBERG: „Sie kamen fast an Ihre Genitalien?"

STEVIE: „Ja!"

FEINBERG: „Wer machte es? Was machte es?"

STEVIE: „Dieses Ding hier." (*Weist auf die rechte Hand, die er mit der Linken fest umklammert hält.*)

FEINBERG: „Was ist das?"

STEVIE: „Mein rechter Arm. Mein rechter Arm."

FEINBERG: „Was ist das Problem damit?"

STEVIE: „Er gleitet mir aus der Hand!"

FEINBERG: „Er gleitet Ihnen aus der Hand, sozusagen, hm?"

STEVIE: „Ja."

FEINBERG: „In welcher Form geschieht das?"

STEVIE: „Sie fliegt einfach unkontrolliert los."

Einige Augenblicke später versuchte ich Stevie einen Löffel zu reichen. Zufällig hielt er in dem Augenblick die linke Hand mit seiner Rechten fest und versuchte mit der linken Hand den Löffel zu greifen. Wiederum entspann sich ein Kampf zwischen den Händen, aber diesmal war es die Linke, die darum rang, sich zu befreien.

FEINBERG: „Was ist hier gerade geschehen?"

STEVIE: „Ich habe versucht, mit der linken Hand den Löffel zu nehmen, und meine Rechte und meine Linke waren sich deswegen nicht ganz einig."

FEINBERG: „Was war sich worüber nicht einig?"

STEVIE: „Ich glaube, es war so, dass ich wusste, ich wollte den Löffel nehmen, aber die rechte Hand wollte das übernehmen."

FEINBERG: „Und Ihre linke Hand war damit nicht einverstanden?"

STEVIE: „Nein. Sie ist nie einverstanden ..."

FEINBERG: „Sie ist nie einverstanden?"

STEVIE: „So ist es."

Nach seiner Entlassung aus der Klinik habe ich Stevie ambulant untersucht. Jetzt trug er Straßenkleidung und schien sein früheres Selbst wiedergefunden zu haben. Die „fremde" Hand war für ihn aber weiterhin ein erhebliches Problem und er beklagte sie bitter

darüber. Er betitelte seine rechte Hand jetzt als „die Böse", „die Ungezogene" und die Linke als „den Boss". Die beiden Hände kämpf-
ten weiterhin miteinander. Die linke Hand hatte indes inzwischen
angefangen, unter Stevies willkürlicher Kontrolle auf die Rechte
„einzuschlagen". Als Beweis für diese Kämpfe zeigte er mir die Narben an der rechten Hand.

STEVIE: „Dies ist der böse Junge (*weist auf die rechte Hand*) und
dies ist der gute Junge (*weist auf die Linke*). Den guten Jungen
kann ich steuern. Den bösen Jungen kann ich nicht kontrollieren.
Das ist das Problem. Diese Hand hier – die der gute Junge ist –
ist sehr dominant gegenüber dem bösen Jungen – gegenüber dieser
hier. Denn er ist mein Junge (*zeigt auf sich selbst*). Verstehen Sie,
was ich meine? Er erfüllt meine Wünsche ... und der böse Junge
macht, was er will."

Stevie hatte auch große Schwierigkeiten, die Bewegungen beider
Hände zu *koordinieren*. Es war zum Beispiel schwierig für ihn, sich
die Schuhe zu binden, und sich mit beiden Händen die Jacke zuzu-
knöpfen war fast ein Ding der Unmöglichkeit. Dies waren allerdings
kleine Probleme im Vergleich zu denen, die er durch die aggressiven
Verhaltensweisen seiner fremden Hand erlebte. Die rechte Hand
legte eine ungezogene, fast feindselige Haltung gegenüber Stevie an
den Tag. Sie hatte es mit Vorliebe darauf abgesehen, Briefe zu zerrei-
ßen. Sie zerriss sogar Geld – und es braucht wohl nicht betont zu
werden, dass dies ein besonders problematisches Symptom war. Er
hatte das Gefühl, dass die Hand bisweilen bewusst versuche, ihm
Schaden zuzufügen. Und so benutzte er seine linke Hand, um sich
an der Rechten zu rächen.

Bei einem seiner Besuche steckte die Hand in einem leuchtend
blauen Socken. So werde sie irgendwie im Zaum gehalten, meinte er.
Trotz meiner Bemühungen, die Hand mit verschiedenen Medikationen zu behandeln, blieb sie außer Kontrolle.

STEVIE: „Tatsache ist, dass ich etwa drei oder vier Schlafanzughosen
ruiniert habe."

FEINBERG: „Wirklich? Wie?"

STEVIE: „Weil ich darauf eingeschlagen habe, und ich spüre es allmählich auch."

Das aggressive Verhalten von Stevies fremder Hand ist bei diesem Syndrom keine außergewöhnliche Erscheinung. Wie im Falle von Goldsteins Patientin sind Strangulierungsversuche ein besonders erschreckendes Problem und solche Berichte sind kein Einzelfall. Der Neurowissenschaftler Michael Gazzaniga beschrieb einen Patienten, der eine sehr gewalttätige linke Hand hatte:

> „Der Patient stellte manchmal fest, dass er sich mit der einen Hand die Hose herunter- und sie mit der anderen wieder hochzog. Einmal packte er mit der linken Hand seine Frau und rüttelte sie heftig, während seine rechte Hand versuchte, ihr zu Hilfe zu kommen und die linke, kampflustige Hand unter Kontrolle zu bringen.

> Als ich bei einer Gelegenheit mit dem Patienten im Garten hinter seinem Haus Hufeisenwerfen spielte, griff er plötzlich mit der linken Hand nach einer Axt, die an einem Baum lehnte. Da mit ziemlicher Sicherheit davon auszugehen war, dass hier die aggressivere rechte Hemisphäre die Kontrolle ausübte, zog ich es vor, die Szene diskret zu verlassen – da ich nicht das Opfer des Präzedenzfalles sein wollte, bei dem die Gesellschaft ein halbes Gehirn bestraft oder hinrichtet."[9]

Über eine andere Patientin mit einer aggressiven fremden Hand berichteten der Neurologe D. H. Geschwind und seine Kollegen.[10] Die 68-jährige Patientin hatte einen auf das *Corpus callosum* beschränkten Schlaganfall erlitten. Schon bald nach dem Schlaganfall war der Familie aufgefallen, dass die linke Hand der Patientin „aus eigenem Antrieb heraus handelte".

> „Sie war mehrfach dadurch aufgewacht, dass ihre linke Hand sie gewürgt hatte, und wenn sie wach war, knöpfte ihre linke Hand ihr das Nachthemd auf, zerdrückte Becher, die auf ihrem Tablett standen, und kämpfte mit der rechten Hand, wenn das Telefon läutete und sie den Hörer abnehmen wollte. Um ihre linke Hand davon abzuhalten, irgendwelchen Unsinn zu veranstalten, versuchte sie diese mit der rechten Hand im Zaum zu halten. Sie hatte das unangenehme Gefühl, als würde jemand ‚vom Mond' ihre Hand kontrollieren."[11]

Diese fremden Hände wollen offenbar das Gegenteil von dem tun, was die Patienten bewusst wollen. Dieser Zustand wird als *intermanueller Konflikt* bezeichnet.

Goldberg und Bloom beschrieben eine 53-jährige Frau, die einen Schlaganfall erlitten hatte, der Teile ihres rechten Frontallappens und den „Balken" geschädigt hatte.[12] Ihre linke Hand verselbstständigte sich nach einem, wie die Autoren es formulierten, „fremden Modus", wenn sie nicht im Zaum gehalten wurde.

> „Sie erzählte von einer Begebenheit bei einer Mahlzeit: Während ihre rechte Hand ihr einen Löffel Müsli in den Mund schob, hatte ihre linke ihr gleichzeitig ein Stück Brot an den Mund geführt. Bei einer anderen Gelegenheit hatte ihre rechte Hand eine Schüssel heißer Suppe hochgehoben, während die Linke sie dann auf den Boden warf. Ein andermal hatte die linke Hand versucht ihre eine Zigarette aus dem Mund zu nehmen, als ihre rechte gerade dabei war, sie anzuzünden. ,Sie versuchte', meinte die Patientin, ,mich vom Rauchen abzuhalten.'"[13]

Es gibt mehrere Berichte von Patienten, die beschrieben, dass ihre fremde Hand eine Schublade oder einen Schrank schloss, den sie gerade mit der anderen geöffnet hatten. Der Neurochirurg Joseph Bogen berichtete von einem seiner Callosotomie-Patienten: Wenn er mit der einen Hand sein Hemd zuknöpfte, „kam die andere gleich hinterher und knöpfte es wieder auf."[14] Stevies Versuche, seine fremde Hand im Zaum zu halten, sind ebenfalls ein typisches Merkmal dieses Syndroms, das inzwischen auch als „Dr. Strangelove-Effekt" etikettiert wird.[15] Der Name stammt von der gleichnamigen Figur des Dr. Strangelove in dem Film *Dr. Seltsam oder Wie ich lernte, die Bombe zu lieben*, glänzend dargestellt von Peter Sellers, der sich in einer Szene genötigt sieht, den „Heil-Hitler"-Gruß zu entbieten, während die andere Hand versucht ihn davon abzuhalten.

Das Selbst findet einen Weg, „ganz" zu bleiben

Diese Beispiele legen den Schluss nahe, dass bei einer physischen Spaltung des Gehirns auch der Geist des Patienten zweigeteilt wird. Aber inwieweit ist das Bewusstsein bei Split-Brain-Patienten tatsächlich gespalten?

Auch wenn unter bestimmten Umständen objektiv eine mangelnde Integration im Gehirn erkennbar ist und gelegentlich das „Fremde-Hand"-Syndrom auftritt, fühlt sich die große Mehrzahl der Patienten mit einem gespaltenen Gehirn nicht anders als *vor* der Durchtrennung des *Corpus callosum*. Eines der interessantesten Merkmale bei Split-Brain-Patienten ist in der Tat, wie sehr sie sich als völlig intakt erleben, fühlen und entsprechend handeln.[16] Es verblüfft mich immer wieder, dass Split-Brain-Patienten nach ihrer Gehirnoperation nie aufwachen, den Kopf schütteln und erklären, wie seltsam sie sich fühlen! Sie haben in den meisten Fällen subjektiv *nicht* das „innere Gefühl", ihr Gehirn sei geteilt worden. Wie kann das sein?

Es gibt verschiedene Möglichkeiten. Zunächst einmal werden nicht alle in die beiden Hemisphären gelangenden Informationen über Kreuz weitergeleitet, so dass jede Hemisphäre, unabhängig von der anderen, einen Gesamteindruck von der Welt erhalten kann. Die Menge der fehlenden Informationen wird minimiert, so dass der Patient, selbst wenn die „Überkreuzkommunikation" der beiden Hemisphären eingeschränkt ist, wahrscheinlich nicht bemerken wird, dass an seiner Wahrnehmung irgendetwas anders oder falsch ist. Ankommende Signale für Empfindungen wie Temperatur, räumliche Position der Gliedmaßen (oder der Gelenke), Berührung und Schmerz werden von jeder Hälfte des Körpers meist in die entgegengesetzte Hemisphäre projiziert. Sensorische Informationen werden jedoch auf ihrem Weg zum Kortex über das Rückenmark und dessen schnabelförmigen Fortsatz, den Hirnstamm, weitergeleitet, und auf diesen niedrigeren Ebenen gibt es zahlreiche nicht gekreuzte Bahnen. Somit erhält jede Hemisphäre ebenso ipsilaterale (nicht gekreuzte) Projektionen wie auch gekreuzte, kontralaterale Projektionen, egal ob der „Balken" intakt ist oder nicht.

Das Gleiche gilt für das motorische Verhalten. Auch wenn jede Hemisphäre vorrangig die gegenüberliegende Körperseite kontrolliert, hat sie gleichzeitig dennoch eine gewisse Kontrolle über die ipsilateralen Gliedmaßen. Zudem kann jede Hemisphäre die Augenbewegungen in beide Richtungen kontrollieren. Darüber hinaus wurde nachgewiesen, dass die Sehfelder durch eine Callosotomie nicht vollständig getrennt werden und dass optische Grundinformationen aus

dem rechten und dem linken Hemifeld zum Teil in beide Hemisphären gelangen; bei einigen elementaren Sehprozessen wie bei der einfachen Erkennung von Licht oder einer Form werden die Sehfelder
mit der Durchtrennung des *Corpus callosum* nicht völlig voneinander
getrennt.[17]

Solange der Hirnstamm und das Rückenmark intakt bleiben, wird
das Ego oder das neurologische Selbst mit der Durchtrennung des
Corpus callosum nicht wirklich gespalten. Gespalten werden lediglich
bestimmte Muster der Informationsverarbeitung und bestimmte Muster der willkürlichen Steuerung – was gelegentlich zu Uneinigkeiten
in der Erfahrung und im Handeln führen kann.

Was bleibt, ist die Frage: Was würde geschehen, wenn das gesamte
Nervensystem tatsächlich hälftig geteilt, tatsächlich in der Mitte gespalten würde – mitten durch das *Corpus callosum*, den Hirnstamm
und das ganze Rückenmark hinunter. Auch wenn der Gedanke an
ein solches Experiment grauenhaft ist, hat es dennoch etwas Faszinierendes, darüber nachzudenken, ob man diese Spaltung tatsächlich
selbst empfinden würde – und das Gefühl hätte, die „andere" Hälfte
fehle.

Es gibt außerdem zwischen den beiden Hemisphären aber auch
noch andere Bahnen, die selbst bei einer Durchtrennung des „Balkens" intakt bleiben. Manche Informationen, die ausschließlich gekreuzt und nur für *eine* Hemisphäre bestimmt sind, können in die
andere Hemisphäre gelangen, wenn kein „Balken" vorhanden ist.
Eine solche, wenn auch im Vergleich zum *Corpus callosum* recht
kleine Bahn ist die so genannte vordere Kommissur. Sie kann bei einigen Patienten mit chirurgisch oder durch einen Unfall bedingten
Läsionen des *Corpus callosum* intakt bleiben. Eine intakte vordere
Kommissur ermöglicht eine gewisse „Überkreuzkommunikation"
zwischen den beiden Hemisphären, selbst wenn der „Balken" gespalten ist.[18]

Bei Patienten mit Split-Brain-Operationen haben wir bereits gesehen, dass die beiden Sehfelder keine komplexen visuellen Informationen wie geschriebene Wörter miteinander teilen. Wenn ein
Bild von einem *ganzen* Gesicht in die Mitte des Sehfeldes projiziert
wird, sieht die linke Hemisphäre nur die rechte Hälfte des Gesich-

tes und die rechte Hemisphäre sieht nur die linke Gesichtshälfte. Unter diesen Umständen dürfte die rechte Hemisphäre nicht zur Kenntnis genommen haben, was die linke Hemisphäre gesehen hat, und umgekehrt hat die linke Gehirnhälfte keine Kenntnis von dem, was die rechte Hemisphäre gesehen hat. Das heißt, dass der Patient, wenn die beiden Hälften des Stimulus nicht zusammenpassen, sich der Verschiedenheit oder Unvereinbarkeit nicht bewusst ist – wenn auf der linken Seite zum Beispiel ein weibliches Gesicht und auf der rechten Seite ein männliches Gesicht gezeigt wird. Diese nicht zusammenpassenden Stimuli, die Neuropsychologen für die Untersuchung gespaltener Hemisphären verwenden, werden Schimären genannt.[19]

Was die subjektive Unkenntnis angeht, ist es eine recht bemerkenswerte Tatsache, dass diese Patienten keine Kenntnis davon haben, dass sie schimärische Figuren gesehen haben. Sie sagen nicht, dass sie die Hälften von Dingen gesehen haben, obgleich die Hemisphären simultan konkurrierende Stimuli verarbeitet haben.

Trevarthen, ein Psychologe und früher Forscher auf diesem Gebiet, beobachtete bei einem seiner Patienten, dass dieser zwar in der Lage war, simultan auf *beide* Seiten einer Schimäre zu reagieren, sich aber nie der Tatsache bewusst war, dass es sich bei dem Stimulus um eine Schimäre handelte.[20]

Der Psychologe Jerre Levy stellte bei Versuchen mit Schimären Folgendes fest: Wenn den beiden Hemisphären widersprüchliche, „schimärische" Informationen gegeben wurden, dann ließ der Patient, „wenn die rechte Hemisphäre darauf reagierte, mit keinem Deut erkennen, weder durch Worte noch Gesichtsausdruck, dass die linke Hemisphäre irgendetwas dagegen einzuwenden gehabt hätte; und ebenso wenig ließ er, wenn die linke Hemisphäre darauf reagierte, in irgendeiner Form erkennen, dass die rechte Hemisphäre damit nicht einig gegangen wäre."[21]

Das heißt, dass Levy bei Patienten beobachtete, dass diese, wenn die linke Hemisphäre verbal auf einen Stimulus reagierte und dabei eine Antwort auf einen Stimulus, den nur die rechte Hemisphäre kannte, sogar konfabulierte, nie durch ein „Stirnrunzeln oder Kopfschütteln" erkennbar werden ließen, dass die rechte Hemisphäre wusste, dass die Reaktion oder Antwort falsch war. Und die linke Hemisphäre der Patienten erhob verbal auch keine Einwände gegen eine Reaktion der rechten Hemisphäre.[22]

Trevarthen machte darüber hinaus in Situationen, in denen eine verbale Reaktion verlangt wurde, die Beobachtung, dass Split-Brain-Patienten, denen nur die rechte Seite eines Gesichtes gezeigt wurde, die fehlende linke Seite von sich aus komplettierten und behaupteten, sie hätten ein ganzes Gesicht gesehen.[23] Somit ist jede Gehirnhemisphäre in der Lage, den „ganzen" Stimulus zu erfahren, obwohl sie jeweils tatsächlich nur die Hälfte gesehen haben. Wenn Patienten fiktiv das, was an dem Stimulus im ipsilateralen Sehfeld fehlt, ergänzen oder sich zusammendichten, sprechen wir von einer „konfabulatorischen Vervollständigung".[24]

Auf diese Weise kann jede Hemisphäre im Zweifel eine vollständige und subjektive Erfahrung der Welt erzeugen. Wenn dem so ist, dann könnte es auch sein, dass der Split-Brain-Patient zwei bewusste und zum Teil unabhängige Gehirnhälften hat und dass diese sich der Dinge bewusst sind, derer sie sich im intakten Zustand des Gehirns bewusst wären, indem sie jeweils das erfinden oder ergänzen, was im gespaltenen Zustand fehlt (vgl. Abbildung 16).

Wie wir gesehen haben, waren einige Philosophen tatsächlich der Ansicht, dass es bei Split-Brain-Patienten ein doppeltes „Bewusstsein" gebe. Aber wenn dem so wäre, dann wären die beiden Hände (Hemisphären) sich nie in irgendetwas einig! Deshalb bezweifele ich, dass die beiden Hemisphären zwei unabhängige, aber gleichzeitig nebeneinander bestehende Einheiten von „Bewusstsein" oder „Willen" haben. Ich gehe vielmehr davon aus, dass jede der beiden Hemisphären die Fähigkeit hat, analog zu den momentanen Intentionen des Patienten, das Verhalten zu organisieren und zu kontrollieren. Und dabei wird die eine Hemisphäre gegenüber der situativ dominanten anderen Hemisphäre eine untergeordnete Rolle und Funktion einnehmen. Ein duales Bewusstsein existiert nur flüchtig für einen Augenblick.

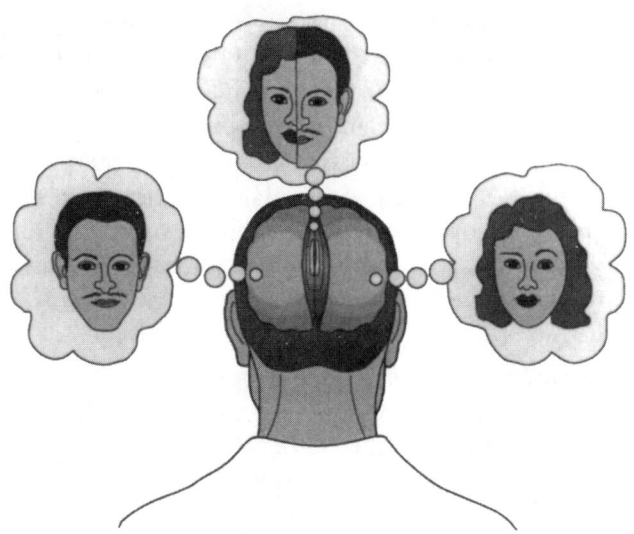

Abbildung 16: Beim Split-Brain-Patienten kann jede Hemisphäre die fehlende Hälfte des Stimulus „ergänzen". In diesem Fall wurde den beiden nebeneinander liegenden Sehfeldern ein „schimärischer" Stimulus präsentiert – in der linken Hälfte ein Frauengesicht, in der rechten Hälfte ein Männergesicht. Jede Hemisphäre dieses Patienten stellte sich vor, sie habe ein ganzes Gesicht gesehen. Dies ist ein Beispiel der konfabulatorischen Vervollständigung.

Die Trennung der kognitiven Funktionen, die entsteht, wenn die Hemisphären durch eine Callosotomie gespalten werden, zählt zu den interessantesten Erkenntnissen der Verhaltensneurologie. Mich beeindruckt allerdings ebenso die Fähigkeit von Split-Brain-Patienten, trotz des scheinbar unüberwindlichen Hindernisses, das ihnen mit der operativen Spaltung der Hemisphären in den Weg gestellt wurde, ein einheitliches Bewusstsein zu erleben. Die Tatsache, dass bei einem gespaltenen Gehirn eine Hemisphäre gegen die andere opponieren kann, rückt im Grunde nur den außergewöhnlichen Fakt ins Rampenlicht, dass diese Patienten meistens absolut integrierte Verhaltensweisen zeigen und sich subjektiv als Einheit fühlen.

Hinzu kommt, dass meine Patienten, die unter dem „Fremde-Hand"-Syndrom leiden, trotz des Problems mit ihren Händen keine grundsätzliche Veränderung in ihrer Persönlichkeit erfahren. Diese Patienten lieben ihre Ehefrauen noch genauso wie vorher, ehe sie ihre neurologischen Probleme entwickelten, und gehen noch genauso mit ihren Hunden spazieren. Statt darüber zu streiten, ob Split-Brain-Patienten ein doppeltes Bewusstsein besitzen, möchte ich die außergewöhnliche Tatsache hervorheben, dass Split-Brain-Patienten weitestgehend ihre Fähigkeit bewahren, trotz der Durchtrennung des „Balkens" in einer einheitlichen Weise zu „funktionieren".

Ich bin Patienten mit anderen neurologischen Störungen begegnet, die trotz ihrer Schädigung eine bemerkenswerte Spannkraft ihres Selbst bewiesen. Zwar leidet die Mehrzahl der von mir untersuchten Patienten unter drastischen Verhaltensproblemen, die auf gravierende neurologische Erkrankungen zurückzuführen sind, doch begegne ich gelegentlich auch Patienten, die trotz erheblicher neurologischer Probleme im praktischen Alltag nur relativ geringe Schwierigkeiten haben. Ein in dieser Hinsicht bemerkenswerter Fall war Sonia.

Sonia

Sonia, 32 Jahre alt und Sekretärin, kam in Begleitung ihres Bruders zu mir. An ihrem Hintergrund gab es nichts Bemerkenswertes. Ihre Kindheit hatte nichts Ungewöhnliches und sie war eine gute Schülerin und Studentin gewesen. Sie hatte das College absolviert und war sodann Sekretärin der Geschäftsleitung bei einer großen Computerfirma geworden. Alles war bei Sonia bestens, bis ihr Bruder vor einigen Monaten bei ihr leichte paranoide Züge bemerkt hatte. Ansonsten hatte sie sowohl zu Hause als auch an ihrem Arbeitsplatz Tag für Tag ohne besondere Vorkommnisse „funktioniert". Sie hatte einen Arzt aufgesucht, der ihr Antipsychotika verabreichen wollte. Dieser zog mich zuvor jedoch hinzu, um sie neurologisch untersuchen zu lassen und so eventuell festzustellen, ob irgendetwas nicht in Ordnung sei.

Die neurologische Untersuchung zeigte keine Abnormalitäten. Aber bereits als Sonia mein Sprechzimmer betreten hatte, war mir aufgefal-

len, dass ihr Kopf ungewöhnlich groß war. Warum diese Besonderheit
sonst niemandem aufgefallen war, blieb mir ein Rätsel. Ich nahm mein
Maßband aus meiner Kitteltasche, um ihren Kopfumfang zu messen.
Er war zwei Normabweichungen größer als normal und so ordnete
ich ein Computertomogramm an (Abbildung 17).

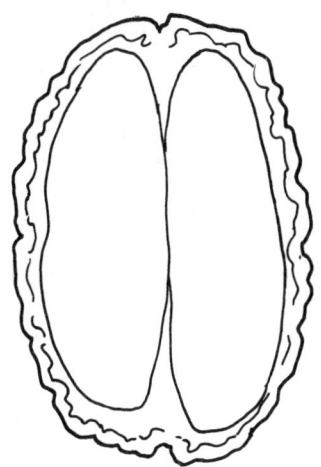

Abbildung 17: Bei der Abbildung von Stevies Gehirn (Abbildung 15) können Sie sehen, dass die lateralen Hirnventrikel – die
leicht gebogenen, mit Flüssigkeit gefüllten
Gehirnkammern in jeder Hemisphäre –
nicht größer als zwei Zeigefinger sind. In
Sonias Fall waren die Hirnventrikel in beiden
Hemisphären jedoch abnormal aufgebläht
und nahmen in ihrem Schädel einen Raum
von der Größe zweier sehr großer Kartoffeln
ein.

Die Aufnahmen schockierten mich. Sie offenbarten, dass mehr als
drei Viertel ihrer Großhirnrinde fehlten: Es war nur ein Rindenband
außen um das Gehirn herum geblieben und ihre lateralen Hirnventrikel, die mit Flüssigkeit (*Liquor cerebrospinalis*) gefüllten Gehirnkammern, die normalerweise die Größe von zwei Zeigefingern haben,
waren bei ihr sozusagen so groß wie der Eriesee. Ihr Gehirn bestand
größtenteils aus Liquor – ein Krankheitsbild, das gewöhnlich *Hydrozephalus* (Wasserkopf) genannt wird. Es war erstaunlich für mich,
dass Sonia es mit so wenig Gehirn in ihrem Leben so weit gebracht
hatte. Sie schaffte es irgendwie, das Beste aus dem zu machen, was
sie hatte.

Ein so schwerer Hydrozephalus wie in Sonias Fall ist fatal, wenn
er sich plötzlich bei einem Erwachsenen entwickelt. Wenn die lateralen Hirnventrikel sich in diesem Maße erweitern, drücken sie schnell
das umliegende Gehirn zusammen, und sofern der Zustand nicht sofort neurochirurgisch korrigiert wird, fällt der Patient in ein Koma.

Dass Sonia mit einer derart verblüffenden Erweiterung der Liquorräume, die ihr nur noch so wenig Gehirn ließen, überlebte, war
darauf zurückzuführen, dass sie von Geburt oder früher Kindheit an
mit ihrem Hydrozephalus lebte. Die Erweiterung der Liquorräume
hatte sich bei ihr allmählich entwickelt und ihr Nervensystem hatte
sich auf den gestiegenen Druck eingestellt. Bei ihr hatte das Problem
in sehr jungen Jahren begonnen und das Gehirn eines Kindes ist in
der Regel elastischer und spannkräftiger als das eines Erwachsenen.

Ein weiterer Patient, der eine bemerkenswerte Fähigkeit zur Anpassung an eine Gehirnschädigung zeigte, war Seymour. Es waren
eher leichte Beschwerden, die ihn ursprünglich in meine Praxis geführt hatten, so dass ich nicht erwartet hatte, bei ihm etwas Gravie-
rendes zu finden. Genau wie bei Sonia hatte sich in seinem Gehirn
jedoch auch etwas entwickelt, das erst viele Jahre später ans Licht
kam.

Seymour

Seymour kam mit der Beschwerde zu mir, dass er „etwas nervös"
sei. Er war ein älterer Mann, weit in den Siebzigern. Er sah tadellos
aus, wusste sich gepflegt auszudrücken und benahm sich wie ein
wahrer Gentleman. Er hatte zeit seines Erwachsenenlebens als Buchhalter gearbeitet und war inzwischen Rentner. Seine einzige Beschwerde war, er werde gelegentlich etwas „nervös", und er wollte
es mit einer Medikation versuchen, um wieder ruhiger zu werden.
Was mir einzig als außergewöhnlich an ihm auffiel, ergab sich, als
wir seine medizinische Geschichte durchgingen. Seymour bestritt anfänglich, je operiert worden zu sein. Aber schließlich erinnerte er
sich doch, dass er in jungen Jahren, vielleicht gegen Ende seiner Ju-
gend oder mit Anfang Zwanzig, eine „kleine Operation" am Gehirn
gehabt habe. Warum er operiert worden war, wusste er nicht genau,
er hielt es jedoch für möglich, dass es wegen der „Nerven" gewesen
sei. Jedenfalls sei es lange her.

Jetzt war ich wirklich neugierig. Ehe ich Seymour mit irgendwel-
chen Medikationen behandelte, schlug ich ihm vor, zuerst ein Computertomogramm anfertigen zu lassen, um zu sehen, was an seinem

Gehirn operativ genau gemacht worden war. Als ich die Aufnahme sah, konnte ich wiederum nur staunen (vgl. Abbildung 18). Bei ihm war irgendwann eine Leukotomie durchgeführt worden, bei der erhebliche Teile seiner Frontallappen entfernt worden waren. Ich vermute, dass er aus psychiatrischen Gründen operiert worden war, aber der tatsächliche Grund ist Seymour und mir bis auf den heutigen Tag nicht bekannt.

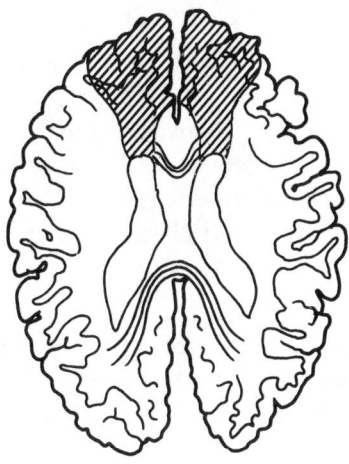

Abbildung 18: Trotz seiner normalen äußeren Erscheinung und des normalen Untersuchungsbefundes zu etwaigen neurologischen Verhaltensproblemen zeigte Seymours Computertomogramm, dass bei ihm eine Leukotomie durchgeführt worden war. Durch diesen Eingriff waren in beiden Frontallappen symmetrische Enzephalomalazie-Bereiche (Gehirnerweichung) entstanden. Die geschädigten Bereiche begannen vorne an den lateralen Hirnventrikeln und erstreckten sich bis in die Region, wo die Frontallappen hätten sein sollen.

Patienten wie Seymour trifft man nicht jeden Tag. Ich bin jedenfalls noch nie einem Patienten begegnet, der nicht wusste, dass bei ihm eine Leukotomie durchgeführt worden war.

Kapitel 7
Reise ins Zentrum des Geistes

Ich habe in diesem Buch immer wieder gezeigt, wie viele Gehirnregionen bei der Aufrechterhaltung des Selbst involviert sind, so dass
es geradezu an ein Wunder grenzt, dass das Selbst als kohärente Einheit überhaupt existiert. Und nicht nur das, es ist auch in hohem
Maße integriert, und dies kann selbst nach einer schweren physischen Störung so bleiben.

Denken Sie nur an Patienten wie Sonia mit ihrem schweren Hy-
drozephalus-Problem und an Seymour, bei dem eine Leukotomie
durchgeführt wurde. Beide Patienten hatten trotz erheblicher Veränderungen in ihrem Gehirn ihr Selbst bewahrt. Und ebenso bewahren
Split-Brain-Patienten trotz der Spaltung ihrer Gehirnhemisphären
meistenteils ihre mentale Einheit.

Angesichts dessen drängt sich eine wichtige Frage auf: Wie hält
das intakte Gehirn, ein nicht geschädigtes Gehirn, die mentale Einheit aufrecht? Wie entsteht aus dem Zusammenspiel der vielen Gehirnregionen ein kohärentes Selbst? Das ist die Frage, auf die ich als
Nächstes eingehen möchte.

Wie lässt ein vielfältig zusammengesetztes Gehirn ein einheitliches Selbst entstehen?

Die Einheit des Selbst und des Bewusstseins erscheint bemerkens-
wert, wenn man die fantastische Vielschichtigkeit des Gehirns be-
denkt. Die Gehirnsubstanz besteht aus Millionen und Abermillionen
einzelner Neuronen, aus denen sich die verschiedenen Gehirnstrukturen und -regionen zusammensetzen. Schätzungen zufolge sind bei
einer Katze allein zehn bis fünfzehn verschiedene Hirnregionen für
die Sehfunktion zuständig. Hinzu kommen fünf Regionen, die beim
Tastsinn involviert sind, und insgesamt acht Rindenareale, die in den
Hörsinn einbezogen sind.[1]

Bei höher entwickelten Spezies ist die Anzahl der funktionsspezifischen Rindenareale sogar noch höher als bei der Katze. Ein Affe hat beispielsweise zwischen 20 und 40 differenzierte Sehregionen. Beim Menschen ist die Zahl der differenzierten Sehregionen im Gehirn sogar noch höher. Van Essen, Anderson und Felleman zufolge verfügt der Mensch über 32 visuelle Rindenareale.[2] Kaas schätzt, dass es möglicherweise insgesamt über 100 verschiedene Rindenfelder des Neokortex gibt.[3] Diese Schätzungen schließen nicht die zahlreichen subkortikalen (unterhalb der Gehirnrinde gelegenen) Regionen im menschlichen Gehirn ein, die die ankommenden sensorischen Stimuli empfangen, die später im Kortex verarbeitet werden.

Diese Untersuchungen verdeutlichen, dass wir zahlreiche separate Hirnregionen haben, die miteinander in einem kohärenten Sinne verknüpft sein müssen, um ein optimales Funktionieren zu gewährleisten. Wie diese Gehirnregionen genau miteinander verbunden sind, ist ein Thema, das in der Neurowissenschaft heutzutage eifrig untersucht wird.[4]

Trotz der Vielfalt der neuroanatomischen Gehirnregionen bleibt die Tatsache, dass das normale, intakte Gehirn so funktioniert, dass ein einheitliches „Ich" hervorgebracht wird. Wir erleben eine integrierte sensorische Welt und ein einziges integriertes Selbst und ein einheitliches Ego.

Bei einer neuroanatomischen Untersuchung des Gehirns bekommen wir jedoch kein einheitliches, homogenes Ganzes zu sehen, welches mit der subjektiven Erfahrung, die das Selbst ausmacht, vergleichbar wäre. Wir sehen nur eine Vielzahl unabhängiger Neuronen und eine Fülle von Gehirnstrukturen, die offenbar eine völlig andere „Körnigkeit" als das nahtlose Selbst besitzen.

Wie kommt es dann, dass das persönliche Bewusstsein subjektiv, aus einer „inneren" persönlichen Perspektive heraus, uns allen als eine Einheit erscheint, wenn das Gehirn von seiner Struktur her so vielfältig und vielschichtig ist?[5]

Descartes' Dilemma

Die Suche nach der Antwort auf diese Frage ist ein zentraler Schwerpunkt der aktuellen Gehirnforschung, stellt jedoch kein *neues* Problem dar. Das Interesse an diesem „Dilemma" der mentalen Einheit geht zurück bis ins 17. Jahrhundert, bis zu dem Philosophen René Descartes (1596-1650). Descartes wird mitunter als der erste „moderne" Psychologe angesehen und ich teile diese Einschätzung.[6] Descartes war auch der „Großvater" derjenigen Theoretiker, die sich dem Verhältnis von Geist und Gehirn widmeten, und er war unter den ersten Gelehrten, die sich mit der rätselhaften Tatsache der Einheit des Geistes sowohl aus philosophischer wie auch als biologischer Sicht befassten.

Für Descartes war die Einheit des Geistes eine logische Erweiterung der Einheit der Seele. Die Seele bestand für ihn aus ihrem Handeln und ihren Leidenschaften, die auch ihre Wahrnehmungen mit einschlossen. Descartes argumentierte, dass es klare Unterschiede zwischen dem Gehirn auf der einen Seite und dem Geist oder der Seele auf der anderen gebe. Er identifizierte das Gehirn korrekt als ein greifbares Organ mit einer Länge, Breite und einem exakten räumlichen Sitz innerhalb des Körpers. Darüber hinaus erkannte er, dass das Gehirn, wie jede Materie, in Teile zergliedert werden kann. Die Seele war im Unterschied dazu nicht greifbar und unteilbar.

> „... und weil die Seele ihrer Natur nach keinerlei Beziehung zur Ausdehnung hat, noch zu den räumlichen Dimensionen oder den anderen Eigenschaften, aus denen der Körper zusammengesetzt ist, sondern nur zur Gesamtheit von dessen Organen. Wie ersichtlich ist, kann man nicht die Hälfte oder ein Drittel der Seele begreifen, noch welchen Raum sie einnimmt, oder dass sie kleiner würde, wenn man einige Glieder des Körpers abschnitte, denn sie trennt sich von ihm gänzlich, wenn man den Gesamtzusammenhang seiner Organe auflöst."[7]

Descartes glaubte, das Gehirn sei aus Teilen oder Strukturen zusammengesetzt, die jeweils eine ganz spezifische Funktion erfüllten. Für ihn war es auch offensichtlich, dass der Geist, das Selbst und die Seele ganzheitliche Einheiten darstellten, die sich aus der „inneren" Sichtweise des Einzelnen ergaben. Anders ausgedrückt: Die aus einer subjektiven Sicht einheitliche Erscheinung des Selbst könne nicht mit der objektiv teilbaren Realität des Gehirns in Einklang gebracht werden. Diese Unterschiede zwischen Geist und Gehirn veranlassten Descartes zu seiner berühmten Theorie, die uns heute als der kartesianische Dualismus geläufig ist. Dahinter steht die Überzeugung, dass es in der Welt zwei Arten von Substanzen gebe: die physische, ausgedehnte Substanz (*Res extensa*), die aus Dingen mit stofflichen Eigenschaften besteht, und der Geist oder die denkende Substanz (*Res cogitans*), die unteilbar und folglich nichtstofflich ist.

Descartes war der Auffassung, dass es einen Weg geben müsse, wie der einheitliche Geist und die immaterielle „Seele" mit dem materiellen Gehirn interagieren konnten. Er kam zu dem Schluss, dass die Zirbeldrüse als „Kandidat" dafür in Frage komme, die Aufgabe dieses materiellen Bindegliedes zwischen Gehirn und Seele zu erfüllen. Er begründete seine These damit, dass die Zirbeldrüse angesichts ihrer alleinigen Position auf der Mittellinie im Zentralnervensystem ideal geeignet erschiene, um die beiden Hemisphären des Gehirns miteinander zu verbinden und so einen einzigen und einheitlichen Geist entstehen zu lassen (vgl. Abbildung 19).

Abbildung 19: Descartes' Konzept von der Einheit des Geistes zeigt den Konvergenzpunkt von Geist und Körper an der einzigen unpaarigen Struktur, die Descartes lokalisieren konnte – an der Zirbeldrüse in der Mitte des Gehirns. Die Zirbeldrüse ist eine rundlich geformte Struktur in der Schädelmitte. Descartes war überzeugt, dass die Zirbeldrüse der Sitz der Seele sei.

Descartes erklärte, warum er diese relativ unauffällige Struktur für eine derart wichtige Rolle ausgewählt hatte:

„Der Grund, der mich überzeugt, dass die Seele keine andere Stelle im ganzen Körper haben kann als diese Drüse, wo sie unmittelbar ihre Funktion ausüben kann, liegt darin, dass alle anderen Teile unseres Gehirns doppelt vorhanden sind, so wie wir auch zwei Augen, zwei Hände, zwei Ohren haben und überhaupt alle unsere äußeren Sinnesorgane doppelt vorhanden sind. Damit wir also nur einen einzigen und einfachen Gedanken von der gleichen Sache und zur gleichen Zeit haben, ist es notwendig, dass es eine Stelle gibt, wo die zwei Bilder, die von den beiden Augen kommen, oder zwei andere Eindrücke, die von einem einzigen Gegenstand durch die doppelten Organe der anderen Sinne kommen, sich zu einem verbinden können, bevor sie zur Seele gelangen, damit sie dieser nicht zwei anstatt einem Bild darbieten. Man kann auch leicht bemerken, dass sich diese Bilder oder anderen Eindrücke in dieser Drüse durch Dazwischentreten der Lebensgeister, welche die Kammern des Hirns füllen, vereinigen. Es gibt aber keine andere Stelle im Körper, wo sie somit vereinigt worden sein können, wenn sie es nicht in dieser Drüse sind.“[8]

Sherringtons Erwägungen über das geistige Auge

Wir wissen inzwischen, dass die menschliche Zirbeldrüse in Wirklichkeit ein neuroendokrines Organ ist, das für die neurale Übermittlung oder für das Bewusstsein keine wie auch immer geartete Rolle spielt. Man mag Descartes' Irrtum als Ergebnis des begrenzten neurologischen Wissens in jener Zeit entschuldigen. Aber Hunderte Jahre später, zu Beginn des 20. Jahrhunderts, als weitaus mehr über das Nervensystem bekannt war, dachte Sir Charles Sherrington, der „Vater" der modernen Neurophysiologie, immer noch darüber nach, wie das Gehirn einen einheitlichen Geist hervorbringen könne.

Sherrington stellte eine Frage, die jenen Fragen ähnelte, die Descartes beschäftigten – nur dass Sherringtons Frage sich auf die Integration der Komponenten des visuellen Systems bezog: Wie ist es möglich, dass es die „Einheit" des normalen, binokularen Sehens gibt, wenn jedes Auge für sich allein in der Lage ist, ein separates geistiges Bild hervorzubringen?[9]

Sherrington war sich der Tatsache bewusst, dass wir unter bestimmten Umständen in der Lage sind, unabhängige Bilder, die von
jedem Auge separat erzeugt werden, *simultan* zur Kenntnis zu nehmen. Wenn man beispielsweise ein Auge mit einem roten Glas be-
deckt (der so genannte Test mit rotem Glas), können leichte Abwei-
chungen in den Sehachsen der Augen offensichtlich werden, etwa
dass die Achsen nicht richtig „in einer Linie" eingestellt sind. Der
Patient sieht in diesem Fall zwei unabhängige Bilder, eines rotfarbig
und das andere normal. Das Gleiche gilt, wenn die Augen nicht ex-
akt in die gleiche Richtung eingestellt sind – wenn wir zum Beispiel
verschlafen sind oder ein Gläschen zu viel getrunken haben, dann
können wir zwei Bilder wahrnehmen, und das ist der Punkt, an dem
wir sagen, dass wir „doppelt sehen" (vgl. Abbildung 20)

Abbildung 20: Unser Gehirn vollbringt unter normalen Umständen eine außer-
ordentliche Leistung, indem es ein einheitliches Sehen gewährleistet. Sofern
die Sehachsen der Augen nicht in einer Linie ausgerichtet sind, kann die
Übereinstimmung der Netzhautbilder beider Augen gestört werden und der
Betreffende „sieht doppelt".

Abgesehen von außergewöhnlichen Umständen (wie beim Test mit rotem Glas, wenn von jedem Auge simultan unabhängige Bilder erzeugt werden können) ist das visuelle System normalerweise von einer bemerkenswerten Einheit geprägt.

Sherrington bemerkte, dass unser binokulares Sehfeld unter normalen Umständen, wie die Analyse zeige, den Ausblick durch ein einzelnes, an einem Punkt auf der Mitte der Senkrechten der Stirn in Höhe der Nasenwurzel zentriertes Auge voraussetze. Es setze unbewusst als selbstverständlich voraus, dass sein Sehen durch ein Zyklopenauge erfolge, das an dem gerade erwähnten Kreuzungspunkt über ein Rotationszentrum verfüge.[10]

Einfach ausgedrückt: Der Geist scheint einen visuellen Synthesepunkt zu haben, der irgendwo direkt zwischen den Augen und hinter unserem Nasenansatz liegt, als gäbe es ein einzelnes Zyklopenauge, das von diesem Punkt auf der Stirn herausschaut (vgl. Abbildung 21). Von diesem zentralen – und einzelnen – Aussichtspunkt aus erfahren wir die Welt visuell als eine kohärente Einheit.

Abbildung 21: Auch wenn wir zwei Augen haben, deren Sehfelder sich überschneiden, lässt das Gehirn ein einzelnes „geistiges Auge" entstehen, das irgendwo an einem Punkt zwischen und hinter den tatsächlichen Augen lokalisiert zu sein scheint.

Das Problem ist, dass wir natürlich kein solches in der Mitte des Gehirns sitzendes Auge haben. In Wirklichkeit arbeitet das Gehirn vielmehr so, dass wir ein zentrales oder Zyklopenauge zu haben *scheinen*. Unter normalen Umständen erfahren wir eine einheitliche visuelle Welt in einem einzigen, integrierten Selbst. Aber woher kommt das einheitliche Sehfeld? Wie wirken die materiellen Teile des Gehirns, die beim Sehen involviert sind, so zusammen, dass dieses neuartige, einheitliche Sehfeld entstehen kann? Und wo ist das „geistige Auge" physisch lokalisiert? Kann bei ihm überhaupt von einer physischen Lokalisation gesprochen werden?

Man könnte annehmen, dass das Gehirn eine visuelle und darüber hinaus eine mentale Einheit erreichen könnte, wenn jeder Teil des Gehirns, der zum Selbst beiträgt, mit einem zentralen Ort im Gehirn verbunden wäre, wo alle Teile zu einem kohärenten Ganzen organisiert werden könnten. Es gibt jedoch, wie Sherrington verdeutlichte, keine „psychische Zirbeldrüse": Denn das „Gehirngebiet, das wir geistig nennen, ist nicht eine Vereinigung in einer Zelle, sondern eine enorme Ausbreitung in Millionen von Zellen".[11]

Sherrington stand vor einem Paradoxon. Auf der einen Seite war er überzeugt, dass der Geist in der Lage sei, Informationen von beiden Augen zu integrieren und im Geist ein einzelnes visuelles Bild von einem bestimmten Aussichtspunkt hinter und zwischen den Augen aus zu erschaffen. Auf der anderen Seite konnte Sherrington keine spezielle Stelle oder „Papstzelle" im Gehirn entdecken, wo diese Integration stattfände. Folglich gelangte Sherrington zu einer Lösung des Geist-Gehirn-Problems, die Descartes' Lösung ähnelte: Er behauptete, die Integration von Geist und Körper sei *mentaler* und nicht *physischer* Natur.

Hatte Sherrington Recht? Gibt es auf der Grundlage unseres derzeitigen Wissens über die Operationen des visuellen Systems Grund zu der Annahme, dass es sich bei der mentalen und der physischen Welt um zwei separate Bereiche handelt? Die von Sherrington bezüglich des visuellen Systems aufgeworfenen Fragen weisen Parallelen zu denen auf, die zur Neurologie des Selbst gestellt werden. Ebenso wie das fiktive Zyklopenauge aus dem Input der beiden physischen Augen entsteht, so entsteht das Selbst aus der Vereinigung vieler Teile des Gehirns.

Wenn nachgewiesen werden kann, dass, wie Sherrington behauptete, innerhalb des visuellen Systems tatsächlich eine Spaltung zwischen dem Mentalen und dem Physischen besteht, dann hätte diese Erkenntnis tief greifende Implikationen für die Neurologie des Selbst. Sofern sich das „geistige Auge" *als eine mentale Integration, nicht aber als eine physische Realität* erweist, könnte dies bedeuten, dass auch das einheitliche Selbst eine immaterielle Einheit ist. Deshalb ist es wichtig zu verstehen, wie das Gehirn die visuelle Einheit erschafft, um begreifen zu können, wie das Gehirn die mentale Einheit entstehen lässt.

Mentale Einheit und das visuelle System

Moderne Neurowissenschaftler verfügen im Unterschied zu Descartes und Sherrington über eine Fülle von Informationen über die Funktionsweise des visuellen Systems.

Wir können uns die Sehbahnen als Informationsströme vorstellen, die vom Auge zum Gehirn fließen.[12] Das Sehen beginnt auf der Retina, der Netzhaut des Auges, die über Millionen von Stäbchen und Zapfen verfügt, jene spezialisierten, auf Licht reagierenden Zellen. Sie ermöglichen es dem Auge, für die spätere Weiterverarbeitung in den visuellen Regionen des Gehirns Lichtenergie in elektrische, neurale Signale umzuwandeln.

Jede Zelle der Retina reagiert auf einen bestimmten Bereich der visuellen Welt, und dieser regionale Raum, den jede Zelle überwacht, ist das so genannte *rezeptive Feld* der Zelle. Eine einzelne Retinazelle reagiert zum Beispiel am stärksten, wenn ein winziges, kreisrundes Licht an einem bestimmten Punkt im Raum einen spezifischen Punkt der Retina innerhalb des rezeptiven Feldes dieser Zelle stimuliert. Das rezeptive Feld jeder Retinazelle ist ziemlich klein und irgendwie muss das Gehirn aus diesen winzigen und einzelnen Kontaktpunkten mit der Welt eine ganzheitliche und somit einheitliche mentale Repräsentation von Objekten aufbauen.

Nach vielen komplizierten Zwischenschritten gelangt der „Strom" der ankommenden visuellen Informationen schließlich zur weiteren Verarbeitung ins Gehirn. Die als V1 bekannte Hirnregion ist das primäre Areal des Sehkortex, das visuelle Informationen aufnimmt. In den Sechzigerjahren des 20. Jahrhunderts wiesen Torsten Hubel und David Wiesel im Rahmen einer Arbeit, für die sie 1981 den Nobelpreis erhielten, nach, dass Zellen in V1, die sie als *einfache* kortikale Zellen bezeichneten, nicht – wie in der Retina – auf Lichtpunkte, sondern auf einen Lichtbalken reagierten.[13]

Hubel und Wiesel hinterfragten, wie ein *einzelnes* Neuron im Gehirn auf eine *Linie* in der Welt reagieren kann. Sie argumentierten, dass, wenn eine Linie aneinander grenzender feuernder Zellen – von denen jede auf einen individuellen Lichtpunkt reagiert – im weiteren Verarbeitungsstrom bei einer einzelnen, einfachen kortikalen Zelle konvergierten, diese einzelne Zelle die Lichtpunkte „addieren" könne, auf die jede Zelle niederer Ordnung (in der hierarchischen Verarbeitungspyramide) reagiert hatte. Auf diese Weise könne eine *einzelne* Zelle höherer Ordnung auf eine *Linie* reagieren.

Hubel und Wiesel erforschten darüber hinaus den visuellen Verarbeitungsstrom für eine Linie im Gehirn und fanden heraus, dass zahlreiche einfache kortikale Zellen zu anderen einzelnen Zellen höherer Ordnung konvergierten, um – wie sie es nannten – *komplexe* kortikale Zellen entstehen zu lassen. Diese komplexen Zellen offenbarten noch kompliziertere Eigenschaften als die einfachen Zellen: Sie konvergierten zu einzelnen Neuronen, um *hyperkomplexe* Zellen mit zunehmend spezifischen und komplexen Reaktionseigenschaften entstehen zu lassen.

Hubel und Wiesel gingen von einem hierarchischen Modell aus, wonach einfache Zellen, die auf einer niedrigeren Ebene oder früher in der neuralen Verarbeitungskette involviert sind, Zellen von stetig zunehmender Komplexität entstehen lassen, die in der neuralen Hierarchie höher gestuft sind.

In diesem Schema ist das Fortschreiten von einfachen zu komplexen und zu hyperkomplexen Zellen ein Beispiel für das, was der Neurobiologe Semir Zeki als „topische Konvergenz" bezeichnete.[14] Darunter ist der Prozess zu verstehen, wonach viele niedriger eingeordnete, einfache visuelle Zellen simultan zu einer kleineren Anzahl komplexer Zellen höherer Ordnung konvergieren. Die topische Konvergenz produziert schließlich weiterentwickelte Zellen höherer Ordnung, die erstaunliche spezifische Reaktionseigenschaften besitzen.

Diese sehr komplexen Zellen oder Neuronen sind im inferior-temporalen Kortex zu finden, also weiter oben in der neuralen Hierarchie und gleichzeitig immer noch weit „stromabwärts" gegenüber den einfachen Zellen, die im primären visuellen Areal des Kortex zu finden sind.

Höher geordnete visuelle Zellen reagieren vorzugsweise auf höchst spezifische und komplexe Stimuli wie Hände oder Gesichter. Einige dieser Neuronen reagieren am besten auf ein Gesicht in der Frontansicht und andere am besten in der Seitenansicht.

Neuronen dieser Art haben dem etwas ausgefallenen Begriff von der so genannten „Großmutterzelle" Vorschub geleistet – einer Zelle, die so spezifisch ist, dass sie nur auf einen einzigen Stimulus, nämlich die eigene Großmutter, reagiert oder feuert.[15]

Derart hoch spezifische Zellen existieren zwar nicht. Was jedoch stimmt, wenn man einen sensorischen Verarbeitungsstrom betrachtet: Je weiter dieser fortschreitet, desto spezifischer werden die Reaktionseigenschaften der Zellen (vgl. Abbildung 22).

Die Entstehung einer hyperkomplexen Zelle (etwa einer „Gesichtszelle") stellt ein Problem für die mentale Einheit dar. Im Zuge des Entstehungsprozesses der höher geordneten Zellen (wie etwa der hypothetischen Großmutterzelle) *werden die rezeptiven Felder dieser Zellen größer.* Während eine Retinazelle am Anfang des Stroms einen winzigen spezifischen Punkt im Sehfeld überwacht, reagiert eine hyperkomplexe Zelle wie eine Gesichtszelle auf ein Gesicht, welches fast *überall* im gesamten Sehfeld eines Menschen erscheint. Während die Zellen am Anfang des visuellen Stroms kleine rezeptive Felder haben und „wissen", wo sich jede Linie des Gesichtes befindet, „wissen" diese frühen Zellen jedoch nicht, dass eine bestimmte Linie Teil eines Gesichtes ist. Sie kennen nicht das Gesamtbild des Gesichtes, das später im Zuge des Verarbeitungsstroms herauskommen wird. Die Gesichtszellen „wissen" demgegenüber, dass dort ein Gesicht ist; aufgrund des topischen Konvergenzprozesses wissen diese Zellen jedoch nicht, wo sich das Gesicht im Raum befindet.

Die Zellen des Gehirns projizieren ihre Informationen in einem hierarchischen Sinne immer höher und höher, um sie für zunehmend spezifische komplexe und abstrakte Eigenschaften zu kodieren. Aber auch die Informationen, die an einem früheren Punkt des Prozesses von Zellen kodiert wurden, gehen im Bewusstsein nicht verloren und können nicht verloren gehen.[16]

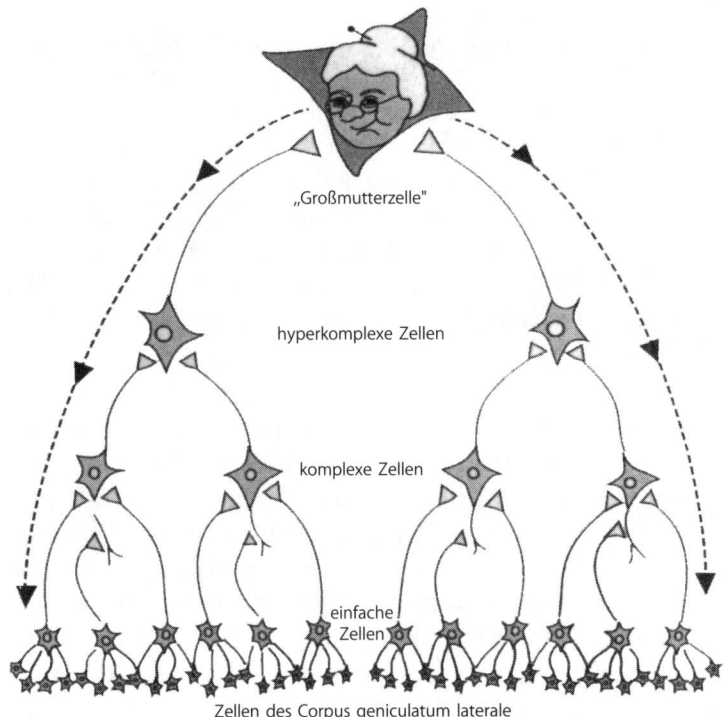

Abbildung 22: Konvergierende Bahnen von einfachen zu komplexen Zellen und dann von komplexen zu hyperkomplexen Zellen lassen Neuronen mit sehr spezifischen und abstrakten Reaktionseigenschaften entstehen. Wenn der Prozess in der visuellen Hierarchie weiter fortgesetzt würde, könnte man sich die Entstehung der so genannten Großmutterzelle vorstellen, die nur noch auf das Gesicht der eigenen Großmutter reagiert.

Wie Zeki beobachtete, müssen Zellen, die *sowohl* die ersten *als auch* die letzten Stufen des visuellen Verarbeitungsstroms mit einschließen, einen einmaligen Beitrag zum Bewusstsein leisten.[17] In diesen Sinne ist der bewusste Geist über die Aktivität der vielen Neuronen „verteilt", aus denen sich die verschiedenen Regionen des Gehirns zusammensetzen.

Das kartesianische Theater und das Bindungsproblem

Wenn das Bewusstsein allgemein in dieser Form über das ganze Gehirn verteilt ist, dann bleibt die Frage: Wie wird das Selbst integriert? Sagen wir, um der Beweisführung willen, alle Zellen, die einen Beitrag zum bewussten Geist leisten (einschließlich der Zellen, die früh und spät in den sensorischen Verarbeitungsstrom eingebunden sind), würden sich an einem zentralen Ort im Gehirn versammeln. Und nehmen wir des Weiteren an, unser Geist sei das Produkt der Aktivität dieser Zellen und jener zentrale Ort im Gehirn sei der „Gipfel" des Geistes und des Selbst.

Der Philosoph Daniel Dennett verwarf in seinem Buch *Philosophie des menschlichen Bewusstseins* die These, wonach alle beim Bewusstsein involvierten Neuronen ihre Aktivitäten irgendwie in eine einzige Gehirnregion projizierten.[18] Eine derartige Argumentation setze ein, wie Dennett es nannte, „kartesianisches Theater" voraus, einen imaginären Ort im Gehirn, an dem alle Bewusstseinsaktivitäten auf einer inneren, mentalen Bühne oder Leinwand zur simultanen Betrachtung präsentiert werden könnten. Dennett benannte sein „Theater" nach Descartes, der als Erster behauptet hatte, der Geist könne an einem einzigen Ort im Gehirn – nämlich an der Zirbeldrüse – vereinigt und vereinheitlicht werden.

Es sind im Wesentlichen zwei Gründe, warum die Vorstellung vom kartesianischen Theater nicht funktioniert. Der erste ist, dass, wie Dennett verdeutlicht und wie wir bereits besprochen haben, das kartesianische Theater einfach nicht existiert. Es gibt keinen Ort im Gehirn, an dem alle Gehirnaktivitäten zu einer einzigen „Papstzelle" konvergieren. Zum Zweiten gibt es in Verbindung mit dem kartesianischen Theater noch ein zusätzliches Problem. Wenn wir davon ausgehen, dass alle Gehirnaktivitäten, die zum Bewusstsein beitragen, zur simultanen Betrachtung auf einen mentalen Großbildschirm projiziert werden, wer ist dann das Publikum?

Diese Vorstellung impliziert, dass es einen „inneren Homunkulus" – ein Menschlein in unserem Kopf – gebe, der über das geistige Auge verfüge und sich die Sendung anschaue. Damit stehen wir jedoch vor einem weiteren Problem. Wem berichtet dieser Homunkulus? Noch einem weiteren Homunkulus? Mit dieser Argumentationsführung landen wir unausweichlich bei einer unendlichen Zahl von Homunkuli und bei einem Prozess, der nirgendwohin führt (vgl. Abbildung 23).[19]

Von besonderem Interesse für Wissenschaftler, die sich mit der Frage beschäftigen, wie das Gehirn das Bewusstsein erschafft, ist das „Bindungsproblem".[20] Bei der Frage der Bindung geht es um die Art und Weise, wie visuelle Wahrnehmungen vereinheitlicht werden, wenn Zellen, die in verschiedenen Teilen des Gehirns lokalisiert sind, spezifische Attribute kodieren. Farbe wird zum Beispiel in *einem* Teil des visuellen Systems verarbeitet und visuelle Form in einem anderen. Das Gehirn muss die Möglichkeit haben, die korrekten Formen mit den korrekten Farben zu verbinden, um Gegenstände oder Bilder entstehen zu lassen – und dies obwohl diese beiden visuellen Attribute in verschiedenen Hirnregionen verarbeitet werden.

Was wir über das visuelle System im Hinblick auf den Integrationsprozess gesagt haben, wird noch komplexer, wenn das Gehirn Merkmale eines Stimulus aus mehreren sensorischen Bereichen koordinieren muss, wenn ein Objekt beispielsweise sowohl visuelle als auch auditive Merkmale hat. Wie werden die Farbe, die Form und das Hupen eines roten Autos zu einer einheitlichen Wahrnehmung integriert? Wie verbindet das Gehirn die Farbe Rot und das Hupen mit dem Auto, das vorbeifährt, und die Farbe Braun und das Bellen mit dem Hund, der vorbeigeht – und nicht umgekehrt?

Wenn wir bisher nur auf einen visuellen Stimulus eingegangen sind, so waren in den Bindungsprozess nur die visuellen Zentren des Gehirns involviert. Wenn wir jetzt auf die Stimuli „hupendes, rotes Auto" oder „brauner, bellender Hund" eingehen, so muss diese Bindung sowohl in den visuellen als auch in den auditiven Zentren stattfinden, die sich in noch weiter verteilten Gehirnregionen befinden.

Abbildung 23: Wenn der Geist aus einer Reihung zunehmend komplexer „Großmutterzellen" entsteht, diese Großmutterzellen jedoch nicht abschließend an einem Ort zusammenlaufen, wie ist dann eine mentale Einheit möglich? Es sieht ganz so aus, als bräuchten wir ein kartesianisches Theater, wo alle Teile des Gehirns von einem inneren Homunkulus simultan betrachtet werden können. Das Problem bei dieser Art der Argumentation ist, dass sie zu einer unendlichen Kette von Homunkuli führt.

Das Gehirn muss Wege und Möglichkeiten finden, Wahrnehmungen miteinander zu verbinden, die in separaten Gehirnregionen repräsentiert werden. Wie bewerkstelligt das Gehirn dies?

Eine Möglichkeit, die Bindung im visuellen System zu erklären, ist, dass das Gehirn synchronisierte Oszillationen nutzt, um Wahrnehmung zu vereinheitlichen.[21] Diese These geht davon aus, dass verschiedene Neuronen, die auf unterschiedliche visuelle Attribute eines einzelnen Objektes reagieren, in der Bewusstheit miteinander verbunden werden, weil diese Neuronen synchron zusammen feuern. Die die Form, den Standort und die Farbe des Autos kodierenden Neuronen feuern alle auf ein und derselben Frequenz und die Attribute des Hundes werden auf einer anderen Frequenz gefeuert. So wird dann ein bestimmtes Objekt kohärent im Gehirn repräsentiert und kann von anderen Objekten unterschieden werden.

In seinem Buch *Was die Seele wirklich ist* mutmaßte der ehemalige Molekularbiologe und heutige Neurowissenschaftler und Nobelpreisträger Francis Crick, „dass dieses synchrone Feuern etwa im Takt der Gamma-Oszillation (im Bereich zwischen 35 und 75 Hertz) das neuronale Korrelat des visuellen Bewusstseins sein könnte".[22]

Eine andere Erklärung für die Frage der Bindung im visuellen System und der mentalen Einheit allgemein fand der Nobelpreisträger Gerald Edelman. Für Edelman war das Problem der Vereinheitlichung ebenfalls der Schlüssel zum Verständnis des Bewusstseins. In seinem Buch *The Remembered Present: A Biological Theory of Consciousness* vertrat er die These, dass die wiedereintretende kortikale Integration (*re-entrant cortical integration*, RCI) bei der Konstruktion eines einheitlichen Bewusstseins der maßgebende integrative Faktor sei.[23] Edelman versteht unter dieser wiedereintretenden kortikalen Integration das hin und her verlaufende, wiederholte „Wiedereinspeisen von Signalen" aus mehreren Gehirnregionen, das es voneinander getrennten und verteilten Hirnregionen ermögliche, integrierte Repräsentationen „zusammenzubringen". Edelman behauptete, in diesem Rahmen werde das visuelle Bewusstsein vereinheitlicht und es gebe keine Notwendigkeit, dass der gesamte Input des Gehirns an ein und demselben Ort *physisch* zusammenkomme.

Es ist in der Tat wahrscheinlich so, dass das Gehirn viele Mechanismen, darunter Konvergenz, synchronisierte Oszillationen und das Wiedereintreten, nutzt, um Objekte wahrnehmungsgemäß in der Bewusstheit miteinander zu verbinden. Aber welche Mechanismen das Gehirn letztlich auch nutzen mag, um Objekte in der Wahrnehmung zu binden – es bleiben dennoch einige wichtige Fragen offen.

Wenn das Bewusstsein über Milliarden einzelner Neuronen verteilt ist, die in zahllosen Hirnregionen auf verschiedenen hierarchischen

Ebenen des Nervensystems angesiedelt sind, lässt dies den Schluss zu, dass jedes dieser Neuronen einzeln ein Bewusstsein „besitzt"? Und selbst wenn diese Neuronen miteinander vernetzt sind, gibt es dann im Gehirn etwas physisch Vereinheitlichtes, das dieselbe „Körnung" wie der vereinheitlichte Geist hat?

Zwischen dem in gegenständlicher Form verteilten und teilbaren Gehirn und unserer subjektiven Erfahrung eines kohärenten und nahtlosen „inneren Auges" scheint es dennoch eine „Lücke" zu geben.

Der Grund, warum ich hier auf die Einheit der Wahrnehmung eingehe, ist, dass ich aufzeigen wollte, dass die Rätsel der visuellen und mentalen Einheit und das Rätsel der Vereinheitlichung des Selbst im Wesentlichen die Gleichen sind: *Wenn es im Gehirn keine Region gibt, wo alle die zum Selbst beitragenden Regionen physisch „zusammenkommen", wie ist es dann zu erklären, dass wir als ganzheitliche, integrierte, einheitliche Persönlichkeiten existieren?*

Das „Gespenst in der Maschine"

Ehe ich diese Frage im nächsten Kapitel beantworten werde, möchte ich zunächst noch auf ein ähnliches und für die Vereinheitlichung des Geistes und des Selbst ebenso wichtiges Problem eingehen, nämlich auf die Vereinheitlichung des *Handelns*. Ebenso wie die Vereinheitlichung des visuellen Systems zu unserem Gefühl, einheitliche Menschen zu sein, beiträgt, so ist unsere Fähigkeit, einheitliche Handlungen hervorzubringen, wesentlich für unser Gefühl der Ganzheit als Person.

Wenn wir handeln, spüren wir, dass da ein einheitliches Selbst ist, das die Quelle dessen ist, was wir tun. Das *motorische System* besteht jedoch, genau wie das visuelle System, aus Millionen einzelner Neuronen. Diese Neuronen sind so organisiert, dass sie äußerst fein integrierte und einheitliche Handlungen hervorbringen. Es gibt jedoch keine Region und keinen räumlichen Punkt an der Spitze der motorischen Hierarchie, an dem die Quelle dieser Einheit lokalisiert werden könnte.

Nehmen wir eine einfache Handlung wie das Heben Ihres Arms. Stellen Sie sich vor, Sie sagten sich: „Jetzt werde ich meinen Arm heben", und Sie heben Ihren Arm. Wenn Sie dies tun, erfahren Sie ein „inneres Ich" als die Quelle dieser Handlung: Das „Ich" trifft die bewusste Entscheidung und führt den „Willen" aus, den Arm zu bewegen.

Stellen Sie sich weiter vor, ich als Ihr Neurologe suchte nun irgendwo in Ihrem Gehirn nach der *Quelle* dieses „Willens". Dabei stellte ich fest, dass es keinen zentralen, integrierten physischen Ort gibt, der die Quelle dieser Handlung ist. Es gibt keine „Oberbefehlshaber"-Neuronen, die ich in Ihrem Gehirn als Ihr „Ich" identifizieren könnte, das diese Handlung angeordnet hat. Es gibt keinen einzelnen Ort und keine Spitze des motorischen Systems, kein „Gespenst in der Maschine" (wie der Philosoph Gilbert Ryle es in seiner berühmten Formulierung ausdrückte), der als die Quelle unseres einheitlichen „Willens" dienen könnte.[24]

Während ich einen Weg suchte, um die Hierarchie der Handlung bildlich darzustellen, ähnlich wie die schematische Darstellung der Hierarchie der Wahrnehmung in Abbildung 22, stieß ich auf ein wundervolles altes Buch des Ethologen N. Tinbergen. In seinem 1951 verfassten Werk *Instinktlehre* analysierte er ein einfaches Beispiel von motorischem Verhalten, nämlich das Instinktverhalten des Stichlingsmännchens.[23] Ich habe Erinnerungen an diesen Fisch, weil er ein Lieblingsthema in meinen Psychologiekursen auf dem College war. Tinbergen beschrieb die Ebenen des motorischen Verhaltens dieses Fisches in Form einer Hierarchie (vgl. Abbildung 24).

Auf der untersten Ebene dieser Hierarchie befindet sich die einzelne motorische Einheit. Eine einzelne motorische Einheit besteht aus einem einzelnen motorischen Neuron und allen einzelnen Muskelfasern, an die es angebunden ist. Es ist die Handlung der Muskelfasern, die es dem Fisch ermöglicht zu schwimmen. Auf dieser Ebene des Nervensystems ist die Aktivität einer einzelnen motorischen Einheit einfach und undifferenziert. Jede motorische Einheit feuert in der gleichen Form für jede Handlung, die der Fisch unternimmt, egal, welche Handlung es ist.

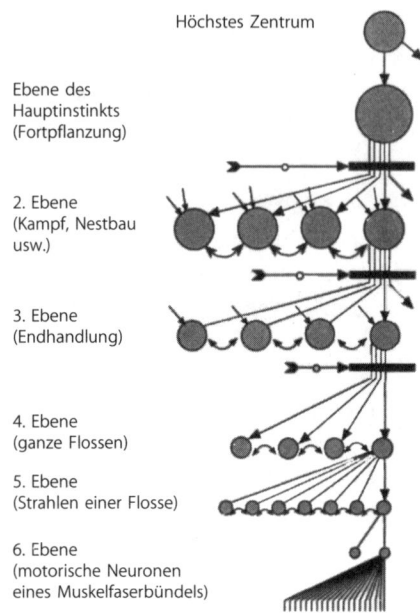

Höchstes Zentrum

Frühjahrs-
wanderung

Ebene des
Hauptinstinkts
(Fortpflanzung)

2. Ebene
(Kampf, Nestbau
usw.)

3. Ebene
(Endhandlung)

4. Ebene
(ganze Flossen)

5. Ebene
(Strahlen einer Flosse)

6. Ebene
(motorische Neuronen
eines Muskelfaserbündels)

Abbildung 24: Eine Analyse von N. Tinbergen zum Verhalten des Stichlingsmännchens. Aus Tinbergens Sicht war das Verhalten hierarchisch organisiert, wobei auf der höchsten Ebene der Hierarchie der Instinkt und auf den untersten Ebenen die einzelnen Muskelfaserbündel der Fischflossen waren.

Wenn ein Neuron aktiviert wird, etwa wenn der Fisch als Reaktion auf ein Anstoßen an eine scharfe Koralle eine Flosse zurückzieht oder mit dem Paarungsritual befasst ist, so spielt es für dieses spezielle Neuron nicht für ein Jota ein Rolle, was der Rest des Fisches in diesem Augenblick tut oder warum er es tut. Dieses Neuron „befolgt" einfach „Befehle". Die Kontrolle für jede Handlung auf den unteren Hierarchieebenen obliegt den höheren Ebenen des Nervensystems. Um die Quelle dieser Kontrolle zu finden, müssen wir Tinbergens Hierarchie von den einzelnen motorischen Einheiten weiter nach oben, zur Bewegung der ganzen Muskeln und von dort zur Kontrolle der Strahlen einer Flosse und dann weiter zu den ganzen Flossen usw. folgen. Ganz oben am Ende der Hierarchie ist der Instinkt, dem die Kontrolle der koordinierten Handlungen unterliegt, die das Repertoire des gesamten motorischen Verhaltens dieses Fisches ausmachen.

Tinbergens Schema hat in etwa die Form einer Pyramide, wobei viele Teile am Fuß der Pyramide schließlich zu einem einzelnen Element an der Spitze konvergieren. Aber genau wie bei der Wahrnehmungshierarchie, die im visuellen System zur „Großmutterzelle" zu führen scheint (Abbildung 22), gibt es auch bei dieser motorischen Hierarchie in Wirklichkeit keine einzelne Zelle oder Gehirnregion, die oben an der Spitze der Hierarchie stünde.

Der Instinkt geht aus den höchsten Hirnregionen des Fisches hervor, und sicher gibt es einige spezielle Hirnregionen, die bei dem Fisch für instinktive Verhaltensweisen notwendiger sind als andere. *Dieser Instinkt hat jedoch keinen einheitlichen räumlichen Ort im Gehirn.* Auch wenn der Instinkt im Verhalten des Fisches vereinheitlicht wird, ist er im Gehirn des Fisches nicht materiell vereinheitlicht. Der im Gehirn lokalisierte Instinkt und damit die Quelle des einheitlichen Handelns des Fisches ist über große Regionen im Gehirn des Fisches verteilt.

Ebenso können wir uns die hierarchische Organisation des menschlichen Sprechens anschauen. Wenn wir die Steuerung unseres Sprechens verfolgen, finden wir auf der untersten Ebene der Steuerung die Neuronen, die mit den einzelnen Muskeln der Lippen, der Zunge, des Gesichtes usw. verbunden sind. Die Steuerung und Kontrolle dieser Neuronen ist innerhalb der Kontrolle der Gelenke usw. lokalisiert, deren Steuerung und Kontrolle wir letztlich wiederum bis ins Gehirn verfolgen können.

Was sitzt bei diesem komplizierten Verhalten nun ganz oben in der Spitze der Hierarchie? Wenn wir im Gehirn die Regionen suchen, die das Sprechen steuern und kontrollieren, so wissen wir zunächst einmal, dass die vorderen Teile der linken Gehirnhemisphäre für die Erzeugung fließender Sprache besonders wichtig sind, so dass diese Region in die Kontrolle des Sprechens involviert sein muss. Wir wissen auch, dass der hintere Teil der linken Gehirnhemisphäre von entscheidender Bedeutung für das Wissen von Worten ist, die wir beim Sprechen verwenden, und dass diese Region der linken Hemisphäre für das Sprachverständnis und die Selbstüberwachung, wenn wir uns selbst sprechen hören, notwendig ist. Somit müssen wir auch diese Region in den Akt der Spracherzeugung mit einbeziehen.

Wir wissen auch, dass die rechte Hemisphäre bei der Spracherzeugung für die Entstehung der emotionalen Flexion wichtig ist, so dass auch diese Region mit hinzugezogen werden muss. Und wenn Sie beim Sprechen die Hände bewegen und es mit entsprechenden Gesten untermalen, so müssen wir auch die motorischen Regionen auf beiden Seiten des Gehirns als Teil des gesamten Aktes, sich zum Ausdruck zu bringen, mit hinzunehmen.

Es ist klar, dass weite Regionen des Gehirns in den komplizierten Vorgang der Spracherzeugung einbezogen sind, und wenn wir sprechen „wollen", wird der gesamte Akt zu einem ganzheitlichen und koordinierten Verhalten *vereinheitlicht*. Aber wie? Oder durch wen? Oder durch was?

Wenn wir nach der inneren Quelle, dem Zentrum des „Willens" suchen, geraten wir auch hier wiederum, genau wie bei der Suche nach der Quelle der visuellen Einheit, in eine Sackgasse. Ebenso wie es kein „Papstneuron" an der Spitze der Wahrnehmungshierarchie gibt, so gibt es auch keine einzelne Gehirnregion, die unsere Handlungen und Intentionen erzeugt und kontrolliert. Weder die Wahrnehmungs- noch die motorische Hierarchie scheinen eine materielle „Spitze" zu haben. Wir können kein materielles „Selbst" oder „Ego" an die Spitze irgendeiner Hierarchie setzen.

Vom Standpunkt des Selbst erfahren wir uns gewiss als eine einheitliche Person „hier drinnen", in uns selbst. Wir glauben, wenn wir handeln, dass diese Handlungen dem „Willen" eines einheitlichen Selbst entspringen. Dennoch vermag unsere Neurologie und Neurowissenschaft kein „Gespenst in der Maschine", keinen Homunkulus, keine innere, einheitliche, „biologische Seele" als solche zu finden. Wo ist dann das Selbst? Was ist es? Was ist seine biologische Realität?

Müssen wir mit einem kartesianischen Dualismus Vorlieb nehmen oder kann es noch eine andere Erklärung für die Einheit des Selbst geben? Es bedarf eines neuen Models, eines neuen Denkansatzes gegenüber dem Selbst und dem Gehirn, wenn wir dieses 300 Jahre alte Problem lösen wollen.

Kapitel 8
Die verschachtelte Hierarchie des Selbst und des Geistes

In den vorhergehenden Kapiteln haben wir die vielen Teile des Gehirns beschrieben, die des Selbst beitragen. Die Vielfalt des Gehirns steht indes in starkem Kontrast zur subjektiven Einheit des Geistes. In diesem Kapitel werde ich die Auffassung untersuchen, dass die Essenz des Geistes und die Natur des bewussten und selbstbewussten Selbst mehr sei als die Summe der Einzelteile des materiellen Gehirns und darüber hinausgehe. Dabei geht es um die Behauptung, dass der immaterielle Geist aus den vielen Teilen des materiellen Gehirns *emergiere* (emporsteige – auf eine neue qualitative Ebene).

Emergenz und das Gehirn

Um die Behauptung zu verstehen, das Selbst und der Geist gingen aus dem Gehirn hervor, müssen drei wichtige, miteinander zusammenhängende Konzepte berücksichtigt werden.

Das erste Konzept betrifft die Vorstellung von der *Emergenz* als solche. Dem Philosophen Jaegwon Kim zufolge besagt die Lehre von der Emergenz: Zwar seien die fundamentalen Einheiten, Gegebenheiten dieser Welt und deren Eigenschaften materiell, doch emergierten daraus, wenn materielle Prozesse eine bestimmte Ebene der Komplexität erreicht hätten, wahrhaft neue und unvorhersehbare Eigenschaften, und dieser Prozess der Emergenz sei kumulativ und erzeuge eine Hierarchie von zunehmend komplexeren, neuen Eigenschaften. Dieser „Emergentismus" interpretiere die Welt somit nicht nur als evolutionären Prozess, sondern auch als geschichtete Struktur – als hierarchisch organisiertes System von Ebenen von Eigenschaften, wobei jede Ebene aus der darunter liegenden emergiere und von ihr abhängig sei.[1]

Ein beliebtes Beispiel eines emergierenden Systems ist Wasser: Die Eigenschaften Flüssigkeit, Nässe und Transparenz beziehen sich nicht auf das einzelne Wassermolekül (– dieses kann nicht als flüssig oder nass bezeichnet werden), sondern auf das Aggregat, auf die Gesamtheit des Wassers. In der Biologie werden emergente Eigenschaften als Ergebnis einer *hierarchischen* Ordnung lebendiger „Dinge" betrachtet. Als Hierarchie wird im allgemeinen Sinne ein organisiertes System bezeichnet, das aus mehreren, in abgestuften Ebenen angeordneten Teilen besteht.

In Übereinstimmung mit Kims Definition ist die Emergenz bei lebenden „Dingen" das Produkt eines hierarchisch organisierten Systems – des Organismus; jede Komplexitätsebene des Organismus bringt aus den darunter liegenden Ebenen ein *neuartiges* (emergentes) Merkmal hervor. Emergente Eigenschaften sollen darüber hinaus, wie es heißt, auch insofern *unvorhersehbar* sein, als das gesamte Wissen über die Teile auf der niedrigeren Ebene der Hierarchie keine Vorhersage über das Aussehen der emergenten Eigenschaften der höheren Ebene zulässt. In diesem Sinne sei das emergente Merkmal größer als die Summe seiner Einzelteile.

Ein zweites Schlüsselkonzept der Emergenztheorie ist die These des *Zwanges*. Auch wenn der Begriff der Emergenz impliziert, dass die Teile in einer Hierarchie zusammen ein Ganzes bilden, geht es beim „Zwang" um den Prozess, wonach die niedrigeren Ebenen der Hierarchie der Kontrolle der höheren Ebenen unterliegen. Campbell prägte den Begriff der „Verursachung nach unten", um die Kontrolle zu bezeichnen, die eine höhere Ebene der Hierarchie über die zu ihr beitragenden Teile ausübt.[2]

Der Biologe H. H. Pattee wies auf die Bedeutung des Zwanges in biologischen Systemen hin:

> „Wenn es eine Theorie der allgemeinen Biologie gibt, dann muss sie den Ursprung und die Funktionsweise (und auch die Zuverlässigkeit und Beständigkeit) des hierarchischen Zwanges erklären, der Materie dazu einspannt, kohärente Funktionen zu erfüllen. Dabei geht es nicht einfach um das Problem, warum bestimmte Aminosäuren aneinander gekettet sind, um eine spezifische Reaktion auszulösen. Das Problem ist vielmehr universal und charakteristisch für jede lebende Materie. Es kommt auf jeder Ebene der biologischen Organisation, vom Molekül bis zum Gehirn, vor. Es geht um das zentrale Problem des Ursprungs allen Lebens, wenn

Aggregate von Materie, die zunächst nur elementaren physikalischen Gesetzen gehorchten, erstmals anfingen einzelne Moleküle zu einem funktionalen, kollektiven Verhalten zu zwingen. Es ist das zentrale Problem der Entwicklung, bei der Ansammlungen von Zellen das Wachstum oder den genetischen Ausdruck einzelner Zellen kontrollieren. Es ist das zentrale Problem der biologischen Evolution, bei der Gruppen von Zellen immer größere Organisationen bilden, indem sie Subgruppen hierarchische Zwänge auferlegen. Es ist das zentrale Problem des Gehirns, wo es eine unbegrenzte Möglichkeit für neue hierarchische Ebenen der Beschreibung zu geben scheint. Dies sind lauter Probleme der hierarchischen Organisation. Die theoretische Biologie muss sich diesem Problem als einem grundlegenden Problem stellen, da die hierarchische Steuerung und Kontrolle das wesentliche und unterscheidende Merkmal allen Lebens ist."[3]

Hierarchische Systeme operieren und funktionieren mit „Zwang". In biologischen Systemen wie beim Menschen nötigt die einzelne Zelle des menschlichen Körpers die mikroskopischen Organellen der Zelle, den zellularen Stoffwechsel zu vollbringen; und die Körperorgane nötigen die Zellen, Enzyme abzusondern; der ganze menschliche Körper nötigt die Organe zu verdauen, zu atmen und alle diejenigen makroskopischen Funktionen zu erfüllen, die für das Leben des Körpers notwendig sind.[4]

In hierarchischen Systemen besteht oft eine wechselseitige Beziehung zwischen Emergenz und Zwang. Wenn Sie zum Beispiel unter einem leistungsstarken Mikroskop eine einzelne Zelle der menschlichen Lunge anschauen sollten, würden Sie die Tausende winziger Organellen in der Zelle sehen. Unter diesen Zellorganellen sind die Mitochondrien zu finden, jene Zellorganellen, die über den Prozess der so genannten intrazellulären Atmung für die Erzeugung von Energie aus dem Sauerstoff, den wir einatmen, verantwortlich sind.

Diese winzigen Zellorganellen sind Bestandteile der Zelle, die zusammen mit anderen Zellen die Gewebe bildet, aus denen schließlich die Lunge entsteht. Die Mitochondrien tragen zur Struktur der Lunge und damit zur Emergenz der Lunge auf einer höheren Ebene der Hierarchie des Körpers bei. Die Lunge zeigt, auf einer höheren Ebene der Hierarchie, emergente Merkmale, die die Mitochondrien nicht besitzen, wie etwa die Fähigkeit, Luft in den Körper hinein- und aus dem Körper herauszutransportieren.

Würde die Lunge nicht atmen, hätte der Körper keinen Sauerstoff. Und wenn wir keinen Sauerstoff hätten, wären die Mitochondrien nicht in der Lage, die intrazelluläre Atmung durchzuführen.

In diesem Sinne übt die höher angesiedelte Fähigkeit des Atmens einen Zwang auf die Aktivität der Mitochondrien aus. Wenn wir das System als Ganzes betrachten, so tragen die Mitochondrien zur Emergenz der Lunge bei und die Lunge übt ihrerseits Zwang auf die Mitochondrien aus.

Das dritte Schlüsselkonzept der Emergenztheorie, auf das ich eingehen möchte, ist zugleich das vielleicht umstrittenste. Es geht um die These der *Nichtreduzierbarkeit*, um die Behauptung, dass die von einem emergenten System geschaffenen Ganzheiten nicht einfach aus den Eigenschaften ihrer konstituierenden Bestandteile erklärt oder darauf reduziert werden können.

In ihrem Buch *The Life Science* vertreten Medawar und Medawar die Auffassung, die Nichtreduzierbarkeit einer höheren Ebene auf eine niedrigere Ebene eines hierarchischen Systems sei ein Schlüsselcharakteristikum einer emergenten Eigenschaft.[5] Sie definieren die Emergenzlehre als die der *Reduzierbarkeit* widersprechende philosophische Lehre, die erklärt, dass in einem *hierarchischen* System jede Ebene ihre spezifischen Eigenschaften und Verhaltensmodi haben kann, die mit analytischem Reduktionismus nicht voll und ganz zu erklären sind.[6] Wenn eine Eigenschaft emergent ist, ist sie diesen Autoren zufolge *nicht* auf jene Bestandteile reduzierbar. Daraus folgt: Wenn eine Eigenschaft in einer Hierarchie auf die Eigenschaften der Dinge der niedrigeren Ebenen der Hierarchie reduzierbar *ist*, dann ist sie nicht emergent.

Der Philosoph John Searle erklärte, dass die dem Reduktionismus zugrunde liegende Idee die Vorstellung sei, dass sich für bestimmte Dinge zeigen lasse, „dass sie nichts als Dinge von gewisser anderer Art sind".[7] (Engl.: *Certain things might be shown to be nothing but certain other sorts of things.*) Searle wies auch darauf hin, dass eine befriedigende wissenschaftliche Reduktion eine Form von Identitätsbeziehung bedinge, die er als eine „Nichts-als-Beziehung" bezeichnete: Eine Eigenschaft A sei auf eine Eigenschaft B reduzierbar, wenn gezeigt werden könne, dass A „nichts anderes als" B sei. Mit anderen Worten: Wir brauchen keine neue oder neuartige Eigenschaft heraufzubeschwören, um A über jene Prinzipien hinaus zu erklären, durch die wir B verstehen.

Searle identifizierte in seinen Schriften verschiedene Unterarten der Reduktion; von diesen ist die *ontologische Reduktion*, wie er sie nannte, für die Emergenztheorie die relevanteste:

> „Die wichtigste Form dieser Zurückführung ist die ontologische Reduktion. Bei einer solchen Zurückführung wird gezeigt, dass Gegenstände gewisser Art in nichts als Gegenständen anderer Art bestehen. Beispielsweise wird gezeigt, dass Stühle nichts als Molekülansammlungen sind. Diese Form der Zurückführung ist in der Wissenschaftsgeschichte offenkundig von Bedeutung. So lässt sich zum Beispiel ganz allgemein zeigen, dass materielle Gegenstände nichts als Molekülansammlungen sind, für Gene lässt sich zeigen, dass sie aus nichts als DNA-Molekülen bestehen."[8]

Beispiele für erfolgreiche ontologische Reduktionen in der Neurowissenschaft sind etwa die Erkenntnis, wie eine motorische Handlung auf die Physiologie der Nerven und der Muskeln reduziert werden kann, oder die Feststellung, dass eine Lähmung auf eine Läsion des motorischen Systems reduziert werden kann.

Diese Prozesse, die einst als mysteriös und als außerhalb der Reichweite der Naturwissenschaft liegend betrachtet wurden, können jetzt in einem rein biologischen Sinne erklärt werden. Ebenso gibt es heute das Rätsel der Gehirnanfälle nicht mehr, weil wir verstanden haben, wie der zu beobachtende epileptische Anfall auf abnormale elektrische Entladungen kortikaler Neuronen in einer bestimmten Gehirnregion reduziert werden kann.

Emergenz, Zwang und *Nichtreduzierbarkeit* sind die drei Schlüsselaspekte der Emergenztheorie. Mit diesen drei allgemeinen Prinzipien vor Augen können wir uns jetzt Theorien zuwenden, die den Geist als ein emergentes Charakteristikum, einen Bestandteil des Gehirns betrachten.

Das Gehirn wird allgemein als ein hierarchisch organisiertes System gesehen und das Konzept der hierarchischen Organisation ist von zentraler Bedeutung für jene Theorien, die den Geist und das Selbst als emergente Phänomene betrachten. Nach den Emergenztheorien des Geistes „emergiert" das Selbst aus den komplexen Interaktionen der hierarchisch organisierten Teile des Gehirns.

C. Lloyd Morgan war ein führender Vertreter des „Emergentismus". Er betrachtete die Emergenz mentaler Phänomene im Sinne eines hierarchischen Modells des Gehirns. Er schrieb:

> „In der vorangegangenen Vorlesung wurde die These von einer Pyramide mit aufsteigenden Ebenen vorgestellt. An ihrem Fuß befindet sich ein Schwarm von Atomen mit einer relationalen Struktur und der Qualität, die wir als Atomizität bezeichnen könnten. Über dieser Ebene verbinden sich Atome, um neue Einheiten zu bilden, die sich durch die Qualität des Molekularzustandes auszeichnen; höher hinauf, auf einer fortgeschrittenen Stufe, befinden sich, sagen wir, Kristalle, in denen Atome und Moleküle sich in neuen Verbindungen gruppiert haben, die in kristallartiger Form in Erscheinung treten; auf einer weiter fortgeschrittenen Stufe befinden sich Organismen mit einer anderen Art natürlicher Verbindungen, die die Qualität der Vitalität erzielen; auf einer noch höheren Stufe kommt eine neue Art natürlicher Verknüpfung hinzu und für ihre Ausdrucksweise kann das Wort ‚Mentalität' verwendet werden."[9]

Aus Morgans Sicht emergiert der Geist sozusagen an der Spitze des Gehirns, genau wie das Auge an der Spitze der Pyramide in Abbildung 2 (Seite 18).

Nach der Emergenztheorie ist auch das „Zyklopenauge" ein emergentes Phänomen. Sie erinnern sich sicher an das letzte Kapitel und daran, dass das Problem des Zyklopenauges mit der Frage zusammenhängt, wie eine visuelle Einheit der Informationen aus beiden Augen möglich ist, wenn doch jedes Auge für sich in der Lage ist, ein vollständiges und unabhängiges Bild zu sehen. Warum sehen wir nicht alles zweimal, jeweils mit einem Bild von jedem Auge?

Nach den Grundsätzen der Emergenztheorie sind die Bilder, die jedes Auge für sich genommen liefert, Bestandteile der niedrigeren Ebene der visuellen Hierarchie. Diese Bestandteile werden so miteinander verbunden, dass ein einzelnes und einheitliches Zyklopenauge entsteht, welches im Bewusstsein als ein einzelnes Zyklopenbild

„emergiert". Und dieses Zyklopenauge „thront" an der Spitze der visuellen Hierarchie.

Das *ganze, einheitliche* Bild, wie das Zyklopenauge es sieht, *ist* größer als die Summe der einzelnen Teile, die von jedem Auge allein beigesteuert werden. Wenn wir mit nur *einem* offenen Auge schauen, fehlt uns die Tiefenwahrnehmung. Betrachten wir unsere Umwelt mit zwei offenen Augen, so besitzt das Zyklopenauge – aufgrund der Unterschiede zwischen den von beiden Augen erzeugten Bildern – die Tiefenwahrnehmung für das integrierte Bild. Die Tiefenwahrnehmung ist eine emergente Eigenschaft des Sehens, die nicht gegeben ist, wenn man mit einem Auge allein sieht.[10]

Roger Sperrys Thesen über die Emergenz des Geistes

Der Psychologe Roger Sperry, der für seine Arbeit über das gespaltene Gehirn den Nobelpreis erhielt, vertrat die These, der Geist stelle ein *emergentes* Phänomen dar, das sich aus verschiedenen Teilen des materiellen Gehirns ableite. Sperry behauptete, der Geist sei mehr als die Summe der einzelnen Teile des materiellen Gehirns und er gehe in bedeutender und zum Teil rätselhafter Weise über die physischen Grenzen des Gehirns hinaus: „Bewusste Phänomene unterscheiden sich von, sind mehr als und nicht reduzierbar auf neurale Ereignisse ..."[11]

Seine Formulierung der Beziehung zwischen Geist und Gehirn wies alle Merkmale der Emergenztheorie auf. Wie die meisten Emergenztheoretiker betrachtete Sperry die Beziehung zwischen Geist und Gehirn nach dem hierarchischen Modell und ging davon aus, dass die neuralen Elemente des Gehirns sich in zunehmend komplexeren Konfigurationen miteinander verbinden, bis an der Spitze der Organisation schließlich der Geist emergiere.

Wie das einheitliche „Zyklopenauge" an der Spitze der visuellen Hierarchie steht, so behauptete Sperry, das einheitliche „Ich" throne an der Spitze der neuralen Hierarchie des gesamten Gehirns.

Sperry entwickelte diese These jedoch noch weiter. Er argumentierte, da der Geist ein emergentes Charakteristikum oder Produkt des Gehirns sei, könne er nicht auf das Gehirn reduziert werden.

Und da der Geist nicht auf das physische Gehirn reduziert werden könne, sei er keine materielle Substanz wie das Gehirn.

Ein weiteres Ergebnis seiner Formulierung war schließlich die Auffassung, dass emergente geistige Kräfte oder Eigenschaften, auch wenn sie nicht materiell seien, den materiellen Körper beeinflussen könnten. Auch wenn der Geist nicht materiell sei, könne er dennoch materielle Ereignisse im Gehirn *auslösen*. Sperry behauptete also, der immaterielle Geist habe *kausale* Eigenschaften in Bezug auf das materielle Gehirn und übe einen Zwang auf das Gehirn aus. Sperry formulierte seine Gedanken über die Natur des Bewusstseins wie folgt:

„Man betrachtete das Bewusstsein im Wesentlichen als eine dynamische Äußerung der Gehirntätigkeit, die weder mit den neuronalen Ereignissen, aus denen sie hauptsächlich besteht, identisch noch auf sie reduzierbar war. Weiterhin galt das Bewusstsein nicht als Epiphänomen, als innerer Aspekt oder ein anderes passives Korrelat der Datenverarbeitung des Gehirns, sondern vielmehr als aktiver, integraler Bestandteil des zerebralen Prozesses selbst, der potente kausale Wirkungen in das Zusammenspiel der zerebralen Tätigkeiten einbringt. Man glaubte, dass die subjektiven Eigenschaften das Oberkommando auf den höchsten Hierarchie-Ebenen der Gehirnorganisation innehätten und die Kontrolle über die biophysikalischen und chemischen Vorgänge auf den untergeordneten Ebenen ausübten. Dieses Gehirnmodell wurde ursprünglich so beschrieben, dass es den 'bewussten Geist in das Gehirn der objektiven Wissenschaft in die Position des Oberkommandos [zurückbringt] ... ein Gehirnmodell, in dem bewusste, mentale, psychische Kräfte als die krönenden Eigenschaften ... der Evolution ... [anerkannt wurden]'."[12]

Und weiter:

„Die den subjektiven Eigenschaften zugeschriebene kausale Kraft ist nichts Mystisches. Sie residiert in der hierarchischen Organisation des Nervensystems zusammen mit der universalen Kraft jedes Ganzen über seine Teile. Jedes System, das als Ganzes zusammenhängt und als Einheit agiert, reagiert und interagiert, hat systemische, organisationsgemäße Eigenschaften des Systems als Ganzen, die sein Verhalten als eine Einheit bestimmen und dabei gleichzeitig den Weg und das Schicksal seiner Bestandteile kontrollieren. Das Ganze hat Eigenschaften als ein System, die nicht auf die Eigenschaften der Teile reduzierbar sind, und die Eigenschaften auf höheren Ebenen üben eine kausale Kontrolle über jene auf niedrigeren Ebenen aus. Im Falle der Gehirnfunktion bestimmen die bewussten Eigenschaften der höher geordneten Gehirntätigkeit den Verlauf der neuralen Ereignisse auf niedrigeren Ebenen."[13]

In jüngerer Zeit vertrat der Mathematiker Alwyn Scott in seinem Buch *Stairway to the Mind*[14] eine ähnliche Ansicht wie Sperry. Genau wie Sperry behauptet Scott, dass Bewusstsein „emergiere" an der Spitze eines hierarchisch geordneten Nervensystems. Scott vergleicht die Hierarchie des Nervensystems mit einer Treppe oder den Sprossen einer Leiter. In seinem Schema emergiert das Bewusstsein, wie in dem von Sperry vorgestellten Modell, auf den höchsten und komplexesten neuralen Ebenen.

„Ebenso wie aus Kreisläufen von Kreisläufen von Kreisläufen biochemischer Aktivität Leben entsteht", erklärt Scott, „so scheint das Bewusstsein aus Zusammensetzungen von Zusammensetzungen von … Zusammensetzungen von Neuronen hervorzugehen", und „so wie das Leben aus mehreren der niedrigeren Stufen der Hierarchie entsteht, so entsteht das Bewusstsein aus mehreren der höheren Stufen." Scott bezeichnet diesen Standpunkt als *hierarchischen* oder *emergenten Dualismus*.

Sperrys Darstellung der Geist-Gehirn-Beziehung ist aus meiner Sicht mit Problemen behaftet. Als Erstes behauptete Sperry, der Geist emergiere an der Spitze eines hierarchisch geordneten Gehirns. Wie ich jedoch in Kapitel 7 dargelegt habe, gibt es keine materielle „Spitze" des Gehirns oder des Selbst. Die Vorstellung, der Geist tauche an der Spitze des Gehirns auf, entbehrt jeder Grundlage, da es keinen Ort im Gehirn gibt, an dem alle Gehirnaktivitäten physisch „zusammenlaufen". Darüber hinaus bleibt das kartesianische Dilemma. Wenn das Gehirn materiell und der Geist immateriell ist, wie kann ein nichtmaterieller Geist dann ein materielles Gehirn steuern und kontrollieren?

Es muss einen anderen Weg geben, das teilbare, zerlegbare Gehirn mit unserem inneren Gefühl von uns selbst als einheitlichen und ganzheitlichen Wesen in Einklang zu bringen.

Nichtverschachtelte und verschachtelte Hierarchien

Die Schwierigkeit bei Sperrys Darstellung ist die Art und Weise, wie er die Hierarchie des Gehirns sieht. Er betrachtet das Gehirn und den Geist als Teile einer bestimmten Form der Hierarchie, die als so genannte *nichtverschachtelte Hierarchie* bekannt ist.[15]

Eine nichtverschachtelte Hierarchie hat eine pyramidenartige Struktur mit einer klar erkennbaren Spitze und einem klar erkennbaren Fuß, wobei die höheren Ebenen die Operationen der unteren Ebenen kontrollieren. Ein geläufiges Beispiel für eine nichtverschachtelte Hierarchie ist die militärische Befehlsstruktur. An der Spitze steht ein General, der die Stabsoffiziere befehligt und kontrolliert, die wiederum ihre Hauptleute kontrollieren und so weiter und so fort, die Befehlskette hinunter, bis wir schließlich auf der Ebene der einzelnen Mannschaften und Soldaten ankommen. Das dürfte Sperry im Sinn gehabt haben, als er vom „Oberkommando" sprach, dem die unteren Ebenen der Hierarchie unterstellt seien (vgl. Abbildung 25).

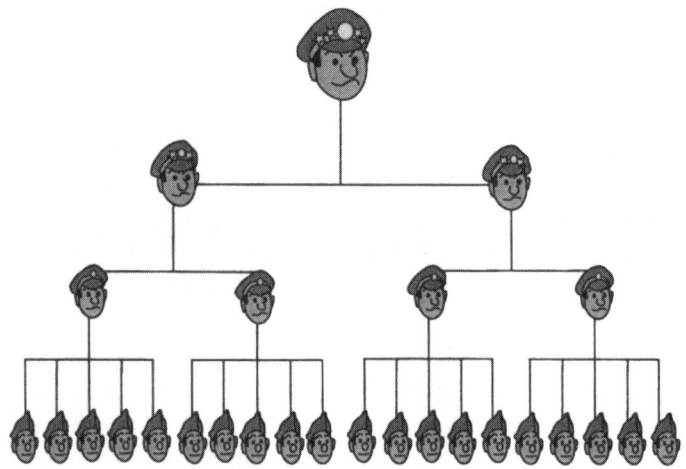

Abbildung 25: Eine Armee ist ein gutes Beispiel für eine nichtverschachtelte Hierarchie. Der General, an der Spitze der Pyramide, kommandiert und kontrolliert alle niedrigeren Ebenen bis hinunter zu den Gefreiten. Jede Ebene einer nichtverschachtelten Hierarchie ist physisch von allen anderen Ebenen getrennt und stellt eine separate Einheit dar.

Die nichtverschachtelte Hierarchie, die Sperry vorschwebte, wird als nichtverschachtelt betrachtet, weil, auch wenn die aufeinander folgenden Ebenen der Hierarchie interagieren, jede Hierarchieebene von allen höheren und niedrigeren Ebenen physisch unabhängig ist. Ich möchte noch einmal auf unser Beispiel der militärischen Befehlskette zurückkommen, die eine nichtverschachtelte Hierarchie darstellt. Der General kommandiert und kontrolliert die Stabsoffiziere, er setzt sich jedoch nicht aus den Stabsoffizieren zusammen!

Eine alternative Betrachtungsweise der Beziehung von Geist und Gehirn ermöglicht ein anderes Modell der Hierarchie, die so genannte *zusammengesetzte* oder *verschachtelte Hierarchie*. Diese Form der Hierarchie wird als verschachtelt bezeichnet, weil die Elemente, aus denen sich die unteren Ebenen der Hierarchie zusammensetzen, mit den höheren Ebenen physisch verbunden oder *verschachtelt* sind und so eine zunehmend komplexere Einheit (ein Ganzes) entstehen lassen.

Der wichtige Unterschied zwischen nichtverschachtelten und verschachtelten Hierarchien ist die Beziehung zwischen den niedrigeren und den höheren Ebenen der Hierarchie. Eine nichtverschachtelte Hierarchie hat eine klare Spitze und Grundfläche und die Hierarchie wird von der Spitze her kontrolliert. Eine verschachtelte Hierarchie hat kein Oben oder Unten und die Kontrolle oder der Zwang werden innerhalb des gesamten hierarchischen Systems ausgeübt.[16]

Alle lebenden „Dinge", einschließlich unserer selbst, sind verschachtelte Hierarchien (vgl. Abbildung 26). Wir setzen uns physisch aus winzigen Organellen zusammen, die hierarchisch so organisiert sind, dass daraus ein Mensch entsteht. In der Hierarchie eines lebendigen Menschen ist es der *ganze* Mensch, der an der „Spitze" der Hierarchie thront, und dieser Mensch ist nicht von den Teilen getrennt, aus denen er sich zusammensetzt. Die einzelnen Elemente des Körpers, aus denen der Mensch besteht, leisten simultan ihren Beitrag zum Leben dieses Menschen. Auf diese Weise sind die „Teile" dieses Menschen in der Gesamtheit dieser Person verschachtelt.

Ich komme nochmals auf das Beispiel der Lunge zurück. Die Mitochondrien leisten einen Beitrag zum Emergieren der Lunge (als

übergeordnetes Ganzes) – dies bedeutet jedoch nicht, dass die Lunge
von den Mitochondrien unabhängig ist. Sie ist in Wirklichkeit bezüglich ihres Lebens völlig abhängig von den Mitochondrien und ohne
die Mitochondrien würde die Lunge und mit ihr der betreffende
Mensch sterben.

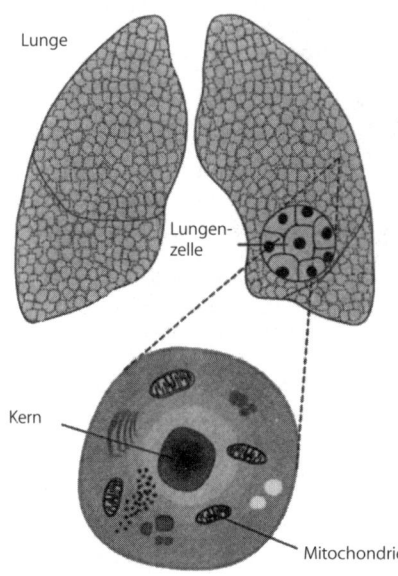

Abbildung 26: Organismen sind verschachtelte Hierarchien. Elemente niedrigerer Ordnung wie Zellorganellen
verbinden sich, um Elemente höherer
Ordnung entstehen zu lassen. Auf
diese Weise sind alle Einheiten höherer
Ordnung physisch aus Elementen niedrigerer Ordnung zusammengesetzt.
Auch wenn die höheren Ebenen der
verschachtelten Hierarchie „emergente"
Merkmale aufweisen, die auf den niedrigeren Ebenen nicht zu finden sind, so
leisten doch alle Einheiten auf allen
Ebenen einen Beitrag zum Leben und
zum Funktionieren des gesamten Organismus.

Auf diese Weise leisten die Mitochondrien und die Lunge sowohl
unabhängig als auch abhängig voneinander einen wesentlichen Beitrag zum Leben des betreffenden Menschen. Beide sind Teil der verschachtelten Hierarchie, die diese Person konstituiert.

Die verschachtelte Hierarchie des Gehirns

Vor dem Hintergrund dieser Überlegungen über Hierarchien möchte
ich ein alternatives Modell präsentieren, um die Beziehung zwischen
dem Gehirn und der Einheit des Geistes zu erklären. Ich vertrete hier
die These, dass die Gehirnfunktionen wie alle anderen biologischen
Systeme eine verschachtelte Hierarchie darstellen und dass die

verschachtelte Hierarchie das geeignete Modell zur Erklärung der Integration von Geist und Gehirn ist.

Denken Sie noch einmal an die im letzten Kapitel erwähnten „Gesichtszellen". Wie wird die mentale Repräsentation eines Gesichtes in der Bewusstheit vereinheitlicht, wenn so viele Regionen des Gehirns in ihre Entstehung einbezogen sind? Die Konvergenz neuraler Bahnen ermöglicht die Entwicklung einer ganz spezifischen Zelle, die nur auf ein Gesicht hin „feuert". Angesichts dieses Prozesses könnte man zu dem Gedanken verleitet werden, an der Spitze der Wahrnehmungshierarchie gebe es eine *einzelne* „Großmutterzelle", die die Repräsentation eines ganzen Gesichtes im Bewusstsein enthielte (vgl. Abbildung 22, Seite 169).

Wir haben uns damit beschäftigt, warum diese Schlussfolgerung ein Fehler wäre und warum es in Wirklichkeit kein einzelnes Neuron gibt, das die Fähigkeit, ein Gesicht zu sehen, enthält. Eine „Großmutterzelle" könnte zwar sehr selektiv auf bestimmte Stimuli wie Gesichter reagieren. Die im Bewusstsein erforderliche Bewusstheit vom Gesicht der eigenen Großmutter würde jedoch die Repräsentation einer enormen Vielfalt an Informationen voraussetzen – über die Linien von Omas Nase, den genauen Sitz ihres Mundes, die Farbe und Form ihrer Augen und so weiter. Alle diese Informationen sind jedoch nicht in einer einzelnen Zelle enthalten. Und diese Informationen laufen auch nicht in einem kartesianischen Theater zur simultanen Betrachtung zusammen, weil ein solcher Ort nicht existiert. Das gesamte verschachtelte System des Gehirns funktioniert vielmehr *interdependent* (in wechselseitiger Abhängigkeit), um das visuelle Bild des Gesichtes entstehen zu lassen. So wie die Mitochondrien und die Lunge zum Leben des Menschen beitragen, so leisten alle niedriger geordneten Elemente – jede Linie, jede Form, jeder Farbfleck, aus denen sich unsere Bewusstheit von dem Gesicht zusammensetzt – in der verschachtelten Hierarchie weiterhin ihren Beitrag zum Bewusstsein.

Das Modell einer verschachtelten Hierarchie des Bewusstseins können wir auch benutzen, um unsere bewusste Erfahrung von dem hupenden, flotten, roten Auto zu erklären, die wir in Kapitel 7 erörtert haben.

Ein derart komplexer Stimulus setzt sich aus so vielen Elementen zusammen, dass seine neurologische Repräsentation weite Regionen des Gehirns erfasst. Und jeder Teil des Gehirns muss einen Beitrag zur einheitlichen Emergenz der Repräsentation im Bewusstsein leisten. Bei der kurzen Untersuchung des visuellen Systems (Kapitel 7) haben wir gesehen, wie einzelne Liniensegmente gebildet werden. Eine „Linie" einfacher Zellen konvergiert simultan zu der einzelnen komplexen Zelle, die „eine Linie" repräsentiert. Dieser Konvergenzprozess findet für jede Linie, die in einem Bild auftaucht, statt.

Im Falle des roten Autos setzen sich seine Konturen aus Zehntausenden einzelner Liniensegmente zusammen. Diese einzelnen Liniensegmente von den Umrissen des Autos werden dann zu längeren Segmenten verbunden, aus denen die gesamte Form des Autos entsteht.

Die Merkmale oder Bestandteile niederer Ordnung, wie beispielsweise die exakte Position einer kleinen Liniensequenz im Raum, emergieren in der Bewusstheit als „Teil von" etwas anderem, wie etwa dem *Umriss* eines Autos. Ein kurzes Liniensegment wird an ein längeres Segment „angebunden", um den Umriss des Autos entstehen zu lassen. Und genauso wird ein kleiner roter Fleck an einen größeren roten Flecken „angebunden", der Teil der Tür ist. Die Röte des Autos wird an seine Form „angebunden", die wiederum an seine Bewegung gebunden wird, die wiederum an das Hupen angebunden wird, bis alle Repräsentationen „aneinander gebunden" sind, um das ganze Bild entstehen zu lassen. Farbe, Form und Bewegung des Autos sind im Bild des Autos zusammen verschachtelt und dieses Bild ist wiederum in der gesamten Szene verschachtelt.

Wenn wir sagen, ein Element sei an ein anderes *angebunden*, so ist dies einfach nur eine andere Ausdrucksweise dafür, dass sie in der Bewusstheit *abhängig* voneinander repräsentiert werden und *miteinander verschachtelt* sind. Daraus folgt, dass das Maß, in welchem Bestandteile niederer Ordnung an einen Bestandteil höherer Ordnung angebunden werden, dem Maß entspricht, in welchem die Bestandteile niederer Ordnung ihre Unabhängigkeit voneinander verlieren.

So sind zum Beispiel die auf die Röte des Autos reagierenden Neuronen eng aneinander gebunden. Diese Neuronen leisten ihre

Beiträge zur Bewusstheit als einem verschachtelten Ganzen. Jedes einzelne Neuron, das auf einen roten Fleck des Autos reagiert, leistet einen einzigartigen Beitrag zum Bewusstsein. Es *wird* jedoch ein Farb-„Fleck", weil alle Neuronen, die Röte repräsentieren, in einer *ganz und gar* abhängigen, gebundenen und verschachtelten Form ihren Beitrag zur Bewusstheit leisten.

Dieses Bindungskonzept kann auch auf die Beziehung zwischen der Röte und der Form des Autos übertragen werden. Farbe und Form werden in der Bewusstheit als eine verschachtelte Gesamtheit repräsentiert. Wir erfahren die Farbe des Autos nicht unabhängig von der Erfahrung seiner Form. Andererseits ist die Erfahrung des Hundes, an dem das Auto vorbeifährt, in der gesamten visuellen Erfahrung an das Auto gebunden, aber nicht eng an die Farbe oder Form des Autos angebunden.

Die höher angeordneten oder komplexeren Neuronen, die das Auto und den Hund als Einheiten kodieren, leisten innerhalb der verschachtelten Hierarchie des Bewusstseins größere *unabhängige* Beiträge zur bewussten Bewusstheit als die einfachen Neuronen, die die spezifische Farbe oder Form des Autos kodieren.[17]

Wenn es in der verschachtelten Hierarchie des Geistes kein Oben oder Unten gibt, woher kommt dann der „oberste" Zwang, der unser gesamtes Gehirn leitet und kontrolliert? Was ist die physische Realität des „inneren Ich", das den Geist „zusammenhält" und unsere Handlungen kontrolliert? Was hält die Millionen von Neuronen in unserem Gehirn davon ab, dass sie alle ihre eigenen Wege gehen? Wie können wir als einzelner Geist und als geeintes, einheitliches Selbst existieren?

Der Sinn und das „innere Ich"

In der Hierarchie unserer bewussten Bewusstheit ist es der *Sinn*, von dem der Zwang ausgeht, welcher den Geist „zusammenzieht", um das „innere Ich" des Selbst zu bilden.

Denken Sie noch einmal an unser Beispiel von der verschachtelten Hierarchie, die als zyklopenartige Wahrnehmung und geistiges Auge beschrieben wurde. Bei diesem Beispiel verschmelzen die beiden visuellen Bilder, eins von jedem Auge, nicht „physisch", wie Descartes unterstellt hatte. Es gibt im Gehirn keinen Ort, an dem diese Bilder physisch zusammenkommen. Die beiden Bilder schaffen vielmehr eine *mentale Bedingung*, unter der ihre *Bedeutungen* gemeinsam in der Bewusstheit repräsentiert werden, um einen *Sinn höherer Ordnung* hervorzubringen.

Beim Beispiel des Zyklopenauges besteht der Sinn höherer Ordnung darin, dass ein einzelnes Bild gesehen wird, das Tiefe und Tiefenschärfe hat. Es ist der höhere Sinn der Kombination zweier Bilder, von dem der Zwang „von oben nach unten" auf die einzelnen Elemente ausgeht. Dieser Zwang oder diese Kontrolle des Ganzen über die Teile *bedeutet nicht*, dass diese einzelnen Teile aus dem Geist ausgeschlossen werden, da die von beiden Augen gelieferten Bilder weiterhin ihren Beitrag zur Einheit des Zyklopenauges leisten. Was durch den Zwang ausgeschlossen oder aufgehoben wird, ist vielmehr die *Unabhängigkeit* der einzelnen Teile untereinander, wenn sie im Rahmen der verschachtelten Hierarchie des Bewusstseins operieren. Wenn ich sage, dass diese Teile abhängig voneinander repräsentiert werden, dann sage ich damit auch, dass sie im Bewusstsein *sinnvoll* repräsentiert werden.

Somit ist die *einheitliche subjektive Erfahrung*, die wir als das integrierte Selbst erfahren, das Ergebnis der vom Gehirn geschaffenen *verschachtelten Hierarchie des Sinns*.

Der Zweck – das „Gespenst in der Maschine"

Wenn die Steuerung und Kontrolle des Handelns oder der Wille als verschachtelte Hierarchie betrachtet werden, dann ist es der *Zweck*, von dem der Zwang ausgeht und der die treibende Kraft darstellt, die das Selbst leitet. Der *Zweck* ist das „Gespenst in der Maschine". Wenn es aber um die neurologischen Grundlagen des Verhaltens geht, ist wenig Platz für Konzepte wie „freier Wille" oder Sinn und Zweck. Bei der Erklärung eines neurologischen Phänomens einen Zweck zu bemühen wird als eine Form des *teleologischen Denkens* angesehen, des Bemühens, das Endergebnis eines Prozesses als seine Ursache hinzustellen, was von der Logik her ein Ding der Unmöglichkeit ist.[18] Wir können zum Beispiel nicht sagen, wir besäßen den Hornhautreflex – das reflexartige Schließen des Auges, wenn etwas mit der Hornhaut in Berührung kommt –, *um* das Auge zu schützen. Diese Form der teleologischen Argumentation stellt keine neurologische Erklärung für den Reflexmechanismus dar. Eine neurologische Erklärung des Hornhautreflexes bezieht eine Beschreibung derjenigen Nerven mit ein, die für die Empfindung des Auges sorgen, und der Nerven, die das blitzartige Schließen des Auges bewirken. Der Neurologe braucht den *Zweck* des Reflexes nicht zu beschwören, um sein *Funktionieren* zu erklären. Andererseits erfüllt der Hornhautreflex durchaus einen *Zweck*, indem er das Auge schützt.

Wie am Anfang dieses Kapitels dargelegt, sind *alle* lebenden Dinge hierarchisch so organisiert, dass ihre Teile *genötigt* oder *gezwungen* sind, bestimmte zielorientierte Handlungen zu vollbringen, die für den Organismus einen *Zweck* erfüllen.

In einer verschachtelten Hierarchie ist der Zwang das Mittel, durch das Organismen ihre Ziele erreichen.

Ein weiteres Beispiel für diesen Zusammenhang zwischen Zwang und Zweck wird durch die Wasseraufnahme einer Pflanze über ihre Wurzeln veranschaulicht. Teile der Pflanze (die Wurzeln) werden genötigt, die für diese lebensnotwendige Funktion erforderlichen Handlungen zu vollbringen. Dies bedeutet nicht, dass die Pflanze den Zweck dieser Funktion „kennt" oder dass die Pflanze den Akt der Wasseraufnahme vollbringt, „um" ihre Blätter mit Wasser zu versorgen. Es wäre teleologisches Denken, den *Mechanismus* der Wasseraufnahme auf der Grundlage zu erklären, die Pflanze habe den *Zweck* Wasser aufzunehmen.

Genauso verhält es sich beim schlagenden Herzen des Menschen, das bewirkt, dass das Blut im ganzen Körper zirkuliert, das eine Struktur hat und biologisch so konzipiert ist, dass es ihm möglich ist, die Funktionen zu erfüllen, die notwendig sind, um das Leben des Organismus aufrechtzuerhalten. Das Herz hat jedoch nicht von vornherein mehr den Zweck, Blut zu pumpen, als die Pflanze den Zweck hätte, Wasser aufzunehmen.

Gleichwohl sind die Wurzeln der Pflanze und das schlagende Herz in ihren Strukturen biologisch so organisiert, dass sie die

Handlungen vollbringen können, die das Überleben des Organismus gewährleisten.[19]

Diese Beispiele veranschaulichen, wie schwierig es ist, biologische Funktionen zu beschreiben, die dem Zweck dienen, in einem nicht-teleologischen Sinne das Überleben des Organismus sicherzustellen. Der Biologe und Theoretiker Ernst Mayr meinte, ein Ansatz könne sein, biologische Systeme als *teleonomisch* zu betrachten. Der Begriff wurde von dem griechischen Wort *telos* abgeleitet, das „Ziel" oder „Endpunkt" bedeutet. Mayr zufolge kann ein „physiologischer Prozess oder ein Verhalten, das sein Zielgerichtetsein dem Ablaufen eines Programms verdankt", als „teleonom" bezeichnet werden.[20] Evolutionäre Prozesse bringen lebende Dinge hervor, die teleonomisch sind. Genetisch programmierte Prozesse, wie etwa die Atmung der Mitochondrien, sind teleonomisch. Ein Organismus kann einen Prozess vollziehen, der insofern teleonomisch ist, als dieser ihm zu einem adaptiven Zweck dient. Dabei muss der Organismus den Endpunkt jenes Prozesses jedoch antizipieren oder „kennen".

Es dürfte klar sein, dass Pflanzen und schlagende Herzen die Konsequenzen ihrer Handlungen nicht antizipieren. Aber was ist mit der Katze, die hinter ihrer Beute herschleicht? Dies ist ebenso ein Beispiel eines teleonomischen Prozesses. Das schleichende Verhalten der Katze wird durch ein biologisches Programm gesteuert (in diesem Fall sprechen wir von einem Instinkt) und es hat einen klaren Endpunkt, der darin besteht, die Beute zu fangen und zu fressen.

Hat das schlagende Herz nach Mayrs Teleonomiekonzept die gleiche Teleonomie wie eine Katze, die hinter einer Maus herjagt? Hat das schlagende Herz die gleiche Teleonomie wie der frühe Mensch, der das erste Steinwerkzeug herstellte?

Mayr wollte solche Prozesse als teleonomisch betrachten, die auf ein bestimmtes Ende gerichtet sind, dies aber nicht absichtsvoll oder intentional. Teleonomische Formulierungen wie „die Funktion des Herzschlags" oder „das Herz schlägt, um zu ..." sind so lange akzeptabel, wie man sich die metaphorische Verwendung solcher Ausdrucksweisen vor Augen hält. Wenn teleonomische Prozesse jedoch nicht unbedingt absichtsvolle, zielstrebige, intentionale Akte sind, dann bleibt die Frage, ob es einen biologischen oder gar philosophi-

schen Unterschied zwischen dem schlagenden Herzen und dem denkenden und zielstrebigen Gehirn des Werkzeugmachers gibt. Und
wenn es einen Unterschied zwischen dem Herzen und dem Gehirn
gibt, wie sollen wir diesen Unterschied wissenschaftlich beschreiben?

Auch wenn der hierarchische Zwang in allem Lebenden integrierte
teleonomische Funktionen hervorbringt, sind nur *bestimmte* teleonomische Systeme, Ereignisse, Akte und so weiter auch *zweckmäßig*.
Es ist das Maß an bewusstem Zweck, das intentionale von nichtin-
tentionalen teleonomischen Verhaltensweisen unterscheidet. Schlagende Herzen haben in ihren Aktionen keinen Zweck; Werkzeugma-
cher sehr wohl. Ebenso gibt es bei Menschen einige neurologische
Phänomene, die teleonomisch, aber dennoch völlig unzweckmäßig
sind. Der Hornhautreflex, das Schließen des Augen bei Berührung,
dient dazu, das Auge zu schützen, und ist somit eine teleonomische
Verhaltensweise. Dieser Reflex kann jedoch auch bei einem Menschen hervorgerufen werden, der im Koma liegt, und der Reflex erfolgt weitestgehend unwillkürlich. Der Hornhautreflex ist zwar insofern teleonomisch, als er einem Zweck für den Organismus dient, er
ist jedoch nicht zweckmäßig.

Die Frage ist, an welchem Punkt wir ein Verhalten als zweckmäßig betrachten. Braithwaite hatte zum Beispiel kein Problem damit,
seiner Katze zweckmäßige Handlungen zuzuschreiben:

> „Vom Verhalten meiner Katze, wenn sie mit der Pfote an der ge-
> schlossenen Tür kratzt, kann gesagt werden, das es hinreichend
> Ähnlichkeit mit dem Verhalten eines Menschen aufweist, der an
> eine geschlossene Tür klopft, um begründeterweise daraus zu fol-
> gern, dass die Katze genau wie der Mensch so handelt, wie sie es
> tut, weil sie eine bewusste Intention oder zumindest einen be-
> wussten Wunsch hat, durch die Tür gelassen zu werden."[21]

Wir können ihm darin beipflichten, dass das Verhalten der Katze
in gewissem Maße intentional und zielgerichtet ist. Wir können ihm
außerdem beipflichten, dass das Verhalten des Menschen eine hierarchisch fortgeschrittenere oder zumindest weiter entwickelte Form
der Intentionalität darstellt. Tiere, einschließlich der nichtmenschlichen Primaten, haben zum Beispiel eine sehr begrenzte willkürliche
Kontrolle über ihre Vokalisationen. Primatenforscher können einem
Rhesusaffen problemlos beibringen, einen Hebel zu drücken, um

eine Belohnung zu erhalten, sie fanden es jedoch weitaus schwieriger, diesen Tieren beizubringen, in gleicher Weise eine Vokalisation hervorzubringen.[22] Der Affe kann seine Gliedmaßen kontrollieren, aber nicht seine Vokalisationen. Während die Gehirnregionen, die die Bewegungen der Gliedmaßen steuern, eine kortikale Repräsentation haben müssen, sind die Gehirnregionen, die beim Affen die Vokalisation und den Gesichtsausdruck kontrollieren, im limbischen System, einer subkortikalen, stammesgeschichtlich älteren Region des Gehirns, die für emotionale, soziale und der Selbsterhaltung dienende Verhaltensweisen verantwortlich ist. Ein wesentlicher Unterschied zwischen der Vokalisation des Affen und der des Menschen ist somit, dass der Mensch seine Stimmwerkzeuge kontrollieren kann. Der Mensch kann *Zwang* auf die vielen Teile des Körpers ausüben, die notwendig sind, um Sprache hervorzubringen.

Der Zweck meiner detaillierten Ausführungen über dieses Thema ist, dass ich aufzeigen möchte, dass eine zweckmäßige Handlung von teleonomischem (aber nicht zweckmäßigem) Verhalten durch den stärkeren Zwang unterschieden werden kann, der auf eine Vielzahl verschachtelter Teile ausgeübt wird.

Sowohl Vögel als auch manche Menschen fliegen über den Winter in den Süden. Aber nur der Mensch hat eine Bewusstheit davon, dass er das Land verlässt, um im Süden wärmeres Klima zu suchen. Bei beiden Spezies werden die einfachen motorischen Akte durch den Zwang der höchsten Ebenen der geschachtelten Handlungshierarchie ausgelöst. Im Falle des Vogels ist die höchste Ebene jedoch eine Kette von instinktiven Verhaltensweisen, mit einer minimalen Flexibilität oder Voraussicht. Bei manchen menschlichen Verhaltensweisen ist das Maß des Zwanges hinsichtlich des Raumes und der Zeit in Zusammenhang mit dem Reisen demgegenüber jedoch außergewöhnlich – Kleidung kaufen, Tickets, Badesachen; Freunde und Kollegen informieren, dass man verreist; zum Flughafen fahren und so weiter. Die Art der Ausrichtung auf die Zukunft, die Anzahl und Komplexität der notwendigen Schritte, die Menschen unternehmen, um zielstrebig ein Ziel zu erreichen, spiegeln ein unvergleichliches Maß an Zwang wider, verglichen mit dem irgendeiner anderen Lebensform.[23]

Einer der Ecksteine des modernen neurologischen Denkens betrifft die Art und Weise, wie höhere Gehirnregionen gezielt und zweckdienlich niedrigere Regionen kontrollieren. Das von John Hughlings Jackson aufgestellte hierarchische Modell des Nervensystems ist das vielleicht einflussreichste Modell in der Geschichte der Neurologie. Aus Jacksons Sicht entwickelte sich das Nervensystem von einfachen Reflexen, die auf den untersten hierarchischen Ebenen des Nervensystems zu finden sind, zu *willkürlichen* Handlungsformen, die von den höchsten kortikalen Ebenen des Gehirns hervorgebracht werden.[24]

Nach Jacksons hierarchischem Nervensystem werden die unteren Ebenen von den höheren kortikalen Regionen kontrolliert und unterdrückt. Was an der Spitze von Jacksons Handlungshierarchie auftaucht, ist nicht etwa eine Papstzelle. Jackson hatte auch nicht das Bild von einem „Gespenst in der Maschine" vor Augen, das die unteren Ebenen des Nervensystems kontrolliert. Für ihn war es das *zweckdienliche Handeln* oder das – wie er es nannte – willkürliche (im Gegensatz zum automatischen) Verhalten, das in den höchsten Ebenen des Nervensystems lokalisiert sei. Willkürliche Verhaltensweisen seien die komplexesten, spezialisiertesten, am wenigsten automatischen Verhaltensweisen, die ein Höchstmaß an Bewusstsein bedingten und am unabhängigsten von anderen Bewegungen seien. Das willkürliche Handeln sei auch die bewussteste Form des Handelns. Es sei das willkürliche oder zweckdienliche Handeln, das Zwang auf die niedrigeren Elemente in der motorischen Hierarchie ausübe, und *nicht etwa eine einzelne Zelle oder Gehirnregion.*

Der Vorgang des Sprechens ist ein weiteres Beispiel, das den zweckdienlichen Zwang innerhalb eines verschachtelten Systems von Teilen veranschaulicht. Wenn wir sprechen, *wollen* wir nicht explizit, dass ein bestimmter Muskel des Mundes sich in einer spezifischen und bewussten Weise bewegt. Wir senden der Zunge nicht bewusst einen Befehl, sich nach links und dann nach rechts und so weiter zu bewegen. Wir könnten es in Wirklichkeit nicht einmal, selbst wenn wir wollten.

Der erste Punkt ist, dass der durchschnittliche Sprechende keine Ahnung hat, welche speziellen Muskeln beim Sprechen bewegt werden.

Es entzieht sich unserem Bewusstsein, welche Muskeln des Mundes, der Zunge, des Rachens, des Kehlkopfs und so weiter aktiviert werden müssen, um einen bestimmten Laut hervorzubringen. Aber selbst wenn wir wüssten, welche Muskeln zu bewegen sind, kommt zum zweiten hinzu, dass uns die Fähigkeit zu der feinen Abstimmung und Koordination fehlt, die erforderlich ist, um einen bestimmten Muskel willkürlich genau *so* zu bewegen, dass ein bestimmter Sprechlaut hervorgebracht wird. Und selbst wenn wir über das nötige Wissen und die Kontrolle verfügen würden, um willkürlich jeden beim Sprechen erforderlichen Muskel zu aktivieren und entsprechend zu bewegen, würden wir, wenn wir tatsächlich gefordert wären, dies beim Sprechen zu tun, die Übersicht bei der Integration des Sprechvorganges als eines Ganzen verlieren. Wir müssen uns auf das konzentrieren, was wir inhaltlich zum Ausdruck bringen möchten, statt darauf, wie sich unsere Lippen und unsere Zunge bewegen, oder darauf, wie eine einzelne Nervenfaser in der Zunge feuert!

Auf diesen niedrigeren Ebenen der Hierarchie sind die Aktivitäten der Neuronen mit den höheren Ebenen der Hierarchie *verschachtelt*. Der Zweck des Vorgangs sorgt für den *Zwang* der höheren Ebenen auf die niedrigeren Ebenen der motorischen Hierarchie. Und in diesem Fall besteht der Zweck des Sprechens darin, einen Gedanken mitzuteilen. Wenn wir sprechen, ist der Gedanke, den wir äußern möchten, der *Zweck* unseres Sprechens, der auf der höchsten Ebene der Handlungshierarchie thront. Es ist dieser Zweck, der den Sprechvorgang zu einer Einheit werden lässt und die den entsprechenden Zwang auf all die vielen Muskeln ausübt, die in den Vorgang des Sprechens einbezogen sind.

Beweise für die hierarchische Kontrolle des Sprechens glaubte Jackson bei nervenkranken Patienten zu finden. Er untersuchte einen Patienten, der unter Aphasie litt.[25] Unter Aphasie ist der durch eine Dysfunktion des Gehirns hervorgerufene spezifische Verlust des Sprachverständnisses oder der Sprechfähigkeit zu verstehen. Aphasie tritt als Ergebnis einer Schädigung bestimmter Hirnregionen auf, die bei Rechtshändern meist in der linken Gehirnhemisphäre liegen. Manche Aphasie-Patienten haben Probleme, sich zu äußern, sie leiden unter einer Sprachhemmung oder Sprachnot, der so genannten Broca-Aphasie; bei anderen ist die Hauptschwierigkeit hingegen das

Sprachverständnis, bei ihnen liegt eine so genannte Wernicke-Aphasie vor. Darüber hinaus gibt es auch jene Aphasie-Patienten, bei denen unterschiedlichste Kombinationen von Störungen in Erscheinung treten, wobei einige Funktionen ausgenommen sind, andere hingegen einbezogen werden. Jackson stellte beispielsweise fest, dass der Aphasie-Patient, der ein Wort nicht auf Kommando sagen konnte – etwa als Antwort auf die Aufforderung: „Sagen Sie das Wort ‚nein'!" –, es als Antwort auf eine andere Frage doch sagen konnte. Und ein Patient, der als Antwort auf eine Frage kein „Nein" herausbringen konnte, war dennoch in der Lage „nein" zu sagen, wenn er mit seinen Kindern schimpfte oder wenn er sich in einem sehr aufgeregten Zustand befand.

In diesem Fall waren die untersten Ebenen des Sprechens, die eher emotionalen und automatischen, die widerstandsfähigsten gegenüber einem – wie Jackson es formulierte – „Zerfall der Funktion", während die höchsten Ebenen, die willkürlichsten, aufgrund der Gehirnschädigung störungsanfälliger waren.

Ein Aphasie-Patient aus meiner Praxis ist ein anschauliches Beispiel für dieses Prinzip. Der 68-jährige Geschäftsmann litt infolge eines kortikalen Schlaganfalls unter einer schweren Sprachstörung. Im Rahmen der Untersuchung zur Bewertung seines Sprachvermögens wurden ihm verschiedene Objekte gereicht, die er identifizieren sollte. Der Patient, der vor seinem Schlaganfall ein guter Erzähler war, schaffte es nicht einmal, auch nur die einfachsten Gegenstände wie einen Kugelschreiber oder eine Uhr zu benennen. Einige Minuten später wurde er sichtlich ärgerlich und regte sich auf und stieß schließlich hervor: „Verdammt noch mal! Ich bin genau so gescheit wie Sie ... wie jeder, der Ihnen über den Weg läuft!" Seine Fähigkeit, bestimmte Gedanken auszudrücken, war eingeschränkt, dennoch war er stets in der Lage, einen ununterbrochenen Wortschwall an Kraftausdrücken hervorzubringen.

Läsionen in bestimmten neokortikalen Regionen rufen beim Menschen unweigerlich Aphasie hervor, eine Störung des willkürlichen Sprechens. Wie wir jedoch bereits gesehen haben und wie auch Jackson verdeutlichte, können manche Aspekte des emotionalen Sprechens, die vom limbischen System gesteuert werden, dennoch erhalten bleiben.

Darüber hinaus kann es infolge eines Schlaganfalls zu einer Dissoziation zwischen willkürlichem und unwillkürlichem Gesichtsausdruck kommen; dabei spielt es keine Rolle, welche Seite des Gehirns
von dem Schlaganfall betroffen ist. Bei Patienten mit einer kortikalen
Läsion ist oft der untere Teil des Gesichts auf der der Läsion gegenüberliegenden Seite gelähmt. Wenn ein Patient mit einer Lähmung
des unteren Teils des Gesichts, die auf eine linksseitige kortikale Läsion zurückzuführen ist, aufgefordert wird: „Zeigen Sie mir Ihre
Zähne", so wird die Schwäche der gegenüberliegenden unteren Gesichtshälfte offensichtlich. Sofern der Patient hingegen spontan lächelt oder lacht – ein Verhalten, das von dem stammesgeschichtlich
älteren und primitiveren limbischen System kontrolliert wird –, bewegt sich das Gesicht symmetrisch und normal. Umgekehrt erkennen Neurologen so genannte „Störungen der mimischen Gesichts-
muskulatur".[26] Ein unter einer Läsion im limbischen System
leidender Patient hat möglicherweise keine Schwierigkeiten, auf Anweisung seine Zähne zu zeigen, bei spontanem Lachen kann jedoch
eine Gesichtslähmung offenbar werden.[27]

Die Dissoziation der Funktion wurde mir während meiner klinischen Praxis vor Augen geführt, als eines Abends ein junger Mann
in der Klinik aufgenommen wurde, der wegen Kopfschmerzen untersucht werden sollte. Nach einer eingehenden Anamnese und einer
umfassenden neurologischen Untersuchung hatte ich nichts gefunden, was bei ihm nicht in Ordnung war. Als wir uns später zwanglos
unterhielten, ergab sich die eine oder andere Gelegenheit, über etwas
zu lachen, und dabei trat plötzlich und ironischerweise eine merkli-
che Erschlaffung auf der rechten Seite seines Gesichts zutage, die auf
einen Tumor im Hypothalamus (Hirnstamm) hinwies. Er konnte
glücklicherweise erfolgreich entfernt werden.

Eine andere verwandte, faszinierende, aber manchmal stark behin-
dernde Erscheinung ist die so genannte „Pseudobulbärparalyse". Ein
Patient kann auf beiden Seiten des Gehirns Läsionen entwickeln, die
zur Folge haben, dass die Verbindungen zwischen den neokortikalen
Regionen und den unteren Zentren des Hirnstamms unterbrochen
werden, die die Gesichtsmuskeln mit Nervenreizen versorgen. Unter
diesen Voraussetzungen werden die Nervenbahnen des willkürlichen
Gesichtsausdrucks unterbrochen, der Patient verliert die willentliche

Kontrolle über sein Gesicht und kann zum Beispiel nicht lächeln oder auf Anweisung den Mund bewegen. Als wäre dies noch nicht schlimm genug, werden zusätzlich auch die von den höheren Gehirnregionen kommenden hemmenden Bahnen geschädigt, so dass der Patient auch spontane emotionale Ausdrucksweisen nicht zu hemmen oder zu unterdrücken vermag. Das heißt, dass der Patient extremen emotionalen Ausbrüchen wie Lachanfällen oder Weinkrämpfen ausgeliefert ist, die ihn scheinbar aus dem Nichts überkommen.

Eine meiner Patientinnen, eine junge Frau im College-Alter, litt an einer arteriellen Erkrankung, die zu zwei Schlaganfällen geführt hatte, einem auf jeder Seite des Gehirns. In meiner Praxis wie auch in den meisten anderen sozialen Umgebungen musste sie permanent ein Lächeln oder Lachen unterdrücken, egal, um welches Thema es ging oder in welcher Stimmung sie war. Manchmal wurde der Druck zu groß, so dass sie in einen lauten, langen Lachanfall ausbrach, bis ihr die Tränen kamen. Sie bestritt, dass irgendwelche nennenswerten Emotionen, außer Frustration, mit diesen Ausbrüchen verbunden waren.[28]

Die Pseudobulbärparalyse veranschaulicht sehr gut die Prinzipien der hierarchischen Kontrolle des motorischen Systems. Bei einem Patienten, der an diesem Krankheitsbild leidet, ist die Kontrolle des emotionalen Ausdrucks auf der höchsten Ebene zerstört. Der Patient kann nicht lächeln, um Zustimmung zu signalisieren, oder finster blicken, um Verärgerung zu zeigen. Unter bestimmten Umständen können emotionale Ausdrucksweisen auch ohne den Zwang oder die Kontrolle durchbrechen. Der neurologische Unterbau der Emotionen ist intakt, aber die Kontrolle der höheren Ebenen fehlt.

Zusammenfassend kann das Selbst als eine *verschachtelte Hierarchie von Sinn und Zweck* verstanden werden. Wir erfahren *nicht mehrere* kognitive oder bewusste Repräsentationen aus jeder Gehirnregion, die zum Selbst beiträgt, da diese Regionen in der verschachtelten Hierarchie des Geistes als Elemente niedriger Ordnung dienen. In Wirklichkeit werden die vielen Gehirnregionen zu einem einzigen, verschachtelten Bewusstsein koordiniert.

Die Sicht, dass das Gehirn als eine verschachtelte Hierarchie funktioniert, wurde in der neurowissenschaftlichen Literatur anscheinend weitgehend übersehen. Die verschachtelte Natur des Bewusstseins wird beispielsweise auch nicht in der ausgezeichneten und umfassenden Sonderausgabe von *Consciousness and Cognition* erwähnt, die dem Thema temporale Bindung und Bewusstsein gewidmet ist.[29] Und Scott[30] ging in seinem Buch *Stairway to the Mind* ausführlich auf das Thema der Entstehung hierarchischer Systeme ein, die verschachtelte Natur des Gehirn-Geist-Komplexes bei Wahrnehmung und Handeln scheint jedoch nicht zu seinem Modell zu gehören.[31]

Im Gegensatz dazu vertrete ich die These, dass das Selbst, das „geistige Auge" oder unser Wille, das Produkt der verschachtelten Hierarchie des vom Gehirn geschaffenen Sinns und Zwecks ist. Im nächsten Kapitel werde ich darauf eingehen, wie dieser Standpunkt uns hilft, die innerste Natur der Einheit des Selbst zu verstehen.

Kapitel 9
Sein und Gehirn

„Nun ist zwar sehr einleuchtend: dass ich dasjenige, was ich voraussetzen muss, um überhaupt ein Objekt zu erkennen, nicht selbst als Objekt erkennen könne." Immanuel Kant, 1781[1]

Descartes, Sherrington und Sperry sprachen sich für die Trennung von Körper und Geist aus. Ihre Gründe, warum sie diese Trennung postulierten, ähnelten einander. Diese Denker versuchten zu erklären, wie die Einheit des Geistes, das „innere Ich", das kohärente Selbst, mit Hilfe der verschiedenen Teile des Gehirns konstruiert wird. In ihrer abschließenden Analyse gelangten sie zu dem Schluss, dass der Geist nicht auf das materielle Gehirn reduziert werden könne.

Ich habe für das Problem der mentalen Vereinheitlichung eine Lösung angeboten – nämlich dass der Geist eine verschachtelte Hierarchie des Sinns und Zwecks ist, die vom Gehirn geschaffen werden. Die verschachtelte Natur der Hierarchie des „inneren Ich" erlaubt es dem Selbst und dem Geist, trotz der Vielfältigkeit des Gehirns subjektiv eine Einheit zu sein.

Stellt diese These *die* Lösung für das Geist-Körper-Problem dar? Auch wenn ich versucht habe aufzuzeigen, warum Descartes', Sherringtons und Sperrys Erklärungen für die Trennung von Geist und Gehirn Irrtümer waren, gibt es tatsächlich *reale* Unterschiede zwischen dem Geist und dem Gehirn, die aber nichts mit den von diesen Autoren angeführten Gründen zu tun haben.

In diesem Kapitel werde ich darlegen, dass der Grund, warum der Geist nicht mit dem Gehirn gleichgesetzt werden kann, in der absolut *persönlichen* Natur von Sinn, Zweck und Sein liegt. Der Geist ist subjektiv und persönlich und aus diesem Grund können der Geist und das Selbst nicht auf das Gehirn *reduziert* werden.

Der subjektive und der objektive Standpunkt

Viele Gelehrte haben die Meinung vertreten, dass subjektive und objektive Standpunkte zum Gehirn sich grundlegend unterscheiden.[2] Der Philosoph Immanuel Kant beharrte darauf, dass die Apperzeption eines Objektes ein erfahrendes Selbst voraussetze, und daraus folge, dass das Selbst sich nie selbst Objekt sein könne.[3]

Der Philosoph Arthur Schopenhauer (1788-1860) wurde durch die Kant'sche Philosophie beeinflusst. Auch Schopenhauer bestand darauf, dass nichts zugleich Subjekt und Objekt sein könne:

> „Dass unsere Erkenntnis, wie unser Auge, nur nach außen sieht und nicht nach innen, so dass, wenn das Erkennende versucht, sich nach innen zu richten, um sich selbst zu erkennen, es in ein völlig Dunkeles blickt, in eine gänzliche Leere gerät."[4] Und weiter: „Dass das Subjekt sich selbst Objekt werde, ist der ungeheuerste Widerspruch, der je ersonnen ist: denn Objekt und Subjekt lassen sich nur Eins in Beziehung aufs andre denken, diese Beziehung ist ihr einziges Merkmal, nach dessen Aufhebung ihr Begriff leer ist: soll nun das Subjekt Objekt werden, so setzt es als Objekt wieder ein Subjekt voraus – woher soll dieses kommen?"[5]

Die Unterscheidung zwischen Subjekt und Objekt wurde ebenfalls von den Evolutionspsychologen George Henry Lewes (1817-1878) und Herbert Spencer (1820-1903) betont. Lewes erklärte:

> „Wenn mir erzählt wird, dass ein nervlicher Stimulus, wenn er das Gehirn erreicht, in eine Sinneswahrnehmung umgewandelt wird, so frage ich, wer weiß dies? Auf der Grundlage welcher Beweise wird diese Tatsache behauptet? Bei einer genaueren Untersuchung wird sich herausstellen, dass es überhaupt keinen Beweis für eine solche Transformation gibt. Alle vorliegenden Belege weisen auf eine völlig andere Tatsache hin, nämlich, dass der neurale Prozess und das Gefühl ein und derselbe Prozess, unter anderen Aspekten betrachtet, ist. Von der physischen oder objektiven Seite betrachtet, ist es ein neuraler Prozess; von der psychologischen oder subjektiven Seite betrachtet, ist es ein Sinneswahrnehmungsprozess."[6]

Und Spencer schrieb:

> „Wenn die zwei Modi des Seins, die wir als Subjekt und Objekt unterscheiden, einzeln auf ihren niedrigsten Ausdruck reduziert werden, muss jedes weitere Verständnis eine Assimilation dieser

niedrigsten Ausdrucksweisen untereinander sein; und dies wird, wie wir gesehen haben, genau durch die Unterscheidung von Subjekt und Objekt negiert, das selbst das Bewusstsein von einem Unterschied ist, der alle anderen Unterschiede transzendiert. Also weit davon entfernt uns zu helfen, sie als von einer Art zu sehen, dient die Analyse nur dazu, die Unmöglichkeit noch manifester zu machen, für sie ein gemeinsames Konzept zu finden – einen Gedanken, unter dem sie vereinigt werden könnten."[7]

Die Beziehung zwischen dem subjektiven oder inneren Geist und der objektiven Realität des materiellen Gehirns bleibt bis auf den heutigen Tag ein Rätsel. Dieses alte Problem wurde in den aktuellen Debatten, die unter Philosophen und Neurowissenschaftlern über die Natur des Bewusstseins geführt werden, in der Tat wieder neu belebt.

Der Philosoph Thomas Nagel argumentierte in seinem klassischen Aufsatz: „Wie ist es, eine Fledermaus zu sein?", die subjektive Natur des Geistes könne aus den Diskussionen über das Gehirn nicht ausgeschlossen werden.[8] Nagel insistierte auf der subjektiven Natur mentaler Phänomene und sprach sich gegen einfachen Reduktionismus und Physikalismus aus, weil „jedes subjektive Phänomen mit einer einzelnen Perspektive verbunden ist; und es scheint unvermeidlich, dass eine objektive physikalische Theorie von dieser einzelnen Perspektive abstrahieren wird."[9] Ein zentrales Thema von Nagels Argumentation ist, dass die Dichotomie von Subjektivem und Objektivem den Kern des Geist-Körper-Problems berühre und dass die „Subjektivität des Bewusstseins ... ein nicht weiter reduzierbarer Aspekt der Realität" sei.[10]

Andere zeitgenössische Philosophen, darunter John Searle, vertreten die Auffassung, dass der Geist als Erscheinung nicht auf das Gehirn reduzierbar sei. Searle zeigt auf, dass erfolgreiche Reduktionen in der Wissenschaft darauf abzielten, jedes subjektive Element in der Analyse zu *eliminieren*. Ein Merkmal der Welt, das in einer bestimmten nichtreduzierbaren Form „erscheine", werde schließlich auf seine wissenschaftliche „Realität" reduziert. Wenn es jedoch um den Geist gehe, so behauptete Searle, könnten wir „eine solche Unterscheidung zwischen Erscheinung und Wirklichkeit ... im Hinblick auf das Bewusstsein nicht machen, denn das Bewusstsein besteht in seinen Erscheinungen selbst. *Wo es um die Erscheinung geht, können wir keine Unterscheidung zwischen Erscheinung und Wirklichkeit machen, weil die Erscheinung die Wirklichkeit ist.*"[11] Angesichts dessen gelangte Searle zu dem Schluss, dass „die Ontologie des Geistes eine Ontologie der ersten Person ist".[12]

Ich gehe mit Searle darin einig, dass der Geist nicht auf das Gehirn reduziert werden kann. Um zu erkennen, warum der Geist und letztendlich das Selbst nicht auf das Gehirn reduziert werden können und warum die Ontologie des Geistes und des Selbst tatsächlich eine nichtreduzierbare Ontologie der ersten Person ist, erscheint es notwendig, die neurologischen Ursprünge und Grundlagen von Sinn und Zweck weiter zu untersuchen.

Die neurologische Grundlage des Sinns

Wir müssen zunächst verstehen, was Sinn und Bewusstscin aus der Sicht der Neurologie beinhalten. Einer der einflussreichsten Neurologen des 20. Jahrhunderts, Lord Brain, lieferte ein schönes Beispiel dafür, wie das Gehirn Sinn entstehen lässt:

> „Wenn meine Hand kalter Luft ausgesetzt ist, sage ich: ‚Meine Hand ist kalt', wenn ich jedoch einen Stein ergreife, sage ich: ‚Dieser Stein ist kalt.' Was ich in jedem Fall erfahre, ist ein Kälte-Sinnesdatum, aber in dem einen Fall fühle ich sie in meiner Hand und in dem anderen Fall als zu einem Objekt gehörig. Wie nehme ich die Größe, Form und Festigkeit des Steines wahr? Die Berührungs- und Druck-Sinnesdaten, die sich mit den Objekterinnerungen in meinen Fingern verbinden, werden lokalisiert und als zu unterschiedlichen Teilen der Haut gehörig erkannt. Darüber hinaus werden meine Finger in einem größeren oder kleineren Maße gebeugt, gestreckt und voneinander getrennt; und jede ablaufende Bewegung und Geste eines Fingers weckt in den Sehnen und Gelenken Sinnesdaten. Wenn Sie Ihre Finger bei geschlossenen Augen bewegen, sind Sie sich dieser Sinnesdaten als ihren Fingern entspringend und zu ihnen gehörig bewusst; wenn Sie jedoch ein Objekt in Ihrer Hand halten, verschmelzen diese Sinnesdaten mit den gerade beschriebenen und werden so erlebt, als übermittelten sie Bewusstsein von Größe, Form und Festigkeit des Objekts. Folglich können alle Sinnesdaten, von denen gesagt wird, sie ge-

hörten zu einem Objekt, wenn dieses angefasst wird, unter passenden Bedingungen als zum Körper gehörig erfahren werden."[13]

Die Fähigkeit, Gegenstände allein durch Betasten zu erkennen, wird in der Neurologie als *Stereognosie* bezeichnet. Ein einfacher Gegenstand wie ein Stein wird fast sofort erkannt. Aber wie geschieht dies? Kein einzelner Punkt des Körpers fühlt den ganzen Stein; die gesamte Form des Steines wird vielmehr aus der Beugung der Gelenke, die sich ihm anpassen, extrapoliert; seine Größe durch die Entfernung der Finger, die gespreizt werden, um so viel wie möglich von der Oberfläche des Steines abzudecken; seine Textur durch die Glätte oder Rauheit des Steins bei der Berührung der Haut. Wenn die Aufgabe darin besteht, den Gegenstand zu erkennen, werden alle Sinneswahrnehmungen, die in den Gelenken und auf der Haut auftreten, als Attribute dieses Gegenstandes *wahrgenommen*. Die Sinneswahrnehmungen in der Hand werden am „Stein" erfahren. Wenn die Sinneswahrnehmungen des Körpers auf den Stein bezogen werden, haben diese Sinneswahrnehmungen für das Subjekt einen *Sinn* geschaffen.

Wie sind die Gehirne, die Sinn schaffen, entstanden? Um zu verstehen, wie „sinnvolle" Gehirne sich entwickelt haben, ist es hilfreich zunächst darzulegen, was Nervensysteme ohne Sinn oder Bewusstsein vollbringen können. Die neurale Komplexität schafft in sich und als solche keinen Sinn und kein Bewusstsein. Manche sehr primitiven Reflexe wie das Augenzwinkern auf einen Luftzug (der so genannte Hornhautreflex, der bei jedem Tier vorkommt, das zum Schutz des Auges eine Hornhaut hat), beziehen sehr komplexe neurale Zustände mit ein. Dieser Reflex tritt jedoch auch dann auf, wenn das Tier schläft. Dies bedeutet, dass reine Reflexe nicht unbedingt bewusste neurale Zustände bedingen.

Denken Sie beispielsweise an Frösche, Katzen und Hunde, deren Rückenmark chirurgisch vom Gehirn getrennt wurde. Bei diesen Tieren werden die Hinterbeine dennoch in Reaktion auf bestimmte Stimuli reflexartig zurückgezogen, obwohl die Verbindung zwischen dem mit den Hinterbeinen verbundenen Rückenmark und dem Gehirn des Tieres durchtrennt wurde. Chemische Reizstoffe, Juckreiz oder schädliche mechanische Reize würden bei dem intakten Tier normalerweise Schmerz, Jucken oder andere Sinneswahrnehmungen hervorrufen. Da die involvierten Segmente des Rückenmarks, die diese Stimuli empfangen, jedoch vom Gehirn abgetrennt sind (insbesondere vom Thalamus, dem Teil des Gehirns, der für die bewusste Schmerzwahrnehmung notwendig ist), „fühlt" das Tier „nichts".

Chr. Sherrington zeigte auf, dass diese Reflexe ohne mentale Begleiterscheinungen auftraten. Reflexe können ohne jene zentralen Verbindungen zum Gehirn auftreten und von sehr komplexen neuralen Aktivitäten begleitet werden, aber nicht vom Bewusstsein.[14]

Ein anderes Beispiel, das die neurale Komplexität in Abwesenheit des Geistes demonstriert, ist der unglückliche Patient, bei dem das Rückenmark durchtrennt wurde. Im Falle einer völligen Durchtrennung des Rückenmarks ist das Nervensystem oberhalb und unterhalb der Läsion physisch getrennt. Die Nervenbahnen, die normalerweise Schmerzimpulse weiterleiten, können nur so weit das Rückenmark hinauflaufen, bis sie die Schnittstelle (des Schnitts durch das Rückenmark) erreichen; hier werden sie daran gehindert, die Teile des Gehirns zu erreichen, in denen bewusste Sinneswahrnehmung stattfindet. Würde der Fuß in diesem Fall einem schmerzhaften Stimulus ausgesetzt, etwa durch starkes Quetschen eines Zehs, so würde der Fuß sich möglicherweise reflexartig zurückziehen, aber der Patient würde sagen, dass er nichts „fühle".

Während manche recht komplexen Reflexe *ohne* Bewusstsein auftreten können, gibt es andererseits auch einige sehr einfache Organismen, die Verhaltensweisen zeigen, von denen ich behaupten würde, dass dabei Sinn und Bewusstsein involviert *sind*.

Beim Frosch weckt ein kleiner statischer, direkt vor dem Tier befindlicher Stimulus keine Reaktion; er ist für das Tier praktisch unsichtbar. Ein kleiner sich bewegender Stimulus, der irgendwo im Sehfeld des Frosches auftaucht, löst hingegen ein sofortiges Hervorschnellen seiner Zunge aus. Lettvin und seine Kollegen haben festgestellt, dass es bei verschiedenen Stimulationsverfahren zu elektrischen Entladungen in einzelnen Nervenfasern im Sehnerv des Frosches kommt. Sie fanden eine Faserpopulation, so genannte „reine Konvexitätsdetektoren". Diese Fasern reagierten, wenn ein kleiner dunkler Stimulus ins rezeptive Feld hineingebracht, angehalten und dann ruckartig weiterbewegt wurde – so wie es vielleicht ein Moskito tun

würde, wenn es in der Reichweite der Zunge des Frosches herum-
flöge. Die Forscher waren der Meinung, dass diese Fasern so exzel-
lent zur Entdeckung eines fliegenden Insekts geeignet waren, dass sie
versucht waren, die Konvexitätsdetektoren „Käfer-Detektoren" zu
nennen.[15]

Das Gehirn des Frosches hat etwas sehr Bemerkenswertes gemacht, um zu erreichen, dass die „Käfer-Detektoren" seines Gehirns
für ihn einen „Sinn" haben: Es hat für den Frosch „ein Objekt" geschaffen. Jetzt sagen Sie vielleicht: „Herr Feinberg, Sie wollen doch
nicht allen Ernstes sagen, dieser Frosch sage sich in Gedanken: ‚Oh,
was für eine schöne Fliege ... Ich denke, ich werde sie fressen!'"
Nein, überhaupt nicht.

Aber was geschieht hier? Das Gehirn des Frosches verfügt mit Sicherheit über die neurale Aktivität, die den Sinn „Käfer" entstehen
lässt. Der Frosch reagiert jedoch auf diese neurale Aktivität, als
würde sie nicht in ihm selbst stattfinden. Er reagiert auf diese neurale Aktivität, *als ob* sie in der Welt stattfände und die Fliege als
etwas kennzeichnete, das außerhalb des Gehirns und Seins des
Frosches auftritt. Die Schaffung äußerer Objekte ist der grundlegende Ausgangspunkt eines jeden Geistes und er ist der Weg, wie
Sinn geschaffen wird.

Sherrington bezeichnete diese Projektion einer Sinneswahrnehmung des Körpers auf die Welt als *projicience* und er hatte eine Erklärung für ihre evolutionären Ursprünge. Er war der Auffassung, es
sei die Entwicklung der Entfernungsrezeptoren (Nase, Ohr und
Auge), die die Registrierung von Sinneswahrnehmungen von Stimuli
aus der Distanz (Geruch, Klang und Licht) ermöglichten. Damit ein
Tier einen Stimulus, der sich wirklich „dort draußen in der Welt"
befand, registrieren konnte, musste das Tier so „verdrahtet" sein,
dass es auf den Stimulus so reagierte, als ob dieser außerhalb und
nicht auf dem Körper sei, wo die sensorische Stimulation in Wirklichkeit stattfindet.[16]

Sinn, Qualia und das Geist-Körper-Problem

Hier kommt jetzt der springende Punkt des Geist-Körper-Problems. Genau jener Punkt, an dem das Feuern bestimmter Nerven für den Frosch einen *Sinn* bekommt, ist auch der Punkt, an dem der Standpunkt des Frosches zu seinem Gehirn und der Standpunkt des Beobachters zum Gehirn des Frosches auseinander gehen. Das Gehirn des Frosches hat jetzt einen dualen Aspekt bekommen: vom „äußeren" Standpunkt, vom Standpunkt des Neurowissenschaftlers aus, der den Frosch untersucht, sind die Neuronen des Frosches tastbare, materielle, greifbare Objekte; doch vom „inneren" Standpunkt des Frosches aus bedeuten dieselben Neuronen „Käfer".

Dieses Beispiel vom Gehirn des Frosches bedeutet in der Konsequenz, dass „sinnvolle" neurale Zustände stets zwei *nichtreduzierbare* Perspektiven mit sich bringen: die „innere", subjektive Perspektive und die „äußere", objektive Perspektive. Die vom Gehirn geschaffene Erfahrung ist nur für ein „Ich", für seinen Besitzer, „sinnvoll". Wenn ein neurologisches Ereignis einen Sinn in sich trägt, können die subjektiven Aspekte der Erfahrung nicht auf die objektiven, neurologischen Ereignisse reduziert werden.

Denken wir noch einmal an den Patienten mit der Rückenmarkverletzung. Angenommen, ich, der Neurologe, hätte mir die gleiche Rückenmarkverletzung zugezogen, so dass ich, genau wie mein Patient, von der Gürtellinie abwärts kein Gefühl mehr hätte. Vom Standpunkt meines Bewusstseins aus würde es kaum einen Unterschied machen, ob ich *meinen* Zeh oder den Zeh meines Patienten zusammenquetschen würde. In beiden Fällen könnte es sein, dass der Zeh sich zurückzieht, aber keiner von uns beiden würde irgendetwas „fühlen".

Sofern es keine „erste Person" oder kein „Ich" gibt, die oder das mit der Reaktion verknüpft ist, ist bei dem Reflex *kein Geist oder kein subjektiver Sinn* involviert. Wenn der subjektive Aspekt der Reaktion völlig eliminiert wird, erfolgt der Rückzug des Fußes ohne ein Subjekt.

Möchte ich als Neurologe in diesem Fall den Reflex analysieren, so kann ich den ganzen Reflex problemlos auf die Neuronen reduzieren, die ihn entstehen ließen. Ich kann das gesamte neurologische Ereignis, vom Anfang bis zum Ende, auf das Feuern der beim Rükkenmarkreflex involvierten Neuronen reduzieren, ohne auf einen „Geist" oder ein Selbst oder ein inneres „Ich" zurückzugreifen. Wenn einer von uns den Zeh jedoch *fühlt*, sobald er gequetscht wird, wenn es also ein „inneres Ich" gibt, das etwas erfährt, das „Schmerz" bedeutet, dann haben wir allerdings ein Problem, das neurologische Ereignis auf das Gehirn zu reduzieren. Sobald ein Ereignis einen Sinn hat, wie im Falle des Frosches und der Fliege, gehen die beiden Standpunkte, der des Beobachters und der des Subjektes, auseinander.

Jetzt werden wir mit der schwierigen Frage der *Qualia* konfrontiert, der puren, „rohen Gefühle" der Erfahrung. Qualia sind die mit einer Erfahrung verbundenen Gefühle und Sinneswahrnehmungen. Es sind die Empfindungen, „wie es ist", in einem bestimmten Gehirnzustand „zu sein". Geschmacksempfindungen, Gerüche, Laute, Schmerzen sind somit Qualia. Einige Philosophen wie Daniel Dennett haben bestritten, dass es Qualia gebe.[17] Andere wie der Philosoph Joseph Levine behaupten, es gebe eine unüberbrückbare Kluft zwischen Qualia und dem Gehirn.[18]

Das Qualiaproblem und die scheinbar unüberbrückbare Kluft zwischen ...

(a) ein Gehirn in einem Gefühlszustand *beobachten* und

(b) ein Gehirn *sein*, das in einem Gefühlszustand ist,

wird durch die Verwendung eines fiktiven Gerätes veranschaulicht, das der Philosoph Feigl „Autozerebroskop" nannte.[19] In Wirklichkeit hat meines Wissens niemand je ein Autozerebroskop gebaut, theoretisch steht der Konstruktion eines voll funktionsfähigen Prototyps jedoch nichts im Wege. Das Autozerebroskop ist ein komplizierter Apparat, der an Ihrem Kopf befestigt wird und über eine Sonde verfügt, die durch den Schädel eingeführt wird. Die Sonde ist an eine Sehvorrichtung mit starker Vergrößerung gekoppelt, die es Ihnen ermöglicht, die Neuronen in Ihrem Gehirn zu beobachten.

Nehmen wir an, während Sie eines Tages fröhlich Ihr Gehirn betrachten, kommen Sie zu Ihrem Thalamus, der Quelle Ihres Schmerzgefühls. Plötzlich niesen Sie und die Sehvorrichtung des

Autozerebroskops schlägt Ihnen ins Auge! Sie erfahren jetzt einen starken Schmerz, während Sie gleichzeitig durch das Autozerebroskop genau die Neuronen im Thalamus beobachten, die den Schmerz entstehen ließen.

Jetzt fragen Sie sich: Habe ich durch mein Autozerebroskop irgendetwas gesehen, das dem Schmerz *entsprach*, den ich erfahren habe? Gab es irgendetwas, was ich beobachtet habe, das meinen Schmerz *erklärt*? Sie haben mit Sicherheit die für Ihren Schmerz verantwortlichen Neuronen gesehen und Sie konnten die Gehirnchemie dieser Neuronen analysieren, aber erlaubt Ihnen das, Ihren Schmerz auf jene Neuronen zu *reduzieren*? Es waren Ihre Neuronen, nicht Ihr durch die Sehvorrichtung übermitteltes Bild von den Neuronen, die wehtaten! Sie merken, dass es offenbar eine *Kluft* zwischen den Neuronen, wie sie von Ihnen beobachtet werden, und den Neuronen selbst gibt, wie sie von Ihnen in Ihrem Gehirn erfahren werden. Und Sie können die Quelle für diesen Unterschied nicht finden, egal, wie lange und intensiv Sie Ihr Gehirn beobachten und über den Thalamus nachdenken.

Das Qualiaproblem und der ungewisse ontologische Status, wie Dinge gefühlt werden, ist auch auf die Nichtreduzierbarkeit der inneren und äußeren Perspektiven des Nervensystems zurückzuführen. Stellen Sie sich noch einmal vor, Sie würden den Zeh eines Patienten quetschen, der eine Rückenmarkschädigung hat. Bei intaktem Rückenmark dürfte es offensichtlich sein, dass das Quale beim Quetschen des eigenen Zehs – also der bei dieser Erfahrung involvierte Schmerz –, sich abhängig davon grundlegend unterscheidet, ob man selbst den Schmerz erfährt oder ob man ein Gehirn beobachtet, das den Schmerz erfährt.

Was ist die Bedeutung dieser Unterschiede für den Neurologen? Wenn man tatsächlich Schmerz fühlt, erfährt man den Quale- „Schmerz". Wenn der Neurologe von außen das „Schmerz" erfahrende Gehirn beobachtet, sieht er spezifische Muster neuraler Aktivität, die präzise definiert werden können; er kann im Gehirn auf der neurologischen Ebene jedoch nichts *sehen*, was ein Äquivalent zur Erfahrung des „Schmerzes" wäre. Von außen betrachtet existiert der Quale-„Schmerz" in Wirklichkeit nicht materiell. Vom äußeren

Standpunkt her sind die Qualia meines Patienten illusorisch. Qualia sind persönlich und die Beziehung zwischen einem bestimmten *Gehirn* und einem bestimmten *Geist* ist verschieden, je nachdem ob man selbst die Person *ist*, die das Gehirn *hat* und die Erfahrung *macht*, oder ob man *nicht* diese Person ist.

Deshalb geht die Vorstellung, dass es notwendig sei „etwas zu sein" (wie zum Beispiel eine Fledermaus), um zu verstehen, wie es ist, dies zu sein, meines Erachtens nicht weit genug. *Es ist notwendig, in einem Zustand zu* sein, *damit er überhaupt existiert.* Er existiert nur relativ zu etwas, was in diesem spezifischen Zustand ist. Damit es Bewusstsein gibt, muss es etwas geben, das dieses Bewusstsein *ist*.

Dies erklärt, warum es bei Qualia, wie beim Sinn und beim Zweck, um eine grundlegende, nichtreduzierbare Ontologie der ersten Person geht. Von außen können wir die Erfahrung von „Schmerz" letztlich nicht auf den neuralen Zustand reduzieren, der ihn entstehen ließ, *weil es aus der äußeren Perspektive nichts Materielles zu reduzieren gibt.* Vom Standpunkt des Beobachters gibt es an der Erfahrung von „Schmerz" nichts Materielles, weil der vom inneren Standpunkt her erfahrene Schmerz aus der äußeren Perspektive nur als neurale Aktivität existiert.

Dies bedeutet nicht, dass Qualia nicht existieren oder dass der Geist „immateriell" sei. Es ist nicht mein Ziel, irgendeine Form von kartesianischem Dualismus zu untermauern. Zu bestreiten, dass Gefühle oder Qualia oder Bewusstsein existieren, wäre nicht nur falsch, damit würde man auch der Frage ausweichen, was Qualia in Wirklichkeit sind. Mein Wunsch ist es einzig aufzuzeigen, dass Qualia, genau wie der Sinn und der Zweck, nur aus der subjektiven Sicht des Selbst existieren. Bewusstsein ist ein „persönliches Mosaik". Die neuralen Zustände, die einen Sinn für Objekte in der Welt beinhalten oder in sich tragen, sind der einmalige „Besitz" des jeweiligen Organismus und sie sind ein *verschachtelter* Teil der Gesamtheit jenes Organismus. Qualia und Sein sind eindeutig nicht voneinander zu trennen. Qualia und Sein sind eine Einheit. Teller formuliert dies treffend, wenn er sagt: „So genannte Qualia sind nicht irgendwelche von Gehirnzuständen trennbare Merkmale, die – logisch gesehen –

mit ihnen einhergehen können oder auch nicht. Über Qualia zu reden ist nur eine undeutliche, „verschwommene" Art darüber zu sprechen, dass man eine Erfahrung macht oder in einem bestimmten Zustand ist."[20] Qualia sind Sinn und Bedeutung, und Sinn und Bedeutung sind persönlich. Unsere Visionen, unser Geist, unsere Schmerzen sind *persönlich* und haben keine *materielle* Existenz für jemanden außer uns selbst. Deshalb können neurale Zustände für den Einzelnen etwas bedeuten, sie können der „Geist" dieser Person sein, für den Beobachter existiert dieser Geist materiell jedoch nicht.

Das Gehirn ist nicht auf sich selbst gerichtet

Nun folgt der heikle Teil. Was hat es mit dem Gehirn auf sich, welcher neurologische Faktor oder welche Eigenschaft ermöglicht es dem Gehirn subjektive neurale Aktivitäten entstehen zu lassen? Es gibt in Zusammenhang mit dem Gehirn eine einfache Tatsache, die oft vernachlässigt wird, aber die Antwort auf diese Frage bereithält. *Das bewusste Gehirn hat keine Empfindung von sich selbst.* Seit Aristoteles ist bekannt, dass das Gehirn empfindungslos ist.[21] Wenn man zum Beispiel mit einer Nadel in den Kortex sticht, wird kein Schmerz hervorgerufen, der auf das Gehirn selbst bezogen ist. Das Gehirn hat keinen sensorischen Apparat, der auf es selbst ausgerichtet ist. Wie Globus es formulierte, „repräsentiert" das Gehirn dem Subjekt in keiner Weise seine eigene Struktur.[22] Das Subjekt hat nicht die Möglichkeit, sich seiner eigenen Neuronen „von innen" bewusst zu werden. Sie können nur objektiv, von „außen" erkannt werden.

Wir haben bereits gesehen, dass es kein „inneres Auge", keinen inneren Homunkulus gibt, der das Gehirn beobachtet und seine eigenen Neuronen wahrnimmt, keine „Gehirnhaut", die das Messer des Neurochirurgen fühlt. Wenn ich bei einem Patienten die Nadelstich-Sensitivität teste, ihn mit einer Nadel in die Hand steche und ihn dann bitte, mir zu zeigen, wo die Empfindung am Körper ist, hat noch nie einer auf seinen Kopf gezeigt. Bewusste neurale Aktivität bezieht sich auf Dinge, nicht auf das Gehirn selbst. Bei bewussten neuralen Zuständen geht es *um* Dinge, nicht um die Neuronen selbst (vgl. Abbildung 27).

Abbildung 27: Ich habe bei vielen Patienten die Fähigkeit untersucht, einen schmerzhaften Stimulus auf der Körperoberfläche zu lokalisieren, und nie hat auch nur ein einziger auf seinen Kopf gezeigt. Aus meiner Perspektive sind die für den Schmerz verantwortlichen Neuronen jedoch im Gehirn des Patienten lokalisiert. Das Gehirn ist einzigartig in der Art, wie es Sinn und Bedeutungen hervorbringt, die sich auf andere Dinge als es selbst beziehen.

Ebenso wie Sinn eine persönliche Ontologie hat, so besitzt auch der einzelne *Zweck* eine Ontologie der ersten Person und existiert nur aus der „inneren" Perspektive des Selbst. Der „Wille" ist nichts, das berührt oder worauf gezeigt werden kann. Wir können die Muster neuronalen Feuerns identifizieren, die willentliches Handeln im Gehirn entstehen lassen, an dem Muster des Feuerns eines bestimmten Neurons ist jedoch nichts, das es als Teil einer *willentlichen* Handlung charakterisiert. Ebenso wie der Sinn im Muster des neuronalen Feuerns im Gehirn enthalten ist, so ist der einzelne Zweck in der verschachtelten Hierarchie der Handlungen eines Menschen *enthalten*. Die Ontologie des Zwecks und der Handlung ist, genau wie die Ontologie des Sinns, nichtreduzierbar persönlich.

Viele Philosophen haben die *Intentionalität* als eine der wesentlichen Charakteristika des Geistes angeführt. Die Verwendung des Begriffs der „Intentionalität" geht bis ins Mittelalter zurück. Das Wort stammt von dem lateinischen Verb *intendare*, das „zeigen auf" oder „strecken nach" bedeutet. Intentionale Phänomene sind solche, bei denen es um etwas geht oder man sein Handeln auf etwas richtet. Überzeugungen werden zum Beispiel als intentional betrachtet, weil es bei ihnen um einen Sachverhalt geht. Eine Furcht wird als ein intentionaler Zustand betrachtet, weil es eine Furcht *vor* etwas ist. Wahrnehmungszustände werden als intentional betrachtet, weil ich, wenn ich ein Objekt in der Welt erfahre – gleich ob ich es sehe, höre, berühre oder rieche –, eine Wahrnehmung *von* einem Objekt habe. Und ebenso werden Handlungszustände als intentional betrachtet, wenn sie *auf* etwas in der Welt *gerichtet* sind.[23]

Der deutsche Philosoph und Psychologe Franz Brentano behauptete im 17. Jahrhundert, die Intentionalität sei das entscheidende Merkmal des Geistigen und nur geistige Phänomene besäßen das Charakteristikum der Intentionalität. Betrachten wir auch, was Searle über intentionale Zustände schrieb:

> „Das zweite Merkmal des Geistes, mit dem schwer zurechtzukommen ist, ist das, was Philosophen und Psychologen ‚Intentionalität' nennen: das, womit unsere Geisteszustände auf andere Gegenstände oder Sachverhalte gerichtet sind, von ihnen handeln, sich auf sie beziehen ..."[24]

Aus der philosophischen Perspektive sind intentionale geistige Zustände auf etwas gerichtet oder *beziehen* sich auf etwas anderes als sie selbst. Auf der Grundlage neurologischer Betrachtungen habe ich behauptet, der Ursprung des Sinns und des Geistes basiere – vom Frosch bis zum Menschen – auf der Tatsache, dass das bewusste Gehirn sich nicht auf sich selbst bezieht. Die Ähnlichkeit zwischen der neurologischen Perspektive und der philosophischen Sicht ist verblüffend.

Kapitel 10
Der lebendige Geist

Das Was, Wo und Wie des Selbst

Im ersten Kapitel dieses Buches wurden eine Reihe von Fragen über das Selbst aufgeworfen. Die erste war: „Was ist das Selbst?" Ich glaube, die vorliegenden Belege unterstützen die Existenz eines Kant'schen „Ich" als Mittelpunkt bei uns allen, welches das Subjekt unserer bewussten Erfahrung und der Kern unseres Sein ist. Die Grenzen des „Ich" sind jedoch nicht absolut feststehend und sie verändern sich zeit unseres Lebens. Die beschriebenen Patienten mit veränderten Egos demonstrieren die dramatische, erstaunliche und mitunter erschreckende Flexibilität der Grenzen des Selbst.

Eine weitere Frage war: „Wo ist das Selbst im Gehirn lokalisiert?" Wenn wir das Gehirn von Patienten mit Perturbationen des Selbst betrachten, vernehmen wir laut und deutlich eine Botschaft: nämlich, dass viele verschiedene Gehirnregionen zur Erhaltung des Selbst beitragen. Von den Asomatognosie-Fällen lernen wir, dass der nichtdominante Scheitellappen in Bezug auf Gliedmaßen wesentlich für das Gefühl ist, Eigentümer des Armes oder Beines zu sein. Die Analyse der Neurologie von Patienten, die unter Fehlidentifikationssyndromen leiden, lehrt uns, dass viele Regionen des Gehirns zu unserer persönlichen Verbundenheit oder unserem Bezug zur Welt beitragen. Die Patienten, die zu persönlichen Konfabulationen neigen, verdeutlichen, dass für eine angemessene Beziehung zwischen dem Selbst und der Welt beide Frontallappen notwendig sind. Und die Split-Brain-Patienten demonstrieren, wie das *Corpus callosum*, der „Balken", zur mentalen Einheit beiträgt. Viele Teile des Gehirns erschaffen das Selbst, es gibt im Gehirn jedoch keinen spezifischen materiellen Ort, an dem das Selbst oder das innere „Ich" lokalisiert ist.

Die dritte Frage war: „Wie bringt das Gehirn die *Einheit* des Selbst hervor?" Das Gehirn ist ausgedehnt und in viele verschiedene Regionen aufgeteilt, das Selbst ist jedoch einheitlich und integriert. Die Integration des Selbst kann nicht mit seiner Emergenz an der

Spitze der Hierarchie eines nichtverschachtelten Gehirns erklärt werden. Das Gehirn lässt die Einheit des Selbst entstehen, indem es eine verschachtelte Hierarchie des Sinns und Zwecks erschafft, in der die Ebenen des Selbst und die vielen Teile des Gehirns, die zum Selbst beitragen, mit allen anderen Ebenen der Hierarchie verschachtelt sind. Das Gehirn hat keine „Spitze" des Bewusstseins, wir erfahren uns jedoch als Einheit, weil unser Sinn unsere Handlungen im verschachtelten Selbst vereinigt, integriert.

Lebewesen und Gehirne

Wenn Descartes' Rätsel gelöst und seine dualistische Lösung des Geist-Körper-Problems falsch wäre, was wäre dann die Antwort auf die letzte Frage: „Welche Beziehung besteht zwischen dem Gehirn und dem Geist?" Die Antwort führt zu einem sehr erstaunlichen und kuriosen Ergebnis.

Wir wissen, dass das Gehirn ein materielles Objekt in der Welt ist. Andererseits bestätigen die neurologischen Belege, dass die Existenz des Selbst ganz und gar eine „Existenz der ersten Person" ist. Das Bewusstsein jedes Individuums ist einzigartig mit dem Selbst verbunden. Unser Geist ist ein Teil von uns, ein Teil unseres lebendigen Seins. Die materielle Existenz eines Geistes hängt ausschließlich davon ab, dass etwas dieser Geist *ist*.

Wenn die Existenz eines Geistes einen subjektiven, persönlichen Standpunkt voraussetzt und wenn ein subjektiver Standpunkt ein Sein voraussetzt, dann setzt die Präsenz von Bewusstsein Leben voraus. Damit stellt sich die Frage: Was ist es, wenn es um Leben geht, was die Erschaffung eines Lebewesens ermöglicht, und was ist ein Lebewesen?[1]

Die Evolution lässt aus Nichtleben lebende Dinge entstehen – von denen nur einige Lebewesen sind. Lebendig zu sein ist noch keine Garantie, dass etwas ein Lebewesen ist. Wie steht es zum Beispiel mit einer Pflanze? Eine Pflanze ist lebendig, sie atmet, zeichnet sich durch Stoffwechsel aus, bewegt sich und so weiter. Wir Menschen haben mit Pflanzen sehr vieles gemeinsam. Wir haben mit Pflanzen sicherlich wesentlich mehr gemeinsam als beispielsweise mit Steinen.

Aber ist eine Pflanze ein Lebewesen? Die meisten Menschen sind nicht dieser Auffassung. Trotz der Ähnlichkeit, die wir mit Pflanzen haben, betrachten wir Pflanzen nicht als Lebewesen, weil Pflanzen einfach nicht genügend so wie „wir" sind, um als Lebewesen wie wir betrachtet zu werden.

Aber was ist mit einem Frosch? Ist ein Frosch ein Lebewesen? Auch wenn viele behaupten würden, ein Frosch sei kein Lebewesen, ließe sich belegen, dass ein Frosch ein primitives Lebewesen ist. In den vorhergehenden Kapiteln wurde die These vertreten, dass der Frosch über einen primitiven Geist verfüge, und die Präsenz eines Geistes ist sicher einer wichtiger Bestandteil eines Lebewesens. Für mich ist der Frosch somit ein Lebewesen. Die meisten würden zustimmen, dass ein Schimpanse ein Lebewesen ist. Aber auch hier bleibt wiederum die Frage: Was sind die eindeutigen und objektiven Kriterien für diese Entscheidung? Offenbar haben wir angesichts all der Merkmale, die wir mit Schimpansen teilen – Leben, Intelligenz, eine gewisse individuelle soziale Identität –, den Eindruck, dass sie so sehr wie wir selbst sind, dass wir ihnen intuitiv die Kategorie Lebewesen zugestehen.

Bei der abschließenden Analyse gibt es kein einzelnes Kriterium, um darüber zu befinden, ob etwas ein Lebewesen ist oder nicht, und die Kriterien, die wir anlegen, scheinen nicht sonderlich objektiv oder klar umrissen zu sein. Andererseits scheint es eine Reihe von Merkmalen zu geben, die wir einzig mit dem Menschsein identifizieren, und je mehr etwas diese Merkmale besitzt, desto eher scheinen wir geneigt zu sein, es als Lebewesen zu betrachten. Zu diesen Merkmalen gehören (ohne Anspruch auf Vollständigkeit): lebendig sein, Subjektivität haben und schließlich einen Geist besitzen.

Was ist mit Computern? Wird die Menschheit eines Tages zu dem Schluss kommen, ein ausgereifter Computer sei ein Lebewesen? Ist es denkbar, dass eines Tages in der Zukunft jemand des Mordes angeklagt werden könnte, weil er an einem PC den Stecker gezogen hat? Wahrscheinlich nicht. Aber schon heute können Computer mitunter sehr intelligent sein, in vieler Hinsicht intelligenter als Frösche. In den kommenden Jahren werden sie noch intelligenter werden. Ein Computer ist jedoch nichts Lebendiges und ein Computer ist kein

Lebewesen. Egal wie intelligent ein Computer auch sein mag – ein im Schutz von Lilien sitzender Frosch, der Mittagssonne tankt, ist *mehr* Lebewesen als ein Computer. Daraus folgt, dass beim Vergleich zwischen Fröschen und Computern nur der Frosch einen Geist haben kann.

Ich bezweifle, dass Computer jemals als etwas mit einem Bewusstsein angesehen werden. Denn um ein „Bewusstsein wie wir" und um „Gefühle wie wir" zu haben, müsste er so geschaffen werden, wie wir es sind, und so lebendig sein wie wir. Deshalb kann ich die Behauptung nicht ernst nehmen, es sei machbar, aus Silikonchips einen Geist herzustellen, wenn man sie nur in der richtigen Kombination zusammensetzen könne. Ich halte es vielmehr für wahrscheinlicher, dass die spezielle materielle Substanz unseres Gehirns essenziell für die Qualität unseres Bewusstseins ist. Um einem Menschen ähnlich genug zu sein, um von uns als etwas mit einem Bewusstsein betrachtet zu werden, müsste ein Computer sein wie wir, die gleiche Materie und die gleichen Prozesse aufweisen, und dies schließt das Lebendigsein mit ein.

In der verschachtelten Hierarchie eines Organismus sind alle dazugehörigen Teile – die Zellen, Gewebe, Organe – lebendig und das Leben dieser einzelnen Teile ist es, was das ganze Ding lebendig sein lässt. In Silikonchips gibt es einfach kein „Leben".[2] Das Leben ist für den Geist so unverzichtbar, dass es angesichts dessen ausgeschlossen sein dürfte, dass Silikonchip-Computer jemals Kandidaten für ein Bewusstsein oder Selbst sein könnten.

Bei der abschließenden Analyse bleibt, dass unser Geist eng mit unserem Leben verbunden und Teil unseres Lebens als Organismus ist. Aus diesem Grund ist unser Geist ebenso lebendig wie unser Gehirn und einen Geist zu haben bedeutet, eine lebendige, verschachtelte Hierarchie des Sinns uns Zwecks *zu sein*. Der Geist ist nichtreduzierbar persönlich. Er beginnt und endet mit dem „Besitzer" des Geistes und hat nur für diesen eine Existenz.

Hier bin ich also, in meinem Kopf, in meinem inneren Geist, in meinen Schmerzen – und für Sie, die Sie diese Worte lesen, nichts weiter als eine Illusion. All das bedingt eine gewisse Einsamkeit, aber dies ist der Preis der Evolution unseres Gehirns. Als der selbstbewusste Geist seine Unabhängigkeit von der Welt entwickelte, da trennte er sich auch von anderen Wesen mit einem Selbst, von anderen Lebewesen. Ebenso wie das Leben eines jeden Organismus zweifellos einmalig ist, ist es auch der Geist.

Die persönliche Einmaligkeit des Geistes und Seins jedes einzelnen Organismus ist das, was wir als „Seele" bezeichnen. Die Seele jedes Gehirns ist in der Tat eine einzigartige, einmalige Sache. Wir können ein Organ oder Blut für Transfusionen spenden, aber der Sinn meiner selbst für mich selbst besitzt eine Realität, die nur von einer Person erfahren werden kann: von mir selbst.

Doch ebenso wie unser Geist uns voneinander trennt, so ist er auch das, was wir miteinander teilen. Die in diesem Buch beschriebenen Fälle veranschaulichen, wie drastisch der Geist und das Selbst verändert werden können. Veränderungen der Grenzen des Selbst sind jedoch nicht auf hirngeschädigte Personen beschränkt. Für jeden von uns ist es fast eine alltägliche Erfahrung, dass die Grenzen des Selbst sich verändern. Wann immer wir uns mit einem anderen Menschen identifizieren, uns in einen anderen Menschen hineinversetzen oder Traurigkeit erfahren, sobald wir mit dem Schmerz eines anderen konfrontiert werden, oder uns über das Glück eines anderen freuen, verschmelzen wir zum Teil mit dem Geist eines anderen Menschen und teilen somit seine subjektive Erfahrung.

Dies soll nicht heißen, dass, wenn wir uns mit anderen identifizieren, irgendetwas materiell, physisch zwischen uns übertragen oder ausgetauscht würde. Ich behaupte jedoch, dass unter diesen Umständen in einem mehr als nur rein übertragenen Sinne eine Verschmelzung des Geistes stattfindet. Wenn wir uns in Zustände gegenseitiger Identifikation begeben, wenn wir zum Beispiel jemanden lieben oder freundschaftlich mit jemandem verbunden sind oder zu einer Familie gehören, begeben wir uns in eine neue, verschachtelte Beziehung des Geistes.

Anhang
Quellenangaben und Anmerkungen

[Bei Büchern, von denen deutsche Ausgaben vorliegen, wurde in der Regel aus der deutschen Ausgabe zitiert. In den Fällen, in denen die entsprechende Recherche ergebnislos blieb, stammt die Übersetzung – wie auch bei allen anderen Zitaten – von Anni Pott.]

Zu Kapitel 1: Die Suche nach der Seele

1 An anderer Stelle habe ich diese Zustände als *Perturbationen des Selbst* bezeichnet (Feinberg, 1997c). Die in diesem Buch erscheinenden klinischen Fallberichte habe ich über einen Zeitraum von 15 Jahren während meiner neurologischen und psychiatrischen Ausbildung oder später in meiner klinischen Praxis gesammelt. Alle Patienten existieren wirklich, ihre Identitäten habe ich jedoch anonymisiert. Einige der hier beschriebenen klinischen Störungen wurden von Neurologen in unlängst erschienenen Büchern erörtert. Antonio Damasio hat sich 1994 in seinem Werk *Descartes' Error* (1994; dt. Ausgabe: *Descartes' Irrtum*, 1997) und in noch jüngerer Zeit in seinem Werk *The Feeling of What Happens. Body und Emotion in the Making of Consciousness* (1999; dt. Ausgabe: *Ich fühle, also bin ich. Die Entschlüsselung des Bewusstseins*, 2000) mit einigen der von mir in diesem Buch beschriebenen Zustände befasst. In seinem zuletzt genannten Werk legt Damasio seine Theorie von der Neurobiologie des Selbst dar und geht ausführlich auf die Rolle ein, die die Emotion in der Neurobiologie des Selbst spielt.

Damasio geht von der These aus, dass es drei Ebenen des Selbst gebe: das *Proto-Selbst*, das aus einer „zusammenhängenden Sammlung von neuronalen Mustern" besteht, die ständig unbewusst „den physischen Zustand des Organismus in seinen vielen Dimensionen" repräsentieren (S. 36, 187); das *Kernselbst*, das bewusst ist und „zum nichtsprachlichen Bericht zweiter Ordnung" gehört, „der zu Stande kommt, wenn ein Objekt das Proto-Selbst modifiziert" (S. 211); und das *autobiografische Selbst*, das ein bewusster Aspekt des Selbst ist und auf „dem autobiografischen Gedächtnis" beruht, „das aus impliziten Erinnerungen an viele Momente individueller Erfahrung in der Vergangenheit und an die antizipierte Zukunft besteht" (S. 211). Das autobiografische Selbst „beruht auf permanenten, aber dispositionalen Aufzeichnungen von Kernselbst-Erfahrungen" (S. 212).

Diese drei von Damasio beschriebenen Ebenen des Selbst scheinen hierarchisch angeordnet zu sein, wobei das Proto-Selbst den grundlegenden und das autobiografische Selbst den höchsten oder komplexesten Aspekt des Selbst darstellt. Ich werde in diesem Buch darauf verzichten, auf viele der Hirnregionen einzugehen, die für die Existenz eines grundlegenden Bewusstseins notwendig sind, wie Hirnstamm, retikuläre Formation (*Formatio reticularis*), Hypothalamus und Thalamus. Damasio untersucht diese neuroanatomischen Strukturen hingegen ebenso detailliert wie hervorragend, so dass ich den Leser, der an einer umfassenden neuroanatomischen Erörterung dieser Regionen interessiert ist, auf sein Werk verweisen möchte.

Auch wenn ich in dem hier vorliegenden Buch das Selbst nicht in einzelne neuroanatomische Ebenen unterteile, versuche ich gleichwohl zu erklären, wie verschiedene Ebenen der Neuroachse die Einheit des Selbst erschaffen, und insofern betrachte ich Damasios und meinen Ansatz als einander ergänzend. Eine hilfreiche Zusammenfassung und Erläuterung von Damasios Werk *Ich fühle, also bin ich* stellt die jüngst erschienene Rezension Watts dar (2000).

Richard Restak geht in *The Modular Brain* (1994) in einer erhellenden Diskussion auf die Neurologie des Selbst und das Problem der mentalen Einheit ein. Ebenso analysieren Ramachandran und Blakeslee in ihrem Werk *Phantoms in the Brain. Probing the Mysteries of the Mind* (1998; dt. Ausgabe: *Die blinde Frau, die sehen kann. Rätselhafte Phänomene unseres Bewusstseins*, 2001) einige der neurologischen Zustände, die Auswirkungen auf das Selbst haben. Siehe insbesondere die Kapitel über Anosognosie (Uneinsichtigkeit) und das Capgras-Syndrom (Doppelgänger-Illusion), die auf einige der Mechanismen eingehen, die bei diesen Störungen möglicherweise eine Rolle spielen.

2   McGinn, 1999.

3   Um zu verstehen, wie das Tomogramm gelesen wird, stellen Sie sich vor, dass John auf dem Rücken liegt, mit dem Gesicht zur Decke schaut und dass Sie zu seinen Füßen stehen und seinen Kopf betrachten. Aus diesem Blickwinkel ist die rechte Seite seines Kopfes für Sie auf der linken Seite. Die aus der Tomographie gewonnenen Bilder kann man sich wie horizontale Schnitte durch seinen Kopf vorstellen. Es ist, als würden Sie eine Orange durchschneiden, Scheibe für Scheibe, und nach jedem Schnitt eine Aufnahme machen.

Der Bereich der Gehirnschädigung wird in diesem Buch jeweils durch eine Schraffierung markiert. Ich werde durchgehend immer wieder auf Kernspinresonanz- und Computertomogramme zurückgreifen. Auch wenn bei der Kernspinresonanz- und der Computertomographie unterschiedliche Technologien verwendet werden, liefern beide Verfahren ein Bild von der Gehirnstruktur. Die Beschreibung, wie Johns Kernspinresonanztomogramm zu lesen ist, kann für unsere Zwecke auch auf das Lesen von Computertomogrammen angewendet werden.

4   Schilder und Stengel (1928; 1931) lieferten die ersten klinischen Beschreibungen der so genannten „Schmerzasymbolie", wie sie das Symptom nannten.

In den schlimmsten Fällen einer Schmerzasymbolie reagiert der Patient auf beliebige drohende körperliche Schädigungen *nicht*. Patienten, die an einer Schmerzasymbolie leiden, begreifen auf einer „intellektuellen" Ebene, dass sie durch etwas verletzt oder geschädigt werden könnten. Das Problem ist, dass der Patient keinerlei emotionale Reaktion auf gefährliche Stimuli zeigt. Der Patient begreift zum Beispiel, dass Feuer Verbrennungen verursachen kann, er wird jedoch nicht zurückschrecken oder sich zurückziehen, wenn ihm ein Streichholz direkt vor die Augen gehalten wird.

Während bei der Mehrzahl der Schmerzasymboliefälle eine Schädigung der linken Gehirnhemisphäre vorliegt, gibt es auch einige Fallberichte über Schädigungen der rechten Hemisphäre (Berthier u.a., 1988). Berthier und seine Mitarbeiter untersuchten sechs Fälle mit diesem Symptom, und bei allen sechs Patienten lag eine Schädigung in einer Gehirnregion, der so genannten Inselrinde vor. Durch diese Schädigung, so behaupteten sie, seien die *Verbindungen* zwischen den sensorischen Rindenzentren (einer Gehirnregion, die für den Tastsinn zuständig ist) und dem limbischen System unterbrochen (einer Region, die für Emotionen zuständig ist).

5   In bin kein Philosoph, gleichwohl werde ich in diesem Buch auf einige philosophischen Fragen eingehen, um zu sehen, wie mein neurologisches Modell zu manchen philosophischen Thesen passt. Ich war überrascht und erfreut festzustellen, dass einige philosophische Ansätze recht gut zu dem Modell passen, das ich von Gehirn und Geist entwickelt habe. Diese Konvergenz von Neurologie und Philosophie ist ermutigend, da eine zutreffende Theorie vom Selbst sowohl Naturwissenschaftler als auch Philosophen zufrieden stellen muss. Ich werde auf jene philosophischen Standpunkte eingehen, die sich unmittelbar auf die Funktionsweise des Gehirns beziehen.

Einen umfassenden und verständlichen Überblick über die philosophischen und psychologischen Vorstellungen vom Selbst liefern Jerome Levin (1992) und Wilkes (1988). Eingehende philosophische Erörterungen über die Philosophie des Selbst präsentiert Cassam (1994; 1997). Jüngere Erörterungen über die Philosophie des Geistes und des Bewusstseins sind zu finden bei Searle (1984, dt. Ausgabe: 1992; 1992, dt. Ausgabe: 1996); Nagel (1979, dt. Ausgabe, 1996; 1986, dt. Ausgabe 1995); P. S. Churchland (1986); Dennett (1991, dt. Ausgabe 1994); Rosenthal (1991); Flanagan (1991; 1992); P. S. M. Churchland (1993; 1996); Chalmers (1996); McGinn (1997; 1999, dt. Ausgabe 2001); Tye (1995); Block, Flanagan und Güzeldere (1997).

6   Immanuel Kant, Frankfurt, o. J.; William James, 1890; Nachdruck 1983, S. 345.

7   William James, 1892; Nachdruck 1985, S. 70.

8   Sherrington, 1941 (dt. Ausgabe 1964) zitiert in: Eccles, 1994; dt. Ausgabe 1994, S. 15.

9   Horgan, 1999; dt. Ausgabe 2000, S. 41.

Zu Kapitel 2: Das „Zerlegen" des Selbst

1   Locke, 1690; dt. Ausgabe 1962, S. 422.

2   Klassische Beschreibungen von Asomatognosie-Patienten sind in Macdonald
     Critchleys monumentalem Werk *The Parietal Lobes* (1953) und ebenso bei
     Gerstmann (1942) zu finden. Eine Analyse der Neuroanatomie der Asoma-
     tognosie findet sich in Feinberg u.a., 1990.

3   Einen Überblick über das Neglekt-Syndrom und seine klinischen Manifest-
     ationen liefern Heilmann u.a., 1993; sowie Heilmann u.a., 1997; Ramachan-
     dran und Blakeslee, 1998

4   Dieser Fall wurde in Nielson, 1938, zitiert.

5   Nielsen, 1938.

6   Spillane, 1942.

7   Ullman, 1960.

8   Wir haben insgesamt zwölf Patienten untersucht, die unter Asomatognosie
     litten (Feinberg u.a., 1990). Alle zwölf litten unter einem schweren linksseiti-
     gen Neglekt-Syndrom. Bei dieser Untersuchung gab es jedoch viele Neglekt-
     Syndrom-Patienten, die keine Asomatognosie-Symptome erkennen ließen.
     Daraus kann möglicherweise die Schlussfolgerung gezogen werden, dass das
     Neglekt-Syndrom eine notwendige, aber nicht hinreichende Voraussetzung
     für das Auftreten einer Asomatognosie ist.

9   Gainotti u.a., 1972; Albert, 1973.

10   Heilman und van den Abell, 1979.

11   Der Neurologe Marsel Mesulam (1985) erklärt: „Patienten mit einem unila-
     teralen Neglekt-Syndrom ... verhalten sich nicht nur so, als würde in der
     linken Hälfte des Raumes nichts passieren, sondern auch so, als sei nicht zu
     erwarten, dass dort irgendetwas Wichtiges geschehen könnte" (S. 149).

12   Andere gute Beispiele für Zeichnungen von Neglekt-Patienten sind bei M.
     Critchley, 1953, und Mesulam, 1985, zu finden.

13   Ullman, 1960.

14   Critchley, 1955.

15   Weinstein und Kahn, 1955; Weinstein und Cole, 1964; Weinstein u.a., 1964.

16   Weinstein und Friedland, 1977; Weinstein, 1991.

17   Gilliatt und Pratt, 1952.

18   Critchley, 1974.

19   Halligan, Marshall und Wade, 1993.

20   Halligan, Marshall und Wade, 1995.

21   Critchley, 1974.

22   Siehe den Klassiker *Denial of Illness* von Weinstein und Kahn (1955). Ausge-
      zeichnete Werke, die allgemeine Ausführungen über psychologisches Leug-
      nen enthalten, sind: *Denial and Defense in the Therapeutic Situation* von
      Theodore Dorpat (1985) und *The Denial of Stress* (1983), herausgegeben von
      Breznitz. Lewis (1991) liefert einen sehr hilfreichen Überblick über psycho-
      logisches Leugnen im Zusammenhang mit neurologischen Krankheiten.

23   Bezüglich des Zusammenhangs zwischen Konfabulation [auf Erinnerungstäu-
      schung beruhender Bericht über vermeintlich erlebte Vorgänge] und Anoso-
      gnosie für eine halbseitige Lähmung siehe Feinberg u.a., 1994; Feinberg,
      1997a; Feinberg und Roane, 1997a. Critchley (1953) machte die Beobach-
      tung, dass Patienten, die unter einer Anosognosie für ihre halbseitig geläh-
      ten Arme litten, wenn sie gebeten wurden, ihren gelähmten Arm zu heben,
      oft darauf beharrten, dass er sich tatsächlich bewegt oder „weniger schnell"
      als der normale Arm bewegt habe.

      V. S. Ramachandran beschrieb eine Patientin, die, als Dr. Ramachandran vor
      ihr stand, behauptete, sie könne seine Nase berühren. Dieselbe Patientin be-
      hauptete auch, mit ihren beiden Händen klatschen zu können. (Ramachan-
      dran und Blakeslee, 1998, dt. Ausgabe 2001)

      Wir haben unlängst eine starke Korrelation zwischen Anosognosie, Asoma-
      tognosie und der Neigung zu Konfabulationen bezüglich der Bewegungen
      von Gliedmaßen festgestellt (Feinberg, Roane und Ali, 2000).

24   Babinski, 1914; 1918.

25   Anton, 1899. Antons berühmtester Fall war eine 56-jährige Näherin namens
      Ursula Mercz. Sie war blind, leugnete aber den Verlust ihres Sehvermögens.
      Einen ausgezeichneten historischen Überblick über Antons Werk lieferten
      Förstl und andere (1993). Siehe auch McGlynn und Schacter (1989).

Zu Kapitel 3: Fehlende Teile, vertraute Orte

1   Die Begriffe „Ego-nah" und „Ego-fern" sind in den Schriften von Paul
      Schilder zu finden, 1965, S. 298 f.

2   Capgras und Reboul-Lachaux, 1923.

3   Gluckman, 1968; Christodoulou, 1986a; Luauté, 1986.

4   Es gibt Tausende von Artikeln über die Syndrome wahnhafter Verkennungen
      oder wahnhafter Fehlidentifikationen, aber zwei Werke liefern einen beson-
      ders umfassenden Überblick über die Thematik : Ellis, Luauté und Retterstol
      (Hg.), 1994; und Christodoulou (Hg.), 1986a.

5   Merrin und Silberfarb, 1976; Todd, Dewhurst und Wallis, 1981; Christodou-
      lou, 1986b, 1991; Kimura, 1986; Signer, 1987; Förstl, Almeida und Owen
      u.a., 1991; Signer, 1992; Spier, 1992; Mendez, Martin, Symth u.a., 1992; Fle-
      minger und Burns, 1993; Feinberg und Roane, 1997b.

6   Larrivé und Jasienski, 1931.

7   Davidson, 1941.

8   Anderson, 1988 ; Anderson und Williams, 1994.

9   Freud, 1999

10   Rank, 1909

11   Freud, a.a.O., S. 231

12   Dostojewski, dt. Ausgabe 1994, Bd. 1, S. 237 ff., 361 f.

13   Ellis, Whitley und Luauté, 1994. Dieser Artikel liefert eine wertvolle Über-
      setzung des ursprünglichen Artikels von Capgras und Reboul-Lachaux, mit
      erhellenden Erklärungen der Autoren. Siehe auch Anmerkung 14.

14   Courbon und Fail, 1927. In Ellis, Whitley und Luauté (1994) ist ebenso eine
      Übersetzung dieses Artikels zu finden.

15   Burnham, 1956.

16   Feinberg u.a., 1999.

17   Pick, 1903.

18   Patterson und Zangwill, 1944.

19   Levin, 1951.

20   Levin, 1933.

21   Levin, 1953.

22   Levin, 1945.

23   Levin, 1968.

24   Feinberg, 1997c; Feinberg und Roane, 1997, 1997b.

25   Benson u.a., 1976.

26   Ruff und Volpe, 1981.

27   Feinberg und Shapiro, 1989. Siehe auch Burgess und Baxter u.a., 1996.

28   Staton, Brumback und Wilson, 1982.

29   Alexander u.a., 1979. Einen Überblick über das limbische System liefern bei-
      spielsweise LeDoux, 1996; und ebenso Ramachandran und Blakeslee, 1998,
      dt. Ausgabe 2001.

30   Alexander u.a., 1979.

31   Staton, Brumback und Wilson, 1982

32   Ellis und Young, 1990.

33   Landis u.a., 1986.

34   Van Lancker und Klein, 1990; van Lancker, 1991.

Zu Kapitel 4: Persönliche Mythenbildungen

1   Feinberg, 1997a; Feinberg und Roane, 1997b.

2   Berlyne, 1972.

3   Koppleman, 1980. Bezüglich eines Überblicks über das Thema der Konfabu-
     lation siehe auch Moscovitch, 1995.

4   Stuss u.a., 1978.

5   Einen verständlichen und umfassenden Überblick über die Gedächtnisfor-
     schung liefert Schacter, 1996, dt. Ausgabe 2001.

6   Van der Horst, 1932.

7   Victor, Adams und Collins, 1989.

8   Bonhoeffer, 1901; 1904.

9   Eslinger, 1998. Damasio, 1999 (dt. Ausgabe 2000) geht ausführlich auf die
     Rolle ein, die das autobiografische Gedächtnis bei der Erschaffung des Selbst
     spielt. Siehe auch Rubin (1986).

10   Tulving, 1983; zitiert in: Schacter, 1966; dt. Ausgabe 2001, S. 41.

11   Eslinger, 1998.

12   Weinstein und Kahn, 1955.

13   Weinstein, Kahn und Morris, 1956.

14   Weinstein und Lyerly, 1968.

15   Baddeley und Wilson, 1986.

16   Weinstein, Kahn und Malitz, 1956.

17   In: Weinstein und Kahn, 1955, S. 105. Die Autoren beschreiben, wie sie die
     „Königsgeschichte" benutzt haben, um Leugnen aufzudecken.

18   Weinstein, Kahn und Morris, 1956.

19   Ebenda.

20   Stuss u.a., 1978

21   Kapur und Coughland, 1980.

22   Fischer u.a., 1995.

23   DeLuca und Cicerone, 1991. Einen Überblick über das Thema der Folge-
     erscheinungen von Aneurysmarupturen im Bereich des Vorderhirns liefern
     DeLuca und Diamond, 1995.

24   Stuss u.a., 1978.

25   Siehe auch Stuss, 1991, für weitere Ausführungen über dieses Thema.

26   Gazzaniga, 1985, dt. Ausgabe 1989, S. 18 ff., 145 ff.

Zu Kapitel 5: Von Spiegelbildern und Doppelgängern

1   Nabokov, dt. Ausgabe 2001, S. 18 f.

2   Feinberg und Shapiro, 1989.

3   Gluckman, 1968. Foley und Breslau (1982) beschrieben in Kurzform sieben Fälle einer spiegelbildlichen Fehlidentifikation. Wie in Glucksmans Fall waren auch bei den Patienten Foleys und Breslaus paranoide Haltungen gegenüber den Spiegelbildern festzustellen. Spiegelbildliche Fehlidentifikationen werden oft in Zusammenhang mit einer Alzheimer-bedingten Demenz berichtet. (Siehe Rubin u.a., 1988; Burns u.a., 1990; und Mendez u.a., 1992). Spangenberg u.a. (1998) berichteten über einen jüngeren Fall einer Fehlidentifikation des Spiegelbildes, der möglicherweise auf eine Gefäßerkrankung zurückzuführen war.

4   William James, 1892; Nachdruck 1985, S. 43.

5   Gallup, 1970; 1977a; 1977b; 1982; Gallup u.a., 1995. Siehe auch Povinelli u.a., 1993; 1997. Eine geistreiche Debatte über die Frage der Selbstbewusstheit bei nichtmenschlichen Primaten liefert Heyes, 1998.

6   Für einen Überblick über einige Aspekte des Doppelgängers in Religion, Mythologie und Volkstum siehe Todd und Dewhurst, 1955, 1962; und Christodoulou, 1986c.

7   Tymms (1949) bietet einen faszinierenden und ausführlichen Überblick über das Thema des Doppelgängers in der Weltliteratur. In diesem Buch untersucht Tymms den Doppelgänger in Richters Werk.

8   Jean Paul (Richter), 1969, S. 39.

9   Todd und Dewhurst, 1955.

10 Dostojewski, dt. Ausgabe 1990.

11 Lhermitte, 1951; Damas Mora u.a., 1980.

12 Todd und Dewhurst, 1955.

13 Ebenda.

14 Devinsky u.a., 1989.

15 Todd und Dewhurst, 1955.

16 Lippman, 1953.

17 Todd und Dewhurst, 1962.

18 Barth, 1980; zitiert in: Todd und Dewhurst, 1962.

19 Rank, 1993, S. 113 f.

20 Ebenda, S. 115.

21 Svendsen, 1934.

22 Sperling, 1954.

23   Nagera, 1969.

24   Murphy, 1962.

25   Frailberg, 1959.

26   Critchley, 1979.

27   Der Glaube, dass ein Fremder im Haus wohne, wird als „Phantom-Border-Syndrom" bezeichnet. (Siehe Rowan, 1984; Rubin u.a., 1988; Burns u.a., 1990; und Malloy u.a., 1992).

Zu Kapitel 6: Alles zusammenhalten

1   Innocenti, 1986; Trevarthen, 1991.

2   Bogen (1993) liefert einen ausgezeichneten Überblick über die Geschichte der Callosotomie und deren Auswirkungen auf das menschliche Verhalten.

3   Bezüglich eines Überblicks über die Thematik siehe Gazzaniga (1985, dt. Ausgabe 1989); Gazzaniga und Volke (1981); Gazzaniga (1970); und Gazzaniga und LeDoux (1978, dt. Ausgabe 1983).

4   Wigan, 1844a; 1844b. Eine moderne Version dieser Hypothese liefert Puccetti, 1981.

5   Harrington (1987) hat mit der Untersuchung und Analyse der vorliegenden Arbeiten über die Natur der beiden Hemisphären hervorragende Arbeit geleistet. Diese Lektüre ist ein Muss für jeden, der sich für die Geschichte der Neurologie und Gehirnforschung interessiert.

6   Goldstein, 1908, S. 69 f.; zitiert in: Harrington, 1987.

7   Feinberg u.a., 1992; Feinberg, Roane und Cohen, 1998.

8   Feinberg u.a., 1992; Feinberg, 1997c. Es gibt verschiedene neuroanatomische Untersuchungen über das „Fremde-Hand"-Syndrom, wobei es widersprüchliche Ansichten über das Vorkommen klinischer Subtypen des Syndroms und deren ursächliche Anatomie gibt. Bezüglich zusätzlicher Untersuchungen zu dieser Thematik siehe Della Sala, 1991; Gasquoine, 1993; Tanaka u.a., 1996; Chan und Liu, 1999.

9   Gazzaniga, 1970, S. 107.

10   Geschwind, u.a., 1995.

11   Ebenda.

12   Goldberg und Bloom, 1990. Der Bericht geht auch auf mögliche Mechanismen des „Fremde-Hand"-Syndroms ein.

13   Ebenda.

14   Bogen, 1993.

15   Stuss und Benson, 1986, S. 88.

16   Sperry, Gazzaniga und Bogen, 1969; Sperry, 1984.

17   Sperry, 1990; Trevarthen, 1991.

18   Bogen, 1993; Sperry, 1990; Trevarthen, 1991.

19   Beispiele und Untersuchungen über diese faszinierenden Forschungen sind
      zu finden bei: Levy, Trevarthen und Sperry, 1972; Levy und Trevarthen,
      1976; Levy, 1977, 1990; sowie bei Sperry, Zaidel und Zaidel, 1979.

20   Trevarthen, 1974.

21   Levy, 1990, S. 235.

22   Ebenda.

23   Trevarthen, 1991.

24   Feinberg, 1997a; Feinberg und Roane, 1997a.

Zu Kapitel 7: Reise ins Zentrum des Geistes

1   Kaas, 1989.

2   Van Essen, Anderson und Felleman, 1992.

3   Kaas, 1993.

4   Siehe zum Beispiel: van Essen u.a., 1992.

5   In der Philosophie ist das Problem, die Verteiltheit des Gehirns und die sub-
      jektiv erfahrene Nahtlosigkeit des Bewusstsein zu erklären, als das „Körnig-
      keitsproblem", die „Körnigkeitstheorie" oder der „Körnigkeitseinwand"
      (oder auch als das *grain*-Problem) bekannt. Die Verwendung des Begriffes
      „grain" oder „Körnigkeit" in Zusammenhang mit der Bewusstseinsphiloso-
      phie geht auf Sellars (1963) zurück. Die „Körnigkeitstheorie" ist eine Gegen-
      theorie zu Feigls (1967) „Identitätstheorie". Die Identitätstheorie behauptet
      zum Beispiel, dass mentale Zustände identisch mit neuralen Zuständen seien
      und dass es in Bezug auf mentale Zustände nichts zu erklären gebe, was
      über das Verständnis der neuralen Zustände hinausgehe, die sie entstehen lie-
      ßen. Die „Körnigkeitstheorie" weist darauf hin, dass die subjektive Erfah-
      rung homogen, einheitlich und ohne Körnigkeit sei (Teller, 1992), im Gegen-
      satz zum Gehirn, welches ein „'lückenhaftes', heterogenes, disjunktives
      Konglomerat von räumlich getrennten Ereignissen" darstelle (Meehl, 1966, S.
      167). Angesichts dieser Unterschiede können neurale Ereignisse nicht iden-
      tisch mit mentalen Zuständen sein. Siehe auch Feinberg, 1997b, 2000.

6   Boring vertrat in seinem monumentalen Werk *A History of Experimental
      Psychology* (1959) die Auffassung, dass Descartes „den faktischen Beginn der
      modernen Psychologie markiert".

7   Descartes, dt. Ausgabe 1996, Artikel 30, S. 51.

8   Ebenda, Artikel 32, S. 53 f.

9   Sherrington, 1947.

10   Ebenda, S. xiv.

11   Sherrington, 1941, dt. Ausgabe 1964, S. 299. Die früheste Verwendung des Begriffs der „Papstzelle" habe ich bei James 1890/1983, S. 181, gefunden.

12   Die an einer Einführung in die Biologie des visuellen Systems interessierten Leser möchte ich auf Kandel, Schwartz und Jessell, 2000, verweisen. Ein Buch, das ich als besonders hilfreich empfunden habe, insbesondere zu den Themen, die sich auf die visuelle Bewusstheit beziehen, ist Zekis *A Vision of the Brain* (1993). Ich habe hauptsächlich diese Quellen für diesen Überblick über das visuelle System genutzt.

13   Hubel und Wiesel, 1962; 1965; 1977; 1968. Bezüglich einer Zusammenfassung der Arbeit von Hubel und Wiesel siehe: Hubel und Wiesel, 1979; und Hubel, 1988, dt. Ausgabe 1989.

14   Zeki, 1993, S. 298.

15   Eine amüsante Erörterung über die Vorstellung von der „Großmutterzelle" und etwas über die Geschichte dieser Vorstellung liefert Barlow, 1995.

16   Die Zellen in V1, dem primären Areal des Sehkortex, haben relativ kleine rezeptive Felder, die die präzise Lokalisation der Position eines Stimulus im Raum ermöglichen. Demgegenüber haben die Zellen in V5, einem im Verarbeitungsstrom fortgeschrittenen, auf die Bewegungswahrnehmung spezialisierten Areal, größere rezeptive Felder, die auf Bewegung in großen Segmenten des visuellen Raumes reagieren. Die größeren rezeptiven Felder der Zellen in V5, die für die Entdeckung der Bewegung ausreichend oder auch notwendig sind, genügen jedoch eindeutig nicht für eine präzise räumliche Lokalisierung. Somit setzt die Informationsverarbeitung für ein großes, sich an einem bestimmten Punkt im Raum bewegendes Objekt, um bewusst zu sein, sowohl die Informationen von V1 als auch von V5 voraus.

Dieses Arrangement stellt für die visuelle Vereinheitlichung jedoch ein echtes Problem dar. Es gibt ein wunderbares Experiment von Movshon, Adelson, Gizzi und Newsome (1985), welches dieses Problem herrlich veranschaulicht. Sie haben demonstriert, dass, wenn bestimmte Formen hinter einem kleinen runden Loch betrachtet werden, widersprüchliche Bewegungsinformationen auf der Ebene des primären Sehkortex (V1) wahrgenommen werden. Wenn die Informationen zum Beispiel nicht weiter als bis zu V1 gingen, dann würde es so aussehen, als würden sich die aneinander stoßenden Seiten eines sich horizontal bewegenden Diamanten in verschiedene Richtungen bewegen. Aufgrund ihrer kleinen rezeptiven Felder sind die Zellen in V1 zwar in der Lage, die exakte Position eines Stimulus im Raum zu enkodieren, sie sind jedoch nicht in der Lage, das Bewegungsmuster eines einzelnen Objektes hinter dem Loch zu erkennen.

Im Unterschied zu den Zellen in V1 sind die Zellen in V5 jedoch in der Lage, angemessen auf die Bewegung des tatsächlichen ganzen Objektes zu reagieren.

Sofern das in V5 dargestellte „ganze Objekt" jedoch die einzige bewusste Repräsentation des Stimulus wäre, ginge zum Beispiel die „örtliche Markierung", die exakte topographische Lokalisation eines Stimulus im Raum verloren. Um zu wissen, wo sich das ganze, sich im Raum bewegende Objekt genau befindet, ist der Input von V1 und V5 erforderlich.

Folglich muss das visuelle System es V1 und V5 ermöglichen, „explizite" Beiträge zur visuellen Wahrnehmung zu leisten.

17   Zeki, 1993, S. 301. Um diese These zu unterstützen führten Beckers und Zeki (1995) ein Experiment mittels einer speziellen Technik, der so genannten „transkraniellen Magnetstimulation" (TMS), durch. Bei der transkraniellen Magnetstimulation wird die elektromagnetische Spule auf der Kopfhaut angebracht. Durch elektromagnetische Impulse wird eine lokalisierte und reversible Inaktivierung des darunter liegenden Gehirns bewirkt. Wenn bei normalen Probanden mit Hilfe eines am Hinterkopf applizierten Impulses die Zellen im V1-Areal inaktiviert werden, ist eine bewusste Bewegungswahrnehmung, die ein aktives V5 voraussetzt, nach wie vor möglich, allerdings geht dadurch die Fähigkeit zur Richtungs- oder Lagebestimmung feststehender Objekte verloren, die einen äußerst präzisen Lokalisationspunkt verlangt. Das heißt, dass der Patient gesehen hat, dass sich etwas „bewegte", aber nicht weiß, wo es war.

Auf der Grundlage dieser Beobachtung konnten Beckers und Zeki schließen, dass V5 offenbar einen bewussten Beitrag zur Bewegungswahrnehmung leistet, der völlig unabhängig von V1, dem primären Areal des Sehkortex ist.

18   Dennett, 1991, dt. Ausgabe 1994, S. 139 ff.

19   Pinker (1997) geht auf die Frage des Homunkulus vom Standpunkt der Kognitionswissenschaft aus ein; dt. Ausgabe 1998, S. 104 ff.

20   In den letzten Jahren wurde sehr viel über das „Bindungsproblem" geschrieben. Untersuchungen über dieses komplizierte Thema sind beispielsweise zu finden bei Crick und Koch, 1990; Crick, 1994, dt. Ausgabe 1994; von der Malsburg, 1995; König und Engel, 1995; Treisman, 1996; Hardcastle, 1997; Singer, 1998; 1999.

Es gibt eine Sonderausgabe von *Consciousness and Cognition* (Bbd. 8, Nr. 2, Juni 1999), die diesem Thema gewidmet wurde und einen ausgezeichneten Überblick über diese Thematik liefert. Diese Ausgabe enthält einen Artikel von Antti Revonsuo (1999), der speziell auf die Beziehung zwischen neurowissenschaftlichen Ansätzen zur Bindung und dem Problem der mentalen Einheit aus der Sicht der Philosophie eingeht.

Revonsuo unterscheidet zwischen wahrnehmungsspezifischer Bindung, die er als *stimulusbezogene Bindung* bezeichnet, und der phänomenalen Einheit der Erfahrung, die er *bewusstseinsbezogene Bindung* nennt. Er spricht darüber hinaus auch von der *kognitiven Bindung*. Revonsuo zufolge legen einige Beispiele der stimulusbezogenen Bindung, wie etwa das praktische Beispiel der neuralen Synchronisation bei einem betäubten (und damit bewusstlosen) Tier, den Schluss nahe, dass die stimulusbezogene Bindung losgelöst von der bewusstseinsbezogenen Bindung sein kann. Inwieweit diese Bindungsformen sich überschneiden, bedarf noch weiterer Erklärung.

In diesem Buch behandle ich diese verschiedenen Formen der Bindung als verschiedene Aspekte desselben grundlegenden neurophilosophischen Problems bezüglich der Einheit des Selbst. Es ist indes sicher möglich, sogar wahrscheinlich, dass über verschiedene Mechanismen verschiedene Arten der Bindung stattfinden.

21 Über die unter Fußnote 20 genannten Hinweise hinaus gibt es einige frühere Arbeiten, die sich mit der Rolle von Oszillationen bei der Frage der Bindung und der Bewusstheit beschäftigten. Siehe Gray und Singer, 1989; Gray u.a., 1989; Engel u.a., 1991; Crick und Koch, 1990; und Gray u.a., 1992.

22 Crick, 1994, dt. Ausgabe 1994, S. 301 f.

23 Edelman, 1989.

24 Ryle, 1949, dt. Ausgabe 1969, S. 13.

Tinbergen, 1951, dt. Ausgabe 1979, S. 95 ff., 119.

Zu Kapitel 8: Die verschachtelte Hierarchie des Selbst und des Geistes

1 Kim, 1992. Kim geht auch auf die Fragen der Emergenz und der Reduktion in der Philosophie des Bewusstseins ein, in: Kim, 1995. In einem unlängst erschienenen Buch sieht Kim nicht nur „starke Anzeichen eines Comebacks" des Emergentismus in der Philosophie, sondern auch in „Psychologie, Kognitionswissenschaft, Systemtheorie und dergleichen" (S. 8 f.). Einen ausgezeichneten Überblick über die Emergenztheorie in der Philosophie des Geistes liefern Beckermann, Flohr und Kim (1992).

2 Campbell, 1974.

3 Pattee, 1970, S. 119.

4 Erörterungen über die Hierarchietheorie und den Zwang in biologischen Systemen sind zu finden in: Whyte, Wilson und Wilson, 1969; Pattee, 1973; Ayala und Dobzhansky, 1974; Allen und Starr, 1982; und Salthe, 1985. Lebendige und faszinierende Darstellungen von Hierarchien in unterschiedlichsten Settings sind in den Werken von Arthur Koestler zu finden. Sein

bekanntestes Werk dürfte wohl *The Ghost in the Machine* sein (1967, dt. Ausgabe: *Das Gespenst in der Maschine,* 1968). Eine ausgezeichnete Zusammenfassung seiner Arbeit liefert Koestler in seinem Werk *Janus: A Summing Up* (1978, dt. Ausgabe 1978). Koestler prägte den Begriff des „Holon", um die Sub-Ganzheiten zu beschreiben, die in allen Hierarchien zu finden sind.

5   Medawar und Medawar, 1977.

6   Ebenda, S. 177.

7   Searle, 1992; dt. Ausgabe 1996, S. 132 f.

8   Ebenda, S. 133.

9   Morgan, 1923, S. 35.

10 Der brillante Wissenschaftler und Philosoph Michael Polanyi (1965) lieferte eine Analyse der Emergenz in Verbindung mit dem stereoskopischen Sehen. Polanyis allgemeinere Ansichten zur Emergenz des Bewusstseins finden sich in: Polanyi, 1966 (dt. Ausgabe 1985) und 1968.

11 Sperry, 1977. Nachdruck in: Trevarthen, 1990, S. 383.

12 Ebenda, S. 382, zitiert nach: Eccles, dt. Ausgabe 1996, S. 83 f. Siehe auch Sperry, 1965; 1966; und Sperry, 1984.

13 Sperry, 1977. Nachdruck in: Trevarthen, 1990, S. 384.

14 Scott, 1995, S. 172, 5.

15 Eine Diskussion über die Unterschiede zwischen verschachtelten und nicht-verschachtelten Hierarchien liefern Allen und Starr, 1982, S. 38–47; und Salthe, 1985. S. 9 ff.

16 Allen und Starr (1982) definierten eine verschachtelte Hierarchie wie folgt: „Eine verschachtelte Hierarchie ist eine, in der das Holon an der Spitze der Hierarchie alle niedrigeren Holons enthält und sich daraus zusammensetzt. Das an der Spitze befindliche Holon besteht aus der Summe der Substanz und der Interaktionen aller seiner Tochterholone und ist in diesem Sinne von ihnen ableitbar. Individuen sind in Bevölkerungen verschachtelt, Organe in Organismen, Gewebe in Organen und Gewebe sind aus Zellen zusammengesetzt" (S. 38). Holone sind, wie in Anmerkung 4 beschrieben, „Sub-Ganzheiten" oder Teile von Hierarchien.

17 Dieses Modell hilft das Problem mit dem kleinen runden Loch zu erklären, welches durch das zuvor bereits besprochene Experiment von Movshon und seinen Kollegen aufgeworfen wurde (Kapitel 7, Fußnote 16). Wir haben gesehen, dass die Zellen in V1, dem primären Areal des Sehkortex, kleine rezeptive Felder haben, die die exakte Lokalisierung der Position eines Stimulus im Raum ermöglichen. Demgegenüber haben die Zellen in V5, eines auf die Bewegungswahrnehmung spezialisierten Areals, das unter anderem auch Input von dem Areal V1 empfängt, größere rezeptive Felder, die auf die Bewegung innerhalb großer Segmente des visuellen Raumes reagieren. Die

Gehirnregionen V1 und V5 erscheinen als separate, hierarchisch angeordnete Hirnregionen, wobei V1 stromabwärts V5 füttert und V5 stromaufwärts wiederum V1 füttert.

So betrachtet erscheinen V1 und V5 als Teil einer nichtverschachtelten Hierarchie, wobei eine größere Anzahl von Neuronen zu einer kleineren Anzahl von Neuronen konvergiert und simultan spezifischere Eigenschaften emergieren.

Bei diesem Prozess *setzt* die Emergenz höherer Merkmale oder Fähigkeiten in der Tat *voraus*, dass die jenseits von V1 befindlichen Zellen auf Stimuli innerhalb eines großen Teils des Sehfeldes reagieren. Wenn dies jedoch die einzige bewusste Repräsentation wäre, ginge die exakte topographische Lokalisation eines Stimulus im Raum verloren. Der Geist verliert jedoch nicht, wie wir gesehen haben, die Eigenschaften der Neuronen niederer Ordnung (das heißt, die exakte Position des Stimulus geht trotz der Entstehung neuer Eigenschaften nicht verloren). Das Gehirn operiert als ein verschachteltes hierarchisches System, in dem die Neuronen in V1 weiterhin einen Betrag zum Bewusstsein leisten und auch zur Emergenz der Merkmale höherer Ordnung beitragen, die in den Zellen in V5 gegeben sind.

18 Es gab eine Zeit in der Geschichte der Wissenschaft, als überall ein Zweck vermutet wurde, insbesondere wenn es um den Menschen ging. Die Produkte der natürlichen Selektion waren für ihre Aufgaben so trefflich geeignet, dass Jahrhunderte lang angenommen wurde, jemand oder etwas müsse bei ihrem Entwurf eine zweckgerichtete Hand im Spiel haben. Aristoteles war der Meinung, „letzte Ursachen" spielten bei der Entstehung von Leben eine Rolle. Diese Position wird heute jedoch, im Licht der modernen Biologie, als Beispiel „teleologischen Denkens" angesehen. Wir wissen heute, dass Flossen *nicht* intentional entworfen wurden, *damit* Fische schwimmen können, und dass menschliche Hände *nicht* intentional entworfen wurden, *damit* wir mit den Daumen (indem wir sie den übrigen Fingern gegenüberstellen) greifen können. Die natürliche Selektion vollzieht sich, mit anderen Worten, nicht von vornherein mit einem vorgefassten Ziel vor Augen (siehe Mayr, 1974, S. 96; siehe auch Searle, 1992, dt. Ausgabe 1996, S. 68 f.).

19 Searle verdeutlicht, dass manche Handlungen intentional erscheinen mögen, es in Wirklichkeit aber nicht sind. Um diesen Punkt zu veranschaulichen, vergleicht er die Feststellung: „Ich habe Durst" mit der Aussage: „Mein Rasen hat Durst." Im ersten Fall gibt es einen wirklich bewussten Zustand, der mit dem wirklichen intentionalen Wunsch zu trinken verbunden ist. Searle bezeichnet dies als *intrinsische* Intentionalität. Bei der zweiten Aussage gehen wir nicht davon aus, dass der Rasen tatsächlich „denke", er sei durstig; oder den Wunsch habe zu trinken oder die Absicht habe etwas Wasser aufzusaugen. Der Rasen hat nicht den intentionalen Wunsch zu trinken und deshalb ist der Rasen nicht in einem intentionalen Zustand. Wenn wir sagen, der Rasen habe Durst, so verwenden wir diese Ausdrucksweise nur in einem metaphorischen

Sinne. Searle bezeichnet dies als „Als-ob-Intentionalität" (Searle, 1992, dt. Ausgabe 1996, S. 96 ff.).

Auch wenn ich Searles Auffassung teile, würde ich es dennoch vorziehen, den Mechanismus des Rasens als eine teleonomische, aber nicht zweckorientierte Handlung zu bezeichnen.

20   Mayr, 1974; 1982, dt. Ausgabe 1984, S. 40.

21   Braithwaite, 1953, S. 326.

22   Myers, 1976.

23   Unsere Sinngebungen und Zwecksetzungen sind nicht einfach urplötzlich in der evolutionären Landschaft aufgetaucht. Sie haben sich vielmehr langsam aus der Komplexität der Organismen entwickelt. Mit dem hoch entwickelten Gehirn des Menschen ist der fortgeschrittenste Zustand einer äußeren Objektprojektion, Objektifikation und Differenzierung vom Selbst ermöglicht worden. Einfache neurale Zustände wie jene, die zu reflexartigen Verhaltensweisen führen, entwickelten sich schließlich zu komplexen neuralen Zuständen weiter, die einen noch ausgeklügelteren Sinn für den Organismus in sich bergen. Es gibt in Wirklichkeit einfach keine Diskontinuität zwischen Reflex und zweckmäßiger Handlung, zwischen der Pupillenreaktion auf Licht und der Betrachtung eines Picasso-Gemäldes. Verglichen mit den einfachen Reflexen einer Schnecke erscheint unser menschlicher Zweck weit blickend, unser Sinn sublim.

Trotz alledem gehe ich davon aus, dass, wenn unsere Intentionen und unsere Bewusstheit mit jenen einer hypothetischen, noch höher entwickelten Lebensform an einem anderen Ort im Universum oder in einer anderen Zeit verglichen würden, sie ihnen vielleicht als nichts weiter als Reflexe erscheinen.

24   Es ist eine einschüchternde Aufgabe, sich mit den Schriften J. H. Jacksons vertraut zu machen. Verweisen möchte ich insbesondere auf eines seiner berühmtesten Werke, seine *Croonian Lectures* von 1884. Eine hervorragende Quelle bezüglich Jacksons Werk ist Harrington, 1987. Siehe auch Levin, 1953.

25   Jackson, 1884, S. 49.

26   Monrad-Krohn, 1924; Feiling, 1927.

27   Siehe Damasio (1994, dt. Ausgabe 1997, S. 194-227), der ausführlicher auf die Dissoziation zwischen willkürlichem und spontanem emotionalem Ausdruck eingeht.

28   Siehe Ramachandran und Blakeslee (1998, dt. Ausgabe 2001, S. 321-340) für ein interessantes Beispiel von pathologischem Lachen.

29   *Consciousness and Cognition*, Bd. 8, Nr. 2, Juni 1999.

30   Scott, 1995.

31 Harth (1993) schlug eine andere Lösung für das Problem des „inneren Au-
    ges" vor. Er war der Auffassung, dass die Vereinheitlichung des Geistes nicht
    an der Spitze, sondern unten, am Fuß der sensorischen Pyramide stattfinde.
    Harth schrieb: „Im Unterschied zu früheren Versuchen, die das (kartesiani-
    sche) Theater auf der höchsten Ebene der zerebralen Aktivität lokalisiert ha-
    ben, glaube ich, dass die Vereinheitlichung an dem einzigen Ort stattfindet,
    an dem sensorische Muster noch ganz sind und die räumlichen Relationen
    der Originalszene gewahrt bleiben – am Fuß der sensorischen Pyramide,
    nicht an der Spitze. Dort treffen alle sensorischen Signale und Stichworte
    und zerebralen Einbildungen zusammen, um eine Szene zu malen. Es gibt
    auch einen Beobachter: Der Rest des Gehirns schaut hinab, gerade so, als sei
    es das, was es verarbeitet hat. Das Bewusstsein, das bei diesem selbstbezoge-
    nen Prozess entsteht, vereinheitlicht nicht nur die unmittelbaren sensorischen
    Botschaften, sondern ist auch die Instanz, die alles um uns herum, Vergan-
    genheit, Gegenwart und Zukunft, zusammenfügt."

    Das Problem bei Harths Ansatz ist, dass er zwar behauptet, es gebe keinen
    „intelligenten Monitor an der Spitze der sensorischen Pyramide", sein Mo-
    dell aber dennoch einen „Beobachter" höherer Ordnung, einen inneren Ho-
    munkulus, vorsieht, der die Arbeit des restlichen Gehirns in einem „kartesia-
    nischen Theater" niederer Ordnung beobachtet. Das kartesianische Theater
    wird einfach aus den höheren Gehirnzentren in Regionen verlagert, die in
    der sensorischen Hierarchie weiter unten stehen.

    Im Gegensatz dazu habe ich zu zeigen versucht, wie alle Ebenen der neu-
    ralen Hierarchie zur Einheit des Geistes und des Selbst beitragen, ohne dabei
    auf einen inneren Homunkulus oder eine Zentralisation neuronaler Bahnen
    zurückzugreifen.

Zu Kapitel 9: Sein und Gehirn

1 Kant, S. 397.

2 Siehe Güzeldere, 1995, für eine Untersuchung einiger zeitgenössischer Auf-
    fassungen. Siehe auch Velmans, 1991a; 1991b; 1995; Globus, 1973; 1976; Met-
    zinger, 1995; dt. Ausgabe 1996.

3 Kant, S. 397.

4 Schopenhauer, 1999, S. 45.

5 Schopenhauer, 1967, S. 334.

6 George Henry Lewes, 1879, S. 459.

7 Herbert Spencer, 1883, S. 157.

8 Nagel, 1974, dt. Ausgabe 1981.

9 Ebenda.

10   Nagel, 1986, dt. Ausgabe 1992, S. 18.

11   Searle, 1992, dt. Ausgabe 1996, S. 143.

12   Ebenda, S. 115.

13   Brain, 1951, S. 13.

14   Sherrington, 1947. Manche erstaunlich komplizierten Verhaltensweisen haben sich als höchst automatisch erwiesen. Wenn zum Beispiel eine Katze, der das Rückenmark durchschnitten wird – so dass der Teil des Rückenmarks, der die Beine kontrolliert, vom Gehirn abgetrennt wird –, auf eine Tretmühle gestellt wird, kann sie mit dem gleichen rhythmischen Muster gehen, das typisch für ein gesundes Tier ist. Kein Bewusstsein, kein Wille, nur ein isoliertes Rückenmark und dessen lokale Kreisläufe steuern das Trittmuster.

15   Lettvin u.a., 1959, dt. Ausgabe 1999, S. 195-217.

16   Sherrington, 1947, S. 324. Die neuralen Zustände, die einen Sinn haben, sind zweifellos im Nervensystem eines Organismus. Die Evolution hat jedoch in Millionen von Jahren dafür gesorgt, dass die von äußeren Objekten hervorgerufenen neuralen Zustände die Tiere *automatisch* veranlassen, angemessen auf die Punkte im Raum hin zu reagieren, an denen sich die Stimuli in der Welt befinden, und nicht auf den Ort hin zu reagieren, an dem sich die neuralen Zustände *in Wirklichkeit* befinden und der im Gehirn liegt. Dabei geht es mitnichten um so etwas wie mentale Magie.

Das Gehirn hat einen Weg gefunden, neurale Zustände herbeizuführen, die Merkmale der Welt einfangen. Das Gehirn „fängt" jedoch natürlich nicht im buchstäblichen Sinne die Welt „ein". Wir sollten uns nicht zu der Annahme verleiten lassen, das Gehirn „absorbiere" diese Merkmale der Umwelt tatsächlich. Wir können das Gehirn auch in Abwesenheit solcher Stimuli mit einer Elektrode künstlich stimulieren und die gleichen sensorischen Effekte hervorrufen. Korrekter wäre es stattdessen zu sagen, das, was das Nervensystem tut, sei, *Sinn* zu schaffen.

Ein heftiger Nadelstich stellt beispielsweise eine Kombination aus Berührung, punktueller Lokalisation, Rückzugsimpuls usw. dar. Alle diese sensorischen und motorischen Elemente werden für den Organismus zu einem Sinn integriert. Das Bewusstsein von dem Nadelstich ist für den Organismus der Sinn, ein Sinn, der mit unterschiedlichen neuralen Zuständen variiert.

Eine Erörterung jüngeren Datums über das Thema der Projektion ist bei Velmans, 1996, zu finden.

17   Dennett, 1992.

18   Levine, 1983.

19   Feigl, 1967.

20   Teller, 1992, S. 199.

21   Clarke und O'Malley, 1996, S. 9.

22   Globus, 1973, s. 1129. Siehe auch Globus, 1976.

23   Siehe Dennett und Haugeland, 1987.

24   Searle, 1984, dt. Ausgabe 1986, S. 15. Siehe auch Searle, 1983, dt. Ausgabe
      1996. In seinem Buch *Geist, Hirn und Wissenschaft* zählt Searle die vier
      Merkmale geistiger Phänomene auf, die nicht in eine „wissenschaftliche"
      Auffassung von der Welt zu passen scheinen. Die Intentionalität ist eines
      dieser Merkmale. Die anderen drei Merkmale geistiger Phänomene, mit de-
      nen schwer zurechtzukommen ist, sind das *Bewusstsein* als solches, die *Sub-
      jektivität* von Geisteszuständen und *geistige Kausalität*.

      In diesem Buch habe ich versucht aufzuzeigen, wie diese vier Merkmale mit
      einer absolut wissenschaftlichen Sicht des Gehirns und des Geistes in Ein-
      klang zu bringen sind.

Zu Kapitel 10: Der lebendige Geist

1   Wenn das Leben des ganzen Organismus auf dem Leben der einzelnen Teile
      aufgebaut ist, können wir dann auch das Leben der Zelle auf ihre einzelnen
      Teile reduzieren? Wenn wir versuchen, die Einheiten in der verschachtelten
      Hierarchie lebender Dinge zu reduzieren, werden einige interessante Fragen
      aufgeworfen. Ist zum Beispiel ein organisches Molekül in meinem Ober-
      schenkelknochen etwas Lebendiges? „Stirbt" ein Molekül, wenn ich es aus
      meinem Knochen herausnehme und auf den Tisch lege? Ist auch ein einzel-
      nes Kohlenstoffatom in meinem lebenden Oberschenkelknochen etwas Le-
      bendiges? Wo soll die Trennungslinie gezogen werden?

      Ebenso wie das Bewusstsein hat das Leben eine persönliche Ontologie, und
      einige Aspekte eines Lebens sind nichtreduzierbar mit dem Lebewesen ver-
      bunden, das dieses Leben besitzt. Nehmen Sie das einsame Kohlenstoffatom
      in meinem Oberschenkelknochen. Für Sie hat dieses Molekül die gleiche
      Ontologie, ob es in meinem Körper ist oder auf dem Tisch neben mir liegt.
      Wenn dieses Kohlenstoffatom im Gegensatz dazu jedoch ein Teil meines Le-
      bens, ein Teil der verschachtelten Hierarchie meines Körpers ist, besitzt es
      eine persönliche Ontologie, die für mich einzigartig ist. Dieses einzigartige
      Merkmal als Teil meines lebendigen Selbst geht verloren, wenn dieses Mole-
      kül aus meinem Körper entfernt wird.

2   Eine Widerlegung der Silikonchip-These liefert zum Beispiel Searle, 1997.

Erläuterung der Fachbegriffe

AMNESIE: Gedächtnisverlust

ANEURYSMA: abnormale Arterienerweiterung. Bei einer Ruptur eines Hirnaneurysmas kommt es zu Blutungen im Gehirn und zur Zerstörung von Hirngewebe.

ANOSOGNOSIE: wörtlich: „mangelndes Wissen von der Existenz einer Krankheit". Der Anosognosie-Patient ist sich seiner neurologischen Behinderung nicht bewusst. Die häufigste Form der Anosognosie ist das Nicht(an)erkennen einer (eigenen) Lähmung.

ANTEROGRADE AMNESIE: eine Variante der Amnesie (Gedächtnisverlust), bei der die betreffende Person keine neuen Erinnerungen bilden kann. Anterograde Amnesie ist eine häufige Erscheinung bei Patienten, bei denen das Syndrom der Konfabulation auftritt.

ANTON'SCHES SYNDROM: Dieses Syndrom wurde nach Gabriel Anton benannt, der als einer der ersten Forscher diese Symptomatik beschrieb. Das Anton'sche Syndrom ist eine Form der Anosognosie, bei der der Patient sich seiner Blindheit nicht bewusst ist.

APHASIE: Sprachstörung, die durch eine Gehirnschädigung verursacht ist.

ASOMATOGNOSIE: wörtlich: „mangelndes Erkennen des Körpers". Ein unter Asomatognosie leidender Patient ist unfähig, einen Körperteil als zu seinem eigenen Körper gehörig zu erkennen, und leugnet, dass dieser Teil zu ihm gehört. Die am häufigsten auftretende Form der Asomatognosie ist das Leugnen der Zugehörigkeit des gelähmten linken Arms zum eigenen Körper.

AUTOBIOGRAFISCHES GEDÄCHTNIS: allgemeiner Begriff für Erinnerungen in Zusammenhang mit dem Selbst.

AUTOSKOPIE: die visuelle Halluzination vom eigenen Selbst. Die Autoskopie kann auf eine Vielzahl neurologischer und psychiatrischer Störungen zurückzuführen sein und kann auch unter psychischem Stress auftreten. (Synonym: Heautoskopie)

BILATERAL: Beiderseitig, auf beide Seiten des Gehirns oder Körpers bezogen.

BINDUNG: der Mechanismus, über den das Gehirn mehrere Wahrnehmungsmerkmale (wie Farbe und Form) zu einem einzigen Objekt integriert. Das „Bindungsproblem" beschreibt die Frage, *wie* das Gehirn im Bewusstsein mehrere Merkmale eines Objektes zusammenfassen kann, wenn verschiedene spezialisierte Gehirnregionen verschiedene Merkmale eines Stimulus kodieren.

BINOKULAR: beidäugig, auf das Sehen mit beiden Augen bezogen.

BROCA-APHASIE: eine Variante der Aphasie; eine Form der Sprachhemmung, für die langsames, zögerliches und mühsames Sprechen typisch ist. Bezeichnend ist ein agrammatisches und oft „telegraphisches" Sprachmuster, das an das fragmentierte Muster eines Telegramms erinnert.

CALLOSOTOMIE: eine Gehirnoperation, bei der das Corpus callosum, der „Balken", durchtrennt wird. Diese Operation führt zum so genannten „Split-Brain", den gespaltenen Gehirn. Nach einer Callosotomie ist vollständige Kommunikation zwischen den beiden Gehirnhälften nicht mehr gewährleistet und eine Hemisphäre kann über Informationen verfügen oder Handlungen vollbringen, die sich der Bewusstheit der anderen Hemisphäre entziehen.

CAPGRAS-SYNDROM: wahnhaftes Fehlidentifikations-Syndrom, bei dem der Patient die Identität einer oder mehrerer Personen leugnet. Der unter dem Capgras-Syndrom leidende Patient behauptet oft, die fehlidentifizierte Person sei ein Schwindler oder Doppelgänger der „realen" Person und dass es zwei „Ausgaben" der verkannten Person gebe. Es kann auch zu Fehlidentifikationen von Orten und Objekten kommen. Das Capgras-Syndrom kann auf eine Vielzahl neurologischer und psychiatrischer Störungen zurückzuführen sein.

COMPUTERTOMOGRAPHIE: Abkürzung CT, ein röntgendiagnostisches, computergestütztes, bildgebendes Verfahren, das Bilder vom Körperinnern oder vom Gehirn liefert. (Tomogramme)

CORPUS CALLOSUM: Nervenfaserstrang, der die beiden Gehirnhemisphären miteinander verbindet.

DELIRIUM: eine mentale, durch Verwirrung und Agitation gekennzeichnete Störung.

DOMINANT: Eine Gehirnhemisphäre wird als dominant bezeichnet, wenn sie bei einer bestimmten Funktion die führende Rolle spielt. Bei Rechtshändern ist die linke Hemisphäre die für die Sprache dominante Hemisphäre und die rechte Hemisphäre ist die für die Aufmerksamkeitslenkung dominante Gehirnhälfte.

DUALISMUS: philosophische Theorie, die behauptet, das Gehirn sei materiell und der Geist sei immateriell oder bestehe zumindest nicht aus derselben Substanz wie das Gehirn.

EMERGENZ: ein Prozess in einem hierarchischen System, bei dem auf einer höheren Ebene der Hierarchie ein neuartiges Merkmal auftaucht, das mehr ist als die Summe einzelner Merkmale einer tieferen Ebene. Ein emergentes Merkmal kann nicht auf die Einzelteile *reduziert* werden, aus denen es hervorgeht. Einige Autoren behaupten, der Geist sei ein emergentes Merkmal des Gehirns.

ENZEPHALOMALAZIE: Gehirnerweichung; bezeichnet eine Region von erweichtem und abgestorbenem Gehirngewebe.

EPISODISCHES GEDÄCHTNIS: Erinnerungen, die an bestimmte Augenblicke im eigenen Leben geknüpft sind. Das episodische Gedächtnis bezieht sich auf Erinnerungen an persönlich erlebte und erfahrene Dinge, im Unterschied zu Faktenwissen, das man gelernt hat.

FREGOLI-SYNDROM: wahnhafte Verkennung oder Fehlidentifikation, bei der der Patient behauptet, eine Person habe sich verkleidet und die Gestalt von jemand anderem angenommen. Der Fregoli-Wahn äußert sich oft in der wahnhaften Überzeugung, dass jemand, der für den Patienten real ein Fremder ist, „in Wirklichkeit" jemand sei, den er sehr gut kenne.

„FREMDE-HAND"-SYNDROM: klinische Störung, bei der die Aktivitäten einer Hand sich der Kontrolle des Patienten entziehen. Die Handlungen scheinen absichtlich zu erfolgen, der Patient behauptet jedoch, sie seien unwillkürlich. Das „Fremde-Hand"-Syndrom ist auch als „Dr.-Strangelove-Effekt" bekannt.

FRONTALLAPPEN: *Lobus frontalis*, die vordersten Lappen des Gehirns; sie sind beim Menschen hoch entwickelt und nehmen einen unproportional großen Teil des menschlichen Gehirns ein. Sie spielen eine wichtige Rolle für Selbststeuerung und mentale Flexibilität.

GROSSHIRNRINDE: der am höchsten entwickelte Teil des Gehirns – für unsere höchsten intellektuellen Fähigkeiten verantwortlich. Die Großhirnrinde ist der oberste Teil des Nervensystems. Das Großhirn ist in zwei große, gefaltete Hemisphären unterteilt. Jede dieser Hemisphären besteht aus Millionen neuronaler Zellen (graue Substanz) und Nervenfaserzonen (weiße Substanz).

GROSSMUTTERZELLE: eine hypothetische, hoch spezialisierte Zelle, die nur auf einen bestimmten Stimulus, nämlich das Gesicht der eigenen Großmutter reagiert. Auch wenn noch nie jemand derart spezialisierte Zellen gefunden hat, gibt es im visuellen System hoch spezialisierte Zellen, die vorzugsweise auf Gesichter oder Hände reagieren. Diese Zellen werden manchmal als „Großmutterzellen" oder „Papstneuronen" bezeichnet.

HEMIFELD: eine Hälfte des Sehfeldes. Aufgrund der Überkreuzfunktion der visuellen Bahnen im Gehirn wird das linke visuelle Hemifeld in die rechte Hemisphäre und das rechte visuelle Hemifeld in die linke Hemisphäre projiziert.

HIERARCHIE: organisiertes System, das aus Teilen besteht, die verschiedenen Ebenen zugeordnet sind.

HIRNSTAMM: neurologische Bezeichnung, die drei Strukturen einbezieht – Medulla oblongata (verlängertes Mark), Pons (Brücke) und Mesencephalon (Mittelhirn) –, die das Rückenmark mit den höheren Gehirnstrukturen verbinden.

HYDROZEPHALUS: Wasserkopf; Aufblähung der mit Liquor gefüllten Gehirnventrikel infolge einer Ansammlung von Gehirnflüssigkeit.

INFARKT: durch Verschluss einer Arterie infolge Blutleere abgestorbener Gewebebezirk im Gehirn.

INFERIOR-TEMPORALER KORTEX: Hirnregion im unteren Teil des Schläfenlappens, die auf sehr komplexe visuelle Stimuli reagiert.

IPSILATERAL: auf der gleichen Körper- oder Gehirnseite gelegen.

KARTESIANISCHES THEATER: Der Begriff wurde von dem Philosophen Daniel Dennett eingeführt, um einen imaginären Ort im Gehirn zu beschreiben, an dem der gesamte Output des Gehirns, der für das Bewusstsein bestimmt ist, zur simultanen Betrachtung „zusammengeführt" werden kann.

KERNSPINRESONANZTOMOGRAPHIE: computergestütztes, bildgebendes Verfahren, das Aufnahmen vom Inneren des Körpers liefert. In der Neurologie liefert die Kernspinresonanztomographie Gehirnaufnahmen (Tomogramme) mit hoher Auflösung und einer entsprechend hohen Qualität der Wiedergabe der anatomischen Hirnstruktur.

KONFABULATION: unabsichtliche Falschaussage. Der konfabulierende Patient versucht nicht, den Zuhörer zu täuschen. Konfabulationen reichen von langen und dramatischen Erzählungen bis zu kurzen, falschen Aussagen über einfache Fakten. Konfabulationen werden traditionell mit Gedächtnisstörungen assoziiert, aber auch viele andere neurologische Störungen werden mit der Neigung zu Konfabulationen in Verbindung gebracht. [Siehe auch: konfabulatorische Vervollständigung, persönliche Konfabulation, situative Konfabulation, spontane Konfabulation.]

KONFABULATORISCHE VERVOLLSTÄNDIGUNG: Variante der Vervollständigung, bei der das ergänzte Material voll und ganz ein Produkt der Phantasie des Patienten ist; dies gilt insbesondere für die bei Split-Brain-Patienten vorkommenden Vervollständigungen.

KONTRALATERAL: auf der entgegengesetzten Seite, gekreuzt. Die rechte Hand ist zum Beispiel kontralateral zur linken Hemisphäre.

KONVERGENZ: siehe topische Konvergenz.

KORTEX: siehe Großhirnrinde.

KORTIKAL: zum Kortex, zur Rinde des Gehirns gehörig. Siehe Großhirnrinde.

LEUKOTOMIE: Operation der Frontallappen, bei der Faserverbindungen durchschnitten oder auch Teile der Frontallappen entfernt werden.

LIMBISCHES SYSTEM: wird auch als emotionales Gehirn bezeichnet. Der Begriff bezeichnet einen relativ alten Teil des Gehirns, der für Emotion und Motivation verantwortlich ist. Das limbische System spielt auch bei der Gedächtnisfunktion eine Schlüsselrolle.

LIQUOR CEREBROSPINALIS: Gehirn-Rückenmark-Flüssigkeit; im Gehirn die in den Hirnventrikeln enthaltene Flüssigkeit.

MENINGITIS: Hirnhautentzündung.

MITOCHONDRIEN: die in den Zellen aller aeroben (Sauerstoff erfordernden) Organismen enthaltenen mikroskopischen Organellen. Die Mitochondrien sind für die zelluläre Atmung verantwortlich.

MODUL, GEHIRNMODUL: bezieht sich auf einen Bereich des Gehirns, der bestimmte kognitive oder emotionale Funktionen erfüllen soll. Ein modularer Ansatz zum Verständnis der Gehirnfunktionen behauptet, autonome Gehirnregionen würden relativ unabhängige Funktionen erfüllen. Der Ansatz der Modularität steht dem holistischen Ansatz gegenüber, der postuliert, dass das Gehirn als ein Ganzes operiere.

MOTORISCHE EINHEIT: Der Begriff bezieht sich auf ein einzelnes motorisches Neuron und alle damit verbundenen Muskelfasern.

MOTORISCHE NEURONEN: Die motorische Steuerung der Muskulatur ist ein komplizierter Prozess. Grundsätzlich sind zwei verschiedene Gruppen von motorischen Nervenzellen dafür verantwortlich. Die übergeordneten Zellen befinden sich in der Großhirnrinde (motorischer Kortex) und sind der Ausgangspunkt für einen langen Nervenfortsatz (Axon), der bis zum Rückenmark reicht. Diese Nervenzelle, einschließlich ihres Axons, nennt man „erstes motorisches Neuron". Der Nervenfortsatz des ersten motorischen Neurons hat Kontakt mit motorischen Nervenzellen im Rückenmark, die als „zweites motorisches Neuron" bezeichnet werden. Die Nervenzellen im Rückenmark stellen durch lange Nervenfortsätze die Verbindung zur Muskulatur her.

NEGLEKT-SYNDROM: Neigung Reize zu ignorieren, die in dem räumlichen Bereich (dem so genannten Halbraum) auftreten, der auf der der Hirnschädigung entgegengesetzten Seite liegt. Die schwersten und am längsten andauernden Fälle von Neglekt sind Ergebnis einer Schädigung der *rechten* Hemisphäre.

NEOKORTEX: die stammesgeschichtlich jüngste Gehirnregion. Die neokortikalen Regionen sind für alle höheren Denkprozesse verantwortlich.

NEUROLOGIE: medizinisches Spezialgebiet, das sich auf Störungen des Nervensystems konzentriert.

NEURON: eine einzelne Nervenzelle mit allen ihren Fortsätzen.

NEUROPSYCHOLOGISCHE TESTS: eine Batterie von Tests oder Untersuchungen zur Bewertung eines breiten Spektrums kognitiver Funktionen wie Sprache, Gedächtnis, Aufmerksamkeit, Konzentration, geistige Flexibilität und Intelligenz.

NICHTVERSCHACHTELTE HIERARCHIE: eine Hierarchie mit klar abgegrenzten, von unten nach oben aufsteigenden Ebenen. Eine nichtverschachtelte Hierarchie hat eine Spitze und eine Grundfläche und wird von der Spitze her kontrolliert. Siehe auch verschachtelte Hierarchie.

PERSÖNLICHE KONFABULATION: Variante der Konfabulation, bei der der Patient eine fiktive autobiografische Geschichte erzählt – oft eine metaphorische Repräsentation seiner Probleme.

PROJEKTION: Bezeichnung für einen neurophysiologischen oder psychologischen Vorgang, durch den etwas von einem Ort zu einem anderen verlagert wird: von einem Zentrum an die Peripherie oder von einer Person auf eine andere oder auf einen Gegenstand. Ein Beispiel der Projektion sind Lichtreize, die, wenn sie auf der Retina empfangen werden, vom Empfänger als von einem vom Auge weit entfernten Punkt im Raum stammend erfahren werden. Innerhalb des visuellen Systems bezeichnet Projektion auch den Vorgang, dass visuelle Stimuli im Verarbeitungsstrom weitergeleitet und übertragen werden.

PROSOPAGNOSIE: klinischer Zustand, der auf eine Schädigung des Gehirns zurückzuführen ist. Der Prosopagnosie-Patient ist unfähig, Gesichter wiederzuerkennen. Da die Unfähigkeit auf das Gesicht beschränkt ist, nimmt er oft andere visuelle oder sensorische Schlüssel – wie die Kleidung oder Stimme einer Person – zu Hilfe, um sie zu identifizieren.

PSEUDOBULBÄRPARALYSE: eine Erkrankung, die oft durch bilaterale kortikale Schlaganfälle hervorgerufen wird, die die Verbindung zwischen den höheren kortikalen motorischen Regionen und den unteren Zentren unterbrochen haben, die die Muskulatur des Gesichtes, der Zunge und der Kehle kontrollieren. Der Pseudobulbärparalyse-Patient kann zu pathologischen Lachanfällen oder Weinkrämpfen neigen.

PSYCHIATRIE: medizinisches Spezialgebiet, das sich auf Geistesstörungen konzentriert. Die Bereiche Psychiatrie und Neurologie überschneiden sich zunehmend.

QUALIA: philosophischer Begriff, der das Gefühl bezeichnet, wie es ist, etwas oder in etwas zu sein. Das subjektive Gefühl von Schmerz und der Duft einer Rose sind Beispiele für Qualia.

REDUKTIONISMUS: wissenschaftlicher Ansatz, der alle Strukturen oder Ereignisse höherer Ordnung durch die Analyse der Teile oder Prozesse niederer Ordnung zu erklären versucht.

REDUPLIKATION DER UMWELT: auch als umweltspezifische Reduplikation oder als reduplizierende Paramnesie bezeichnet; eine Sinnestäuschung, die sich in dem Irrglauben äußert, es gebe von einem bestimmten Ort zwei fast identische Versionen.

REFLEX: unwillkürliche Reaktion des Nervensystems. Der Vorgang des Reflexes erfordert kein Bewusstsein. Ein Beispiel ist der Kniesehnenreflex: Durch einen kleinen Schlag auf das Knie wird eine unwillkürliche, ruckartige Bewegung des Beines ausgelöst. Dieser Reflex tritt auch auf, wenn der Betreffende schläft oder im Koma liegt.

RETROGRADE AMNESIE: Variante der Amnesie (Gedächtnisverlust), bei der der Patient die Erinnerung an Erfahrungen aus der Vergangenheit (vor dem Einsetzen der Amnesie) verloren hat.

REZEPTIVES FELD: der Raum um einen Organismus herum oder auf der Körperoberfläche, den eine einzelne Nervenzelle überwacht und auf dessen Stimulierung sie mit „Feuern" reagiert.

SCHEITELLAPPEN: *Lobus parietalis*, einer der vier Lappen des Gehirns. Der linke Scheitellappen spielt bei Funktionen wie Rechnen, Lesen und Ausführen geschickter Bewegungen eine Rolle . Der rechte Scheitellappen spielt eine Rolle, wenn es um aufmerksamkeitsspezifische, räumliche und emotionale Verhaltensweisen geht.

SCHLÄFENLAPPEN: *Lobus temporalis*, einer der vier Lappen des Gehirns. Außer bei visuellen und auditiven Funktionen kommt dem Schläfenlappen bei den Gedächtnis- und emotionalen Funktionen eine besondere Rolle zu.

SCHLAGANFALL: auch als Gehirnschlag bezeichnet: eine Verletzung des Gehirns infolge mangelnder Blutzufuhr in der betreffenden Region.

SCHMERZASYMBOLIE: Der unter Schmerzasymbolie leidende Patient kann verschiedene schmerzhafte Stimuli unterscheiden, diese Stimuli rufen jedoch nicht die entsprechenden emotionalen Reaktionen hervor. Die Schmerzasymbolie-Patienten realisieren nicht, dass schmerzhafte Stimuli, wie etwa eine spitze Nadel oder die Flamme eines Streichholzes, verletzen oder ihnen Schaden zufügen können.

SITUATIVE KONFABULATION: wird auch als „provozierte Konfabulation" bezeichnet. Situative Konfabulationen sind in der Regel kurz und werden situativ durch eine Frage ausgelöst, die das fehlerhafte Gedächtnis des Patienten auf die Probe stellt. Situative Konfabulationen haben oft eine „lückenfüllende" Funktion.

SPLIT-BRAIN: gespaltenes Gehirn. Beim Split-Brain-Patienten wurde eine Callosotomie durchgeführt. Siehe Callosotomie.

SPONTANE KONFABULATION: eine Variante der Konfabulation, die ohne Provokation zutage tritt. Spontane Konfabulationen sind oft lang und können inhaltlich bizarr und fantastisch sein.

SYNCHRONISIERTE OSZILLATION: Eine denkbare Lösung des Bindungsproblems; die Theorie der synchronisierten Oszillationen, geht davon aus, dass Neuronen aus verschiedenen Gehirnregionen, die für unterschiedliche Merkmale eines Objektes zuständig sind, im Bewusstsein aufgrund der zeitlichen Korrelation ihres Feuerns „zusammengeführt" oder „angebunden" werden.

TELEONOMIE: Ernst Mayr zufolge kann ein physiologischer Prozess oder ein Verhalten, das sein Zielgerichtetsein dem Ablaufen eines Programms verdankt, als „teleonom" bezeichnet werden. Ein teleonomisches System sieht nicht unbedingt den Endpunkt seines Ablaufes voraus. Das Erreichen eines Endergebnisses ist vielmehr in den Ablauf eines teleonomischen Prozesses eingebaut. Evolutionäre Prozesse bringen biologische Systeme hervor, die teleonomisch sind. Teleonomische Prozesse spielen in Entwicklung, Physiologie und Verhalten eine herausragende Rolle.

THALAMUS: eine tief gelegene Hirnstruktur, die bei der sensorischen Verarbeitung eine maßgebende Rolle spielt. Der Thalamus empfängt die meisten sensorischen Informationen, die im Nervensystem ankommen; er fungiert als zentrale Sammel- und Umschaltstelle und leitet diese Informationen an die Großhirnrinde zur Verarbeitung weiter.

TOPISCHE KONVERGENZ: der Prozess, in dem viele einfache visuelle Zellen niederer Ordnung simultan zu einer kleineren Anzahl komplexer Zellen höherer Ordnung konvergieren. Die topische Konvergenz produziert weiterentwickelte Zellen höherer Ordnung, die erstaunliche spezifische Reaktionseigenschaften besitzen. Die Konvergenz mehrerer Neuronen niederer Ordnung zu einem einzelnen Neuron höherer Ordnung spielt bei der Entstehung komplexer Wahrnehmungsmerkmale eine Rolle. Die Konvergenz komplexer Zellen, die auf einfache Linien reagieren, zu hyperkomplexen Zellen, die einen komplexen Stimulus wie ein Gesicht kodieren, ist ein Beispiel für die topische Konvergenz.

UNILATERAL: zu einer Seite des Körpers oder Gehirns gehörend.

V1: das primäre Areal des Sehkortex im Gehirn, das erste kortikale Areal, das visuelle Informationen empfängt. V1 enthält einfache Zellen, die elementare Formen wie einfache Linien kodieren.

V5: ein visuelles Areal im Gehirn, das Zellen enthält, die selektiv visuelle Informationen in Zusammenhang mit der Bewegung eines Objektes kodieren.

VENTRIKEL: die mit Liquor (Gehirnflüssigkeit) gefüllten Gehirnkammern.

VERHALTENSNEUROLOGIE: Spezialgebiet der Neurologie, das sich hauptsächlich mit den Zusammenhängen zwischen Gehirn und Verhalten beschäftigt. Der Verhaltensneurologe ist auf die Behandlung von Patienten mit neurologischen Störungen spezialisiert, die intellektuelle und emotionale Probleme hervorrufen.

VERSCHACHTELTE HIERARCHIE: Diese Form der Hierarchie wird als verschachtelt bezeichnet, weil die Elemente, aus denen sich die unteren Ebenen der Hierarchie zusammensetzen, mit höheren Ebenen physisch verbunden oder *verschachtelt* sind, um ein zunehmend komplexeres Ganzes entstehen zu lassen. Der wichtige Unterschied zwischen nichtverschachtelten und verschachtelten Hierarchien ist die Beziehung zwischen den niedrigeren und höheren Ebenen der Hierarchie. Eine nichtverschachtelte Hierarchie hat eine Spitze und eine Grundfläche und sie wird von der Spitze her gesteuert und kontrolliert. Eine verschachtelte Hierarchie hat kein Oben oder Unten und die Kontrolle oder der Zwang werden innerhalb des gesamten hierarchischen Systems ausgeübt. In der verschachtelten Hierarchie leisten alle Teile einen Beitrag zum Leben und zur Aktivität des Organismus. In der verschachtelten Hierarchie des Selbst leisten viele Teile des lebendigen Gehirns einen Beitrag zum Selbst.

VERVOLLSTÄNDIGUNG: Ergänzen fehlender Aspekte eines Stimulus, insbesondere beim Sehen. [Siehe auch: konfabulatorische Vervollständigung.]

VISUELLE AGNOSIE: eine globale Störung des visuellen Erkennens, bei der der Patient Gegenstände nicht allein durch sein Sehvermögen erkennen kann, dieselben Objekte jedoch mit anderen Mitteln, etwa durch Fühlen, erkennt. Der Patient ist nicht blind, elementare visuelle Funktionen sind erhalten geblieben.

WAHNHAFTE VERKENNUNG, FEHLIDENTIFIKATION: ein klinischer Zustand, in dem der Patient die Identität einer Person, eines Ortes oder Gegenstandes nicht wiedererkennt. Die Fehlidentifikation kann nicht auf eine einfache kognitive Störung zurückgeführt werden. Die Fehlidentifikation ist wahnhaft, da der Patient auf der Fehlidentifikation beharrt, auch wenn der Irrtum richtiggestellt wurde.

WERNICKE-APHASIE: Variante der Aphasie. Die Schwierigkeit des Patienten ist das Sprachverständnis. Er kann fließend sprechen, aber was er sagt, macht keinen Sinn oder ist durch häufiges Ersetzen von Worten gekennzeichnet.

ZIRBELDRÜSE: kleine unpaarige Drüse, die tief in der Mitte des Gehirns lokalisiert ist. Die Tatsache, dass die Zirbeldrüse unpaarig ist, war der Grund, warum Descartes sie als das Bindeglied zwischen dem aus zwei Hemisphären bestehenden Gehirn und dem einheitlichen Geist auserwählte.

ZWANG: Steuerung und Kontrolle, die eine höhere Ebene einer Hierarchie über eine niedrigere Ebene der Hierarchie ausübt.

ZYKLOPENAUGE: Benannt nach den drei mit nur *einem* Stirnauge ausgestatteten Riesen aus der griechischen Mythologie. Zyklopenhaftes Sehen ist das normale Ergebnis des Sehens mit zwei Augen. Durch die Integration der beiden Bilder sieht es so aus, als hätten wir eine visuelle Perspektive, die von einem Punkt irgendwo zwischen und hinter den tatsächlichen Augen ausgeht.

Danksagung

Als Erstes möchte ich mich bei meinen Patienten und deren Familien bedanken, die bereit waren, sich im Rahmen medizinischer Untersuchungsreihen interviewen zu lassen, sich für Videoaufnahmen zu Vorlesungszwecken zur Verfügung zu stellen oder an Erhebungen für Forschungszwecke teilzunehmen. Als Arzt, der in Forschung und Lehre tätig ist, trete ich häufig an Patienten heran mit der Bitte, sich zur Teilnahme an solchen Untersuchungen bereit zu erklären. Die meisten sind damit einverstanden, in der Hoffnung, dass ihr Beitrag vielleicht irgendjemandem in der Zukunft helfen kann.

Bei der Vorbereitung dieses Buches half Jim Morgan erste Fassungen von Manuskriptteilen zu redigieren. Meine Kollegin Elizabeth Ochoa las das ganze Manuskript und machte zahlreiche unendlich wertvolle Vorschläge zur Gliederung und Darstellungsweise des Materials. Ich stehe in ihrer Schuld. Meine Lektorin, Fiona Stevens vom Verlag *Oxford University Press*, war von Anfang an überzeugt, dass ich ein lesenswertes Buch schreiben würde; dieses Buch ist dank ihrer Anstrengungen noch besser geworden. Danken möchte ich auch den anderen wunderbaren Menschen bei *Oxford University Press*, die geholfen haben dieses Buch Realität werden zu lassen: Edith Barry für ihre redaktionelle Hilfestellung, Rosemary Wellner für ihre fachkundige Redaktion und Helen Mules, die die Produktion betreute. Zu schätzen weiß ich auch, was Lynn Cooper mit ihren Illustrationen sowie Norma Kaman und Allaya Jitsomwung mit ihrer Hilfe bei der Vorbereitung des Manuskriptes geleistet haben. Der Verlag *Vintage Books*, der zu *Random House, Inc.,* gehört, hat mir freundlicherweise die Genehmigung erteilt, aus Vladimir Nabokovs *Despair* [*Verzweiflung*] zu zitieren. Danken möchte ich ebenso Tom Roberts, der die Genehmigung einholte aus dem Song *Once in a Lifetime* der *Talking Heads* zu zitieren. Der Song stammt von David Byrne, Chris Frantz, Jerry Harrison, Tina Weymouth und Brian Eno. © 1981 Index Music, Inc. (ASCAP), Bleu Disque Music Co., Inc. (ASCAP) E.G. Music Ltd. (PRS). All Rights o/b/o Index Music, Inc., Bleu Disque Music Co., Inc., verwaltet von WB Music Corp. (ASCAP) Die Genehmigung zu zitieren erhielten wir von Warner Bros. Publications U.S. Inc., Miami, FL 33014.

Ich wurde im Laufe der Jahre durch zahlreiche Diskussionen bereichert, die ich mit Kollegen und Mitarbeitern führen konnte. Mein erster Dank gilt dem inzwischen verstorbenen Dr. Edwin Weinstein. Ich habe viele Jahre mit ihm korrespondiert und mich mit ihm über interessante neurologische Patienten ausgetauscht, die ich untersucht hatte, und er hat mir stets zu neuen Einsichten bezüglich der grundlegenden Dynamiken bei diesen Fällen verholfen. Dr. Weinstein war ein bedeutender Wissenschaftler und der Einfluss seiner Vorstellungen und Gedanken ist allenthalben zu sehen. Dank sagen möchte ich auch David Roane, meinem Mitarbeiter bei einigen Forschungen, die in diesem Buch erörtert werden; ebenso Joe Giacino für die lebhaften

Debatten über die Natur der Anosognosie und für das wichtige klinische Material, das er mir zur Verfügung stellte; und nicht zuletzt Richard Rosenthal für die erhellenden Diskussionen. Martha Farah, eine liebe Freundin und Kollegin, ist eine beständige Quelle der Unterstützung und Inspiration, und Larry Miller hat mich ermutigt und beraten.

Ich möchte auch meine Dankbarkeit gegenüber vielen Freunden und Kollegen am *Beth Israel Medical Center* zum Ausdruck bringen, darunter Arnold Winston, Direktor der Psychiatrie, Susan Bressman, Direktorin der Neurologie, und Matheu Fin, dem Leiter des *Beth Israel Medical Center*. Ein besonderer Dank geht an Betty und Morton Yarmon, nach denen unser Zentrum benannt ist. Ihre geistige Großzügigkeit und Menschenfreundlichkeit ermöglichen Projekte wie dieses Buch.

Und schließlich danke ich meinen Eltern, Gloria und Mort, meiner Frau Marlene sowie meinen Kindern Joshua und Rachel. Ich liebe euch alle.

Literaturverzeichnis

Albert, M. D.: „A simple test of visual neglect." *Neurology.* 23: 658–64, 1973.

Alexander, M. P., D. T. Stuss und D. F. Benson: „Capgras syndrome: A reduplicative phenomenon." *Neurology.* 29: 334–39, 1979.

Allen, T. F. H. und T. B. Starr: *Hierarchy. Perspectives for Ecological Complexity.* Chicago: University of Chicago Press, 1982.

Anderson, D. N.: „The delusions of inanimate doubles: Implications for understanding the Capgras phenomenon." *Br J Psychiat.* 153: 694–99, 1988.

Anderson, D. N. und E. Williams: „The delusions of inanimate doubles." *Psychopathology.* 27: 220–25, 1994.

Anton, G.: „Über die Selbstwahrnehmung der Herderkrankungen des Gehirns durch den Kranken bei Rindenblindheit und Rindentaubheit." *Arch Psychiatrie.* 32: 86–127, 1899.

Ayala, F. J. und T. Dobzhansky (Hrsg.): *Studies in the Philosophy of Biology. Reduction und Related Problems.* London: Macmillan, 1974.

Babinski, J.: „Contribution à l'étude des troubles mantaux dans l'hémiplégie organique cérébrale (anosognosie)." *Rev Neurol (Paris).* 27: 845–48, 1914.

– „Anosognosie." *Rev Neurol (Paris).* 31: 365–67, 1918.

Baddeley, A. D. und B. Wilson: „Amnesia, autobiographical memory and confabulation. In: Rubin, D. C (Hrsg.): *Autobiographical Memory.* Cambridge: Cambridge University Press, 1986.

Barlow, H.: „The neuron doctrine in perceptionº. In: Gazzaniga, M. S (Hrsg.): *The Cognitive Neurosciences.* Cambridge: MIT Press, 1995.

Barth, A.: *Folk-Lore.* 1:227, 1890.

Beakley, B. und P. Ludlow (Hrsg.): *The Philosophy of Mind: Classical Problems/ Contemporary Issues.* Cambridge: MIT Press, 1992.

Beckermann, A., H. Flohr und J. Kim (Hrsg.): *Emergence or Reduction? Essays on the Prospects of Nonreductive Physicalism.* New York: Walter de Gruyter, 1992.

Beckers, G. und S. Zeki: „The consequences of inactivating areas V1 und V5 on visual motion perception." *Brain.* 118: 49–60, 1995.

Benson, D. F., H. Gardner und J. C. Meadows: „Reduplicative paramnesia." *Neurology.* 26: 147–51, 1976.

Berlyne, N.: „Confabulation." *Brit J Psychiat.* 120: 31–39, 1972.

Bertheir, M., S. Starkenstein und R. Leiguarda: „Asymbolia or pain: A sensory-limbic disconnection syndrome." *Ann Neurol.* 24(1): 41–49, Juli 1988.

Block, N., Flanagan, O., Güzeldere G (Hrsg.): *The Nature of Consciousness.* Cambridge: MIT Press, 1997.

Bogen, J. E.: „The callosal syndromes." In: Heilman, K. M. und E. Valenstein (Hrsg.): *Clinical Neuropsychology.* New York: Oxford University Press, 1993, S. 360.

Bonhoeffer, K.: „Die akuten Geisteskrankheiten der Gewohnheitstrinker." Jena: Gustav Fisch, 1901.

Bonhoeffer, K.: „Der Korsakowsche Symptomenkomplex in seinen Beziehungen zu den verschiedenen Krankheitsformen." *Allg Z Psychiat.* 61: 744–52, 1904.

Boring, E. G.: *A History of Experimental Psychology.* New York: Meredith Corporation, 1959.

Brain, W. R.: *Mind, Perception and Science.* Oxford: Blackwell Scientific Publications, 1951.

Braithwaite, R. B.: *Scientific Explanation: A Study of the Function of Theory, Probability und Law in Science.* London: Cambridge University Press, 1953.

Breznitz, S (Hrsg.): *The Denial of Stress.* New York: International Universities Press, Inc., 1983.

Burgess, P. W, D. Baxter, M. Rose und N. Alderman: „Delusional paramnesic misidentification." In: Halligan, P. W. und J. C. Marshall (Hrsg.): *Method in Madness: Case Studies in Cognitive Neuropsychiatry.* UK: Psychology Press. 1996.

Burnham, D. L.: „Misperception of other persons in schizophrenia." *Psychiatry.* 19: 283–303, 1956.

Burns, A., R. Jacoby und R. Levy: „Psychiatric phenomena of Alzheimer's disease. II: Disorders of perception." *Br Psychiat.* 157: 76–81, 1990.

Campbell, D. T.: „Downward causation in hierarchically organized biological systems." In: Ayala, F. J. und T. Dobzhansky (Hrsg.): *Studies in the Philosophy of Biology.* Berkeley und Los Angeles: University of California Press, 1974, Seite 179–86.

Capgras, J. und J. Reboul-Lachaux: „L'illusion des sosies dans un délire systématisé chronique." *Bull Soc Clin Méd Ment.* 11: 6–16, 1923.

Cassam, Q.: *Self-Knowledge.* New York: Oxford, 1994.

– *Self and World.* New York: Oxford, 1997.

Chalmers, D. J.: *The Conscious Mind.* New York: Oxford, 1996.

Chan, J. L. und A. B. Liu: „Anatomical correlates of alien hand syndromes." *Neuropsychiatry Neuropsychol Behav Neurol.* 12(3): 149–55, 1999.

Christodoulou, G. N (Hrsg.): *The Delusional Misidentification Syndromes.* Basel: Karger, 1986a.

– „Role of depersonalization-derealization phenomena in the delusional misidentification syndromes." *Bibliotheca Psychiatrica.* 164: 99–104, 1986b.

- „The origin of the concept of ‚Doubles'." *Bibliotheca Psychiatrica.* 164: 1–8, 1986c.
- „The delusional misidentification syndromes." *Br. Psychiatry.* 14: 65–69, 1991.

Churchland, P. S.: *Neurophilosophy.* Cambridge: MIT Press, 1986.
- *Matter und Consciousness.* Cambridge: MIT Press, 1993.
- *The Engine of Reason, the Seat of the Soul.* Cambridge: MIT Press, 1996.

Clarke, E. und C. D. O'Malley: *The Human Brain und Spinal Cord.* San Francisco: Norman Publishing, 1996.

Courbon, P. und G. Fail: „Syndrome d'illusion de Frégoli et schizophrenie." *Bull Soc Clin Méd Ment.* 15: 121–24, 1927.

Crick, E H. C.: *The Astonishing Hypothesis.* New York: Basic Books, 1994. Dt. Ausgabe: *Was die Seele wirklich ist. Die naturwissenschaftliche Erforschung des Bewusstseins,* München: Artemis & Winkler, 1994

Crick, F. und C. Koch: „Towards a neurobiological theory of consciousness." *Semin Neurosci.* 2: 263–75, 1990.

Critchley, M.: *The Parietal Lobes.* New York: Hafner Press, 1953.
- „Personification of paralyzed limbs in hemiplegics." *Br Med J.* 30: 284, 1955.
- „Misoplegia or hatred of hemiplegia." *Mt Sinai J Med.* 41: 82–87, 1974.
- *The Divine Banquet of the Brain und Other Essays.* New York: Raven Press, 1–12, 1979.

Damas Mora, J. M. R., F. A. Jenner und S. E. Eacott: „On heautoscopy or the phenomenon of the double; Case presentation und review of the literature." *Br J Med Psychol.* 53: 75–83, 1980.

Damasio, A. R.: *Descartes' Error.* New York: G. P. Putnam's Sons, 1994. Dt. Ausgabe: *Descartes' Irrtum. Fühlen, Denken und das menschliche Gehirn,* München: dtv, 1997
- *The Feeling of What Happens. Body und Emotion in the Making of Consciousness.* New York: Harcourt Brace & Company, 1999. Dt. Ausgabe: *Ich fühle, also bin ich. Die Entschlüsselung des Bewusstseins,* München: List, 2000

Davidson, G. M: „The syndrome of Capgras." *Psychiat Q.* 15: 513–21, 1941.

Della Sala, S., C. Marchetti und H. Spinnler: „Right-sided anarchic (alien) hand: a longitudinal study." *Neuropsychologia.* 29: 1113–27, 1991.

DeLuca, J. und K. D. Cicerone: „Confabulation following aneurysm of the anterior communicating artery." *Cortex.* 27: 417–23, 1991

DeLuca, J. und B. J. Diamond: „Aneurysm of the anterior communicating artery: A review of neuroanatomical und neuropsychological sequelae." *J of Clin and Exp Neuropsychol.* 17(1): 100–21, 1995.

Dennett, D. C.: „Consciousness". In: Gregory, R. L (Hrsg.): *The Oxford Companion to the Mind.* New York: Oxford University Press, 1987, 160–64.

– *Consciousness Explained.* Boston: Little Brown, 1991. Dt. Ausgabe: *Philosophie des menschlichen Bewusstseins,* Hamburg: Hoffmann und Campe, 1994

– „Quining qualia." In: Marcel, A. J. und E. Bisiach (Hrsg.): *Consciousness in Contemporary Science.* Oxford: Clarendon Press, 1992, S. 42–77.

Dennett, D. C. und J. C. Haugeland: „Intentionality." In: Gregory, R. L. (Hrsg.): *The Oxford Companion to the Mind.* New York: Oxford University Press, 1987, S. 383–86.

Descartes, R.: *Les passions de l'âme.* 1649. Zitiert nach: Beakley und Ludlow, 1992; Clarke und O'Malley, 1996. Dt. Ausgabe: *Die Leidenschaften der Seele,* hrsg. und übers. von Klaus Hammacher, 2., durchges. Aufl., Hamburg: Meiner, 1996

Devinsky, O., E. Feldmann, K. Burrowes und E. Bromfield: „Autoscopic phenomena with seizures." *Arch Neurol.* 46:1080–88, 1989.

Dorpat, T. L.: *Denial and Defense in the Therapeutic Situation.* New York: Jason Aronson, Inc., 1985.

Dostoyevsky, F.: *The Possessed.* London: Heinemann, 1971. Dt. Ausgabe: Dostojewski, F.: *Die Dämonen,* Berlin/Weimar: Aufbau, 1994

– *The Double.* Letchworth: Prideaux Press, 1976. Dt. Ausgabe: Dostojewski, F.: *Der Doppelgänger,* München: Piper, 1990

Eccles, J. C.: *How the Self Controls Its Brain.* Berlin und Heidelberg: Springer, 1994. Dt. Ausgabe: *Wie das Selbst sein Gehirn steuert,* München: Piper, 1996

Edelman, G. M.: *The Remembered Present. A Biological Theory of Consciousness.* New York: Basic Books, Inc., 1989.

Ellis, H. D., J. Luauté und N. Retterstøl (Hrsg.): *The Delusional Misidentification Syndromes.* Basel: Karger, 1993.

Ellis, H. D., J. Whitley und J. Luauté: „Delusional misidentiflcation. The three original papers on the Capgras, Fregoli und intermetamorphosis delusions." *History of Psychiatry.* 117–46, 1994.

Ellis, H. D. und A. W. Young: „Accounting for delusional misidentifications." *Br J of Psychiatry.* 157: 239–48, 1990.

Engel, A. K., P. König, A. K. Kreiter und W. Singer: „Interhemispheric synchronization of oscillatory neuronal responses in cat visual cortex." *Science.* 252: 1177–79, 1991.

Eslinger, J: „Autobiographical memory after temporal lobe lesions." *Neurocase.* 4: 481–95, 1998.

Feigl, H.: *The „Mental" und the „Physical."* Minneapolis: University of Minnesota Press, 1967.

Feiling, A: „A case of mimic facial paralysis." *Neurol Psychopath.* 8: 141–45, 1927.

Feinberg, T. E.: „Anosognosia und confabulation." In: Feinberg, T. E und M. J. Farah (Hrsg.): *Behav Neurol and Neuropsychol.* New York: McGraw-Hill, 1997a.

– „The irreducible perspectives of consciousness." *Sem in Neurol.* 17: 85–93, 1997b.

– „Some interesting perturbations of the self in neurology." *Sem in Neurol.* 17: 129–35, 1997c.

– „The nested hierarchy of consciousness: A neurobiological solution to the problem of mental unity." *Neurocase.* 6: 75-81, 2000.

Feinberg, T. E., L. A. Eaton, D. M. Roane und J. T. Giacino: „Multiple Frégoli delusions after traumatic brain injury." *Cortex.* 35: 373–87, 1999.

Feinberg, T. E., L. D. Haber und N. E. Leeds: „Verbal asomatognosia." *Neurology.* 40: 1391–94, 1990.

Feinberg, T. E. und D. M. Roane: „Anosognosia, completion und confabulation: The neutral-personal dichotomy." *Neurocase.* 3 : 73–85, 1997a.

– „Misidentification syndromes." In Feinberg, T. E. und M. J. Farah (Hrsg.): *Behav Neurol und Neuropsychol.* New York: McGraw-Hill, 1997b, S. 391–97.

Feinberg, T. E., D. M. Roane und J. Ali: „Confabulatory Limb Movements in Anosognosia for Hemiplegia." *J of Neurol, Neurosurg and Psychiat.* 511–13, 2000.

Feinberg, T. E., D. M. Roane und J. Cohen: „Partial status epilepticus associated with asomatognosia und alien hand-like behaviors." *Arch Neurol.* 55: 1574–76, 1998.

Feinberg, T. E., D. M. Roane, P. C. Kwan, u.a.: „Anosognosia and visuoverbal confabulation." *Arch Neurol.* 51: 468–73, 1994.

Feinberg, T. E., R. J. Schindler, N. Gilson Flanagan und J. D. Haber: „Two alien hand syndromes." *Neurology.* 42: 19–24, 1992.

Feinberg, T. E. und R. M. Shapiro: „Misidentification-reduplication and the right hemisphere." *Neuropsychiat Neuropsychol Behav Neurol.* 2.: 39–48, 1989.

Fischer, R. S., M. P. Alexander, M. D'Esposito und R. Otto: „Neuropsychological und Neuroanatomical correlates of confabulation." *J of Clin und Exp Neuropsychol.* 17(1): 20–28, 1995.

Flanagan, O.: *The Science of Mind.* Cambridge: MIT Press, 1991.

– *Consciousness Reconsidered.* Cambridge: MIT Press, 1992.

Fleminger, S. und A. Burns: „The delusional misidentification syndromes in patients with and without evidence of organic cerebral disorder: a structured review of case reports." *Biological Psychiatry.* 33: 22–32, 1993.

Foley, J. M. und L. Breslau: „A new syndrome of delusional misidentification." *Ann Neurol.* 12: 26, 1982.

Förstl, H., O. P. Almeida und A. Owen u.a.: „Psychiatric, neurological und medical aspects of misidentification syndromes: A review of 260 cases." *Psychological Medicine.* 21: 905–50, 1991.

Förstl, H., A. M. Owen und A. S. David: „Gabriel Anton and ‚Anton's symptom': On focal diseases of the brain which are not perceived by the patient (1898)." *Neuropsychiat Neuropsychol Behav Neurol.* 1: 1–8, 1993.

Frailberg, S.: *The Magic Years.* New York: Scribners, 1959.

Freud, S.: „Der Familienroman der Neurotiker", in: *Gesammelte Werke, Bd. VII: Werke 1906-1909,* Frankfurt: Fischer, 1999, S. 227-231. Ursprünglich erschienen in: Rank, Otto: *Der Mythos von der Geburt des Helden,* Leipzig/Wien: Deuticke, 1909; Nachdruck der zweiten Auflage (1922) dieses Buches: Wien: Turia & Kant, 2000, S. 64–68. Engl. Übersetzung: „Family romancesˮ, in: Strachey, J. (Hrsg.): *The Standard Edition.* London: The Hogarth Press, 1959, S. 237–41.

Gainotti, G., P. Messerli und R. Tissot: „Qualitative analysis of unilateral and spatial neglect in relation to laterality of cerebral lesions." *J Neurol Neurosurg Psychiat.* 35: 545–50, 1972.

Gallup, G. G., Jr: „Chimpanzees: Self-recognition." *Science.* 167: 86–87, 1970.

– „Absence of self-recognition in a monkey (Macaca fascicularis) following prolonged exposure to a mirror." *Development Psychobiol.* 10: 281–84, 1977a.

– „Self-recognition in primates: A comparative approach to the bidirectional properties of consciousness." *Am Psychologist.* 32: 329–38, 1997b.

– „Self-awareness and the emergence of mind in primates." *Amer J Primatol.* 2: 237–48, 1982.

Gallup, G. G., D. J. Povinelli, S. D. Suarez, J. R. Anderson, J. Lethmate und E. W. Menzel: „Further reflections on self-recognition in primates." *Animal Behaviour.* 50: 1525–32, 1995.

Gasquoine, P. G: „Alien hand sign." *J Clin Exper Neuropsychol.* 15: 653–67, 1993.

Gazzaniga, M. S.: *The Bisected Brain.* New York: Appleton-Century-Crofts, 1970.

– *The Social Brain. Discovering the Networks of the Mind.* New York: Basic Books, Inc., 1985. Dt. Ausgabe: *Das erkennende Gehirn. Entdeckungen in den Netzwerken des Geistes,* Paderborn: Junfermann, 1989

Gazzaniga, M. S. und J. E. LeDoux: *The Integrated Mind.* New York: Plenum, 1978. Dt. Ausgabe: *Neuropsychologische Integration kognitiver Prozesse,* Stuttgart: Enke, 1983

Gazzaniga, M. S. und B. T. Volpe: „Split-brain studies: implications for psychiatry." In: Arieti, S., H. Keith und H. Brodie (Hrsg.): *American Handbook of Psychiatry.,* New York: Basic Books, 1981.

Gerstmann, J: „Problem of imperception of disease und of impaired body territories with organic lesions." *Arch Neurol Psychiat.* 48: 890–913, 1942.

Geschwind, D. H., M. Iacoboni, M. S. Mega, D. W Zaidel, T. Cloughesy und E. Zaidel: „Alien hand syndrome: interhemispheric motor disconnection due to a lesion in the midbody of the corpus callosum." *Neurology.* 45: 802–8, 1995.

Gilliatt, R. W und R. T. C. Pratt: „Disorders of perception und performance in a case of right-sided cerebral thrombosis." *J. Neurol Neurosurg Psychiat.* 15: 264–71, 1952.

Globus, G. G: „Unexpected symmetries in the ‚World Knot'." *Sci.* 180: 1129–36, 1973.

– „Mind, structure und contradiction." In: Globus G. G., G. Maxwell und T. Savodnik (Hrsg.): *Consciousness and the Brain – A Scientific und Philosophical Inquiry.* New York: Plenum Press, 1976, S. 271–93.

Gluckman, L. K: „A case of Capgras syndrome." *Aust NZ J Psychiat.* 2: 39–43, 1968.

Goldberg, G. und K. K. Bloom: „The alien hand sign. Localization, lateralization and recovery." *Amer J of Phys Med Rehab.* 69: 228–38, 1990.

Gray, C. M., A. K. Engel, P. König und W. Singer: „Synchronization of oscillatory neuronal responses in cat striate cortex: temporal properties." *Visual Neurosc.* 8: 337–47, 1992.

Gray, C. M., P. König, A. K. Engel und W. Singer: „Oscillatory responses in cat visual cortex exhibit inter-columnar synchronization which reflects global stimulus properties." *Nature.* 338: 334–37, 1989.

Gray, C. M. und W Singer: „Stimulus-specific neuronal oscillations in orientation columns of cat visual cortex." *Proc Natl Acad Sci USA.* 86: 1698–1702, 1989.

Güzeldere, G: „Problems of consciousness: A perspective on contemporary issues, current debates." *J Consc Stud.* 2: 112–43, 1995.

Halligan, P. W., J. C. Marshall und D. T. Wade: „Three arms: A case study of supernumerary phantom limb after right hemisphere stroke." *J of Neurol, Neurosurg and Psychiat.* 56: 159–66, 1993.

– „Unilateral somatoparaphrenia after right hemisphere stroke: A case description." *Cortex.* 31: 173–82, 1995.

Hardcastle, V. G: „Consciousness and the neurobiology of perceptual binding." *Sem in Neurol.* 17(2): 1997.

Harrington, A. *Medicine, Mind and the Double Brain: A Study in Nineteenth Century Thought.* Princeton: Princeton University Press, 1987.

Harth, E. *The Creative Loop. How the Brain Makes a Mind.* Reading, MA: Addison-Wesley, 1993.

Heilman, K. M. und T. van den Abell: „Right hemispheric dominance for mediating cerebral activation." *Neuropsychologia.* 17: 315–21, 1979.

Heilman, K. M., R. T. Watson und E. Valenstein: „Neglect und related disorders." In: Heilman K. M. und E. Valenstein (Hrsg.): *Clinical Neuropsychology.* New York: Oxford University Press, 1993, S. 279–336.

– „Neglect: Clinical und anatomic aspects." In: Feinberg, T. E. und M. J. Farah (Hrsg.): *Behavioral Neurology und Neuropsychology*. New York: McGraw-Hill, 1997, S. 309–317.

Heyes, C. M: „Theory of Mind in non human primates." *Behav und Brain Sciences*. 21: 101–48, 1998.

Horgan, J.: *The Undiscovered Mind*. New York: The Free Press, 1999. Dt. Ausgabe: *Der menschliche Geist. Wie die Wissenschaften versuchen, die Psyche zu verstehen*, München: Luchterhand, 2000

Hubel, D. H.: *Eye, Brain and Vision*. New York: Scientific American Library, 1988. Dt. Ausgabe: *Auge und Gehirn. Neurobiologie des Sehens*, Heidelberg: Spektrum d. Wiss., 1989

Hubel, D. H. und T. N. Wiesel: „Receptive fields, binocular interaction and functional architecture in the cat's visual cortex." *J. Physiol (Lond.)*. 160: 106–54, 1962.

– „Receptive fields und functional architecture in two non striate visual areas (18 und 19) of the cat." *J Neurophysiol*. 28: 299–89, 1965.

– „Receptive fields und functional architecture of monkey striate cortex." *J Physiol (Lond.)*. 195: 215–43, 1968.

– „TEe Ferner Lecture: Functional architecture of macaque monkey visual cortex." *Proc R Soc Lond B*. 198: ~–59, ~977.

– „Brain mechanisms of vision." *Sci Am*. 241(3): 150–62, 1979.

Innocenti, G. M.: „General organizations of callosal connections in the cerebral cortex. In: Jones, E. G. und A. Peters (Hrsg.): *Cerebral Cortex*, Band 5. New York: Plenum, 1986, S. 291–353.

Jackson, J. H.: „Evolution and dissolution of the nervous system. Croonian lectures delivered at the Royal College of Physicians, March 1884. Nachgedruckt in: Taylor, J. (Hrsg.): *Selected Writings of John Hughlings Jackson*. New York: Basic Books, Inc., 1958, Bd. 2, S. 45–75.

James, W.: *The Principles of Psychology*. Cambridge: Harvard University Press, 1983.

– *Psychology. The Briefer Course*. Notre Dame, Ind.: University of Notre Dame Press, 1985.

Janaway, C.: *Self and World in Schopenhauer's Philosophy*. Oxford: Clarendon Press, 1989.

Kaas, J. H.: „Why does the brain have so many visual areas?" *J Cogn Neurosci*. 1:121, 1989.

– „Evolution of multiple areas und modules within neocortex." *Persp Devel Neurobio*. 1: 101–7, 1993.

Kandel, E. R., J. H. Schwartz und T. M. Jessell (Hrsg.): *Principles of Neural Science*. Norwalk: Appleton & Lange, 2000.

Kant, I.: *Critique of Pure Reason*, 1781. Engl. Übersetzung hrsg. von Meikiejohn, J.M.D., London: J. M. Dent und Sons, 1934. Dt. Ausgabe: *Kritik der reinen Vernunft*, in der Ausgabe von Wilhelm Weischel, Werksausgabe in 12 Bänden, Frankfurt, Suhrkamp, o. J.

Kapur, N. und A. K. Coughlan: „Confabulation und frontal lobe dysfunction." *J Neurol Neurosurg Psychiat.* 43: 461–63, 1980.

Kim, J.: „'Downward Causation' in Emergentism und Nonreductive Physicalism." In: Beckermann, A., H. Flohr und J. Kim (Hrsg.): *Emergence or Reduction? Essays on the Prospects of Nonreductive Physicalism.* New York: Walter de Gruyter, 1992, S. 119–38.

– „The Non-Reductivist's Troubles with Mental Causation", In: Heil, J. und A. Mele: *Mental Causation.* Oxford: Clarendon Press, 1995, S.189–210.

– *Mind in a Physical World. An Essay on the Mind-Body Problem and Mental Causation.* Cambridge: MIT Press, 1998.

Kimura, S.: „Review of 106 cases with the syndrome of Capgras." *Bibl Psychiatry.* 164: 121–30, 1986.

Koestler, A.: *The Ghost in the Machine.* Harmondsworth: Hutchinson Publishing Corp. Ltd., 1967. Dt. Ausgabe: *Das Gespenst in der Maschine*, Wien/München/Zürich: Molden, 1968

– *Janus: A Summing Up.* New York: Random House, 1978. Dt. Ausgabe: *Der Mensch – Irrläufer der Evolution. Eine Anatomie der menschlichen Vernunft und Unvernunft*, Bern und München: Scherz, 1978

König, P. und A. K. Engel: „Correlated firing in sensory-motor systems." *Curr Opin in Neurobiol.* 5: 511–519, 1995.

Koppleman, M. D.: „Two types of confabulation." *J. Neurol Neurosurg Psychiat.* 43: 461–63, 1980.

Landis, T., J. L. Cummings, D. F. Benson und P. Palmer: „Loss of topographic familiarity: An environmental agnosia." *Arch Neurol.* 43:132–36, 1986.

Larrivé, E. und H. J. Jasienski: „L'illusion des sosies: une nouvelle observation du syndrome de Capgras." *Annls Méd Psychol.* 89: 501–7, 1931

LeDoux, J.: *The Emotional Brain. The Mysterious Underpinnings of Emotional Life.* New York: Simon & Schuster Inc., 1996. Dt. Ausgabe: *Das Netz der Gefühle. Wie Emotionen entstehen*, München/Wien: Hanser, 1998

Lettvin, J. Y., H. R. Maturana, W. S. McCulloch und W. H. Pitts: „What the frog's eyes tell the frog's brain." Proceeding Institute of Radio Engineers. 47: 1940–51, 1959. Abgedruckt in: McCulloch, W. S. (Hrsg.): *The Embodiment of Mind.* Cambridge: Harvard University Press, 1965. Dt. Ausgabe: „Was das Froschauge dem Froschgehirn erzählt", in: Warren S. McCulloch, *Verkörperungen des Geistes.* Computerkultur, Bd. VII., Berlin/Heidelberg: Springer, 1999

Levin, J. D.: *Theories of the Self.* Washington, D.C.: Taylor und Francis, 1992.

Levin, M.: „Bromide delirium and other bromide psychosis." *Amer J Psychiat.*
89:1125–58, 1933.

– „Delirious disorientation: The law of the unfamiliar mistaken for the familiar."
Ment Sci. 9: 447–53, 1945.

– „Delirium: A gap in psychiatric teaching." *Am Psychiat.* 107: 684–94, 1951

– „Reflex action in the highest cerebral centers." *J Nerv Mental Dis.* 6: Bd. 118,
1953.

– „Delirium: An experience and some reflections." *Am J Psychiat.* 124: 8, 1968.

Levine, J.: „Materialism and qualia: The explanatory gap." *Pacific Philosoph Quart.*
64: 354–61, 1983.

Levy, J.: „Manifestations and implications of shifting hemi-inattention in commissurotomy patients." In: Weinstein, E.A., R. P. Friedland (Hrsg.): *Advances in
Neurology.* New York: Raven Press, 1977.

– „Regulation and generation of perception in the asymmetric brain." In: Trevarthen, C. (Hrsg.): *Brain Circuits und Functions of the Mind.* New York: Cambridge University Press, 1990, S. 231–48.

Levy, J. und C. Trevarthen: „Metacontrol of hemispheric function in human split-
brain patients." *Exp Psychol Hum Percept Perform.* 2: 299–312, 1976.

Levy, J., C. Trevarthen und R. W. Sperry: „Perception of bilateral chimeric figures
following hemispheric disconnection." *Brain.* 95: 60–78, 1972.

Lewes, G. H.: *Problems of Life and Mind,* Bd. II, S. 459; zitiert nach Jackson, J. H.:
Selected Writings of John Hughlings Jackson, hrsg. Von Taylor, J., New York:
Basic Books, 1958, *S.* 41–42.

Lewis, L.: „Role of psychological factors in disordered awareness." In: Prigatano,
G. P. und D. L. Schacter (Hrsg.): *Awareness of Deficits after Brain Injury: Clinical und Theoretical Issues.* New York: Oxford University Press, 1991. S. 223–39.

Lhermitte, J.: „Visual hallucination of the self." *Brit Med J.* 1: 431–34, 1951.

Lippman, C. W.: „Hallucinations of physical duality in migraine." *Nerv Ment Dis.*
117: 345–50, 1953.

Locke, J.: *An Essay Concerning Human Understanding.* New York: Dover, 1959
(Erstveröffentlichung 1690) Dt. Ausgabe: *Über den menschlichen Verstand,* Bd. I:
Buch I und II, Hamburg: Felix Meiner, 1962

Luauté, J. P: „Joseph Capgras and his syndrome." *Bibl psychiat.* 164: 9-21, 1986

Malloy, P., C. Cimino und R. Westlake: „Differential diagnosis of primary and se-
condary Capgras delusions." *Neuropsychiat, Neuropsychol and Behav Neurol.*
5(2): 83–96, 1992.

Mayr, E.: „Teleological and teleonomic: A new analysis." *Boston Stud Philos Sci.* 14:
91–117, 1974.

– *The Growth of Biological Thought.* Cambridge: Harvard University Press, 1982. Dt. Ausgabe: *Die Entwicklung der biologischen Gedankenwelt. Vielfalt, Evolution und Vererbung,* Berlin, Heidelberg: Springer, 1984

McGinn, C.: *The Character of Mind.* New York: Oxford University Press, 1997.

– *The Mysterious Flame.* New York: Basic Books, 1999. Dt. Ausgabe: *Wie kommt der Geist in die Materie? Das Rätsel des Bewusstseins,* München: Beck, 2001

McGlynn, S. M. und D. L. Schacter: „Unawareness of deficits in neuropsychological syndromes." *J. Clin Exp Neuropsychol.* 11: 143–205, 1989.

Medawar, P. B. und J. S. Medawar. *The Life Science: Current Ideas of Biology.* New York: Harper & Row, 1977.

Meehl, P.: The compleat autocerebroscopist: A thought experiment on Professor Feigl's mind/body identify thesis. In: Feyerabend P. K. und G. Maxwell (Hrsg.): *Mind, Matter and Method.* Minneapolis: University of Minnesota Press, 1966, S. 103–80.

Mendez, M. F., R. J. Martin, K. A. Symth und P. J. Whitehouse: „Disturbances of person identification in Alzheimer's Disease: A retrospective study." *J New Ment Dis.* 180: 94, 1992.

Merrin, E. L. und P. M. Silberfarb: „The Capgras phenomenon." *Arch Gen Psychiat.* Bd. 33, August 1976.

Mesulam, M. M.: *Principles of Behavioral Neurology.* Philadelphia: F. A. Davis Company, 1985.

Metzinger, T.: „The problem of consciousness." In: Metzinger, T. (Hrsg.): *Conscious Experience.* Paderborn, 1995, S. 3–37. Von diesem Autor erschien in Deutsch: *Bewusstsein. Beiträge aus der Gegenwartsphilosophie,* Paderborn/München/Wien/Zürich: Schöningh, 1996

Monrad-Krohn, G. H.: „On the dissociation of voluntary and emotional innervation in facial paresis of central origin." *Brain.* 47: 22–35, 1924.

Morgan, C. L.: *Emergent Evolution.* London: Williams & Norgate, 1923.

Moscovitch, M.: „Confabulation." In: Schacter, D. L. (Hrsg.): *How Minds, Brains und Societies Reconstruct the Past.* Cambridge: Harvard University Press, 1995, S. 226–51

Movshon, J. A., E. H. Adelson, M. S. Gizzi und W T. Newsome: „The analysis of moving visual pattern." In: Chagas, C., Gattass, R. und Gross V. (Hrsg.): *Pattern Recognition Mechanisms.* New York: Springer, 1985, S. 117–51.

Murphy, L. B., u.a.: *The Widening World of Children.* New York: Basic Books, 1962.

Myers, R. E.: „Comparative neurology of vocalization and speech: Proof of a dichotomy." In: Harnad, S. R., H. D. Steklis und J. Lancaster (Hrsg.): *Origins and Evolution of Language and Speech.* Ann New York Acad of Sci, Bd. 280. 745–60, 1976.

Nabokov, V.: *Despair*. New York: Vintage Books, 1989. Dt. Ausgabe: *Verzweiflung*, Reinbek bei Hamburg: Rowohlt-Taschenbuch-Verl., 2001

Nagel, T.: „What is it like to be a bat?" *Philosophical Review*. 83: 435–50, 1974. Dt. Ausgabe: „Wie ist es, eine Fledermaus zu sein?" In: *Analytische Philosophie des Geistes*, hg. v. Peter Bieri, Königstein 1981

– *Mortal Questions*. New York: Cambridge University Press, 1979. Dt. Ausgabe: *Letzte Fragen*, hrsg. von Michael Gebauer, Darmstadt: Wiss. Buchges., 1996

– *The View from Nowhere*. New York: Oxford University Press, 1986. Dt. Ausgabe: *Der Blick von nirgendwo*, Frankfurt am Main: Suhrkamp, 1992

– *Other Minds*. New York: Oxford University Press, 1995.

Nagera, H.: „The imaginary companion: Its significance for ego development und conflict solution." In: *The Psychoanalytic Study of the Child*. Bd. 24. New York: International Universities Press, Inc., 1969, S. 165–96.

Newman, J. (Hrsg.): „Special Issue: Temporal binding and consciousncss." In: Baars, B. J., W P. Banks und A. Revonsuo: *Consciousness and Cognition*. Bd. 8(2). Orlando: Academic Press, 1999.

Nielsen, J. M.: „Gerstmann syndrome; finger agnosia, agraphia, confusion of right und left, acalculia; comparison of this syndrome with disturbances of body scheme resulting from lesions of right side of brain." *Arch Neurol Psychiat*. 39: 536–60, 1938.

Pattee, H. H.: „The problem of biological hierarchy." In: Waddington, C. H. (Hrsg.): *Towards a Theoretical Biology 3*. Chicago: Aldine, 1970.

Pattee, H. H. (Hrsg.): *Hierarchy Theory. The Challenge of Complex Systems*. New York: George Braziller, Inc., 1973.

Patterson, A. und O. L. Zangwill: „Recovery of spatial orientation in the posttraumatic confusional state." *Brain*. 6754–68, 1944.

Paul (Richter), Jean: *Siebenkäs*, o. O.: Paul List, 1969

Pick, A.: „On reduplicative paramnesia." *Brain*. 26: 260–67, 1903.

Pinker, S.: *How the Mind Works*. New York: W. W. Norton & Company, 1997. Dt. Ausgabe: *Wie das Denken im Kopf entsteht*, Frankfurt/Wien/Zürich: Büchergilde Gutenberg, 1999

Polanyi, M.: „The structure of consciousness." *Brain*. 88: 799–810, 1965.

– *The Tacit Dimension*. New York: Anchor Books, 1966. Dt. Ausgabe: *Implizites Wissen*, Frankfurt: Suhrkamp, 1985

– „Life's irreducible structure." *Science*. 160: 1308–12, 1968.

Povinelli, D. J., G. G. Gallup, Jr., T. J. Eddy, D. T. Bierschwale, M. C. Engstrom, H. K. Perilloux und T. B. Taxopeus: „Chimpanzees recognize themselves in mirrors." *Animal Behaviour*. 53: 1083–88, 1997.

Povinelli, D. J., A. B. Rulf, K. R. Landau und D. T. Bierschwale: „Self-recognition in chimpanzees: Distribution, ontogeny und patterns of emergence." *J of Compar Psychol.* 107: 347–72, 1993.

Puccetti, R.: „The case for mental duality: Evidence from split-brain data and other considerations." *Behav Brain Sci.* 4: 93–123, 1981

Ramachandran, V. S.: „Consciousness and body image: Lessons from phantom limbs, Capgras syndrome and pain asymbolia." *Philos Trans R Soc Lond B Biol Sci.* 353(1377): 1851–59, November 29, 1998.

Ramachandran, V. S. und S. Blakeslee: *Phantoms in the Brain. Probing the Mysteries of the Mind.* New York: William Morrow, 1998. Dt. Ausgabe: *Die blinde Frau, die sehen kann. Rätselhafte Phänomene unseres Bewusstseins,* Reinbek bei Hamburg: Rowohlt, 2001

Rank, O.: *The Myth of the Birth of the Hero: A Psychological Interpretation of Mythology.* New York: Robert Brunner, 1952. Dt. Ausgabe: *Der Mythos von der Geburt des Helden. Versuch einer psychologischen Mythendeutung,* Nachdr. der 2. Aufl. von 1922, Wien: Turia und Kant, 2000

Revonsuo, A.: „Binding and the phenomenal unity of consciousness. *Consciousness and Cognition.* 8: 173–185, 1999.

Restak, R. M.: *The Modular Brain.* New York: Scribner's, 1994.

Rosenthal, D. M (Hrsg.): *The Nature of Mind.* New York: Oxford University Press, 1997.

Rowan, E.: „Phantom boarders as a symptom of late paraphrenia." *Am Psychiat.* 141: 580–81, 1984.

Rubin, D. C. (Hrsg.): *Autobiographical Memory.* Cambridge: Cambridge University Press, 1986.

Rubin, E. H., W. C. Drevets und W. J. Burke: „The nature of psychotic symptoms in senile dementia of Alzheimer's type." *J of Geriatric Psychiat and Neurol.* 1:16, 1988.

Ruif, R. L. und B. T. Volpe: „Environmental reduplicaton associated with right frontal and parietal lobe injury," *Neurol Neurosurg Psychiat.* 44: 382–86, 1981

Ryle, G.: *The Concept of Mind.* London: Hutchinson and Company, Ltd., 1949. Dt. Ausgabe: *Der Begriff des Geistes,* Stuttgart: Reclam, 1969

Salthe, S. N.: *Evolving Hierarchical Systems: Their Structure and Representation.* New York: Columbia University Press, 1985.

Schacter, D. L.: *Searching for Memory. The Brain, the Mind and the Past.* New York: Basic Books, 1996. Dt. Ausgabe: *Wir sind Erinnerung. Gedächtnis und Persönlichkeit,* Reinbek bei Hamburg: Rowohlt-Taschenbuch-Verl., 2001

Schilder, P.: *Medical Psychology.* New York: John Wiley & Sons, Inc., 1965, S. 298–99.

Schilder, P. und E. Stengel: „Schmerzasymbolie." *Z ges Neuro Psychiat.* 113: 143–58, 1928.

– „Asymbolia for pain." *Arch Neurol Psychiat.* 25: 598–600, 1931

Schopenhauer, A.: *Parerga und Paralipomena II*, Sämtliche Werke, Bd. 6, o. O.: Mundus, 1999

– *Der handschriftliche Nachlaß.* Zweiter Band. Kritische Auseinandersetzungen (1809-1818), hg. v. Arthur Hübscher, Frankfurt: Waldemar Kramer, 1967

Scott, A.: *Stairway to the Mind: The Controversial New Science of Consciousness.* New York: Springer, 1995.

Searle, J. R.: *Intentionality.* New York: Cambridge University Press, 1983. Dt. Ausgabe: *Intentionalität. Eine Abhandlung zur Philosophie des Geistes*, Frankfurt: Suhrkamp, 1996

– *Minds, Brains and Science.* Cambridge: Harvard University Press, 1984. Dt. Ausgabe: *Geist, Hirn und Wissenschaft. Die Reith Lectures 1984*, Frankfurt: Suhrkamp, 1992

– *The Rediscovery of the Mind.* Cambridge: MIT Press, Bradford Books, 1992. Dt. Ausgabe: *Die Wiederentdeckung des Geistes*, Frankfurt: Suhrkamp, 1996

– „Breaking the hold: silicon brain, conscious robots and other minds." In: Block, N., F. Owen und G. Güzeldere (Hrsg.): *The Nature of Consciousness: Philosophical Debates.* Cambridge: MIT Press, 1997, S. 493–502.

Sellars, W.: *Science, Perception and Reality.* London: Routledge and Kegan Paul, 1963.

Sherrington, C.: *The Integrative Action of the Nervous System.* New Haven: Yale University Press, 1947.

– *Man on His Nature.* New York: Macmillan, 1941. Dt. Ausgabe: *Körper und Geist. Der Mensch über seine Natur*, Bremen: Schünemann, 1964

Signer, S. F.: „Capgras' syndrome: The delusion of substitution." *Clin Psychiat.* 48: 147–50, 1987.

– „Psychosis in neurologic disease: Capgras symptom and delusions of reduplication in neurologic disorders." *Neuropsychiatr Neuropsychol Behav Neurol.* 5: 138–43, 1992.

Singer, W.: „Consciousness and the structure of neuronal representations." *Philos Trans R Soc Lond B Biol Sci.* 353(1377): 1829–40, 1998.

– „Time as coding space?" *Curr Opin Neurobiol.* 9(2): 189–94, 1999.

Spangenberg, K. B., M. T. Wagner und D. L. Bachman: Neuropsychological analysis of a case of abrupt onset mirror sign following a hypotensive crisis in a patient with vascular dementia. *Neurocase.* 4: 149–54, 1998.

Spencer, H.: *The Principles of Psychology.* Bd. 1. New York: D. Appleton, 1883, S. 157.

Sperling, O. E.: „An imaginary companion representing a prestage of the super-ego." In: *The Psychoanalytic Study of the Child*, Bd. 9, S. 252–58, 1954.

Sperry, R. W.: „Brain bisection and mechanisms of consciousness." In: Eccles, J. C. (Hrsg.): *Brain and Conscious Experience*. New York: Springer, 1966, S. 298–313.

– „Mind, brain and humanist values." In: Platt, J. R.: *New Views on the Nature of Man*. Chicago: University of Chicago Press. Abgedruckt in *Bull Atom Scientists*. 22: 2–6, 1966.

– „Forebrain commissurotomy and conscious awareness." *J Med Phil*. 2(2): 101–26, 1977.

– „Consciousness, personal identity and the divided brain." *Neuropsychol*. 22(6): 661–73, 1984.

– „Forebrain commissurotomy and conscious awareness." In: Trevarthe, C. (Hrsg.): *Brain Circuits and Functions of the Mind*. New York: Cambridge University Press, 371–88, 1990.

Sperry, R. W., M. S. Gazzaniga und J. E. Bogen: „Interhemispheric relationships: The neocortical commissures; syndromes of hemispheric disconnection." In: Vinken, P. J. und G. W Bruyn (Hrsg.): *Handbook of Clinical Neurology*. Amsterdam: North-Holland, 1969, S. 273–90.

Sperry, R. W., E. Zaidel und D. Zaidel: „Self-recognition and social awareness in the disconnected minor hemisphere." *Neuropsychologia* 17: 153–66, 1979.

Spier, S. A.: „Capgras' syndrome and the delusions of misidentification." *Psychiatr Annals*. 22: 279–85, 1992.

Spilane, J. D.: „Disturbances of the body scheme, anosognosia and finger agnosia." *Lancet*. 1: 42–44, 1942.

Staton, R. D., R. A. Brumback und H. Wilson: „Reduplicative paramnesia: A disconnection syndrome of memory." *Cortex*. 18: 23–36, 1982.

Stuss, D. T.: „Disturbance of self-awareness after frontal system damage." In: Prigatano, G. P. und D. L. Schacter: *Awareness of Deficit After Brain Injury. Clinical and Theoretical Issues*. New York: Oxford University Press, 1991, S. 63–83.

Stuss, D. T., M. P. Alexander, A. Lieberman, H. Levine: „An extraordinary form of confabulation." *Neurology*. 28: 116–72, 1978.

Stuss, D. T. und D. F. Benson: *The Frontal Lobes*. New York: Raven Press, 1986, S. 88.

Svendson, M.: „Children's imaginary companions." *Arch Neurol Psychiat*. 32: 985–99, 1934.

Tanaka, Y., A. Yoshida, N. Kawahata, R. Hashimoto und T. Obayashi: „Diagnostic dyspraxia. Clinical characteristics, responsible lesion and possible underlying mechanism." *Brain*. 119: 859–73, 1996.

Teller, P.: „Subjectivity and knowing what it's like." In: Beckermann, A., H. Flohr und J. Kim (Hrsg.): *Emergence or Reduction? Essays on the Prospects of Nonreductive Physicalism.* Berlin/New York: Walter de Gruyter, 1992, S. 180-200.

Tinbergen, N.: *The Study of Instinct.* Oxford: Clarendon Press, 1951. Dt. Ausgabe: *Instinktlehre. Vergleichende Erforschung angeborenen Verhaltens*, Berlin/Hamburg: Parey, 1979

Todd, J. und K. Dewhurst: „The double: its psychopathology and psychophysiology." *J Nerv Ment Dis.* 122: 47–55, 1955.

– „The significance of the doppelganger (Hallucinatory double) in folk-lore and neuro-psychiatry." *Practitioner.* 188: 377–82, 1962.

Todd, J., K. Dewhurst und G. Wallis: „The syndrome of Capgras." *Br J Psychiat.* 139: 319–27, 198T.

Treisman, A.: „The binding problem." *Curr Opin Neurobiol.* 6(2): 171–78, 1996.

Trevarthen, C.: „Functional relations of disconnected hemispheres with the brain stem and with each other: Monkey and man." In: Kinsbourne, M. und W. L. Smith (Hrsg.): *Hemispheric Disconnection and Cerebral Function.* Springfield: Charles C. Thomas, 1974, S. 187–207.

– „Integrative functions of the cerebral commissures." In: Nebes, R. D. und S. Corkin (Hrsg.): *Handbook of Neuropsychology.* New York: Elsevier, 1991, S. 49–83.

Trevarthen, C. (Hrsg.): *Brain Circuits and Functions of the Mind.* New York: Cambridge University Press, 1990.

Trojano, T., C. Crisci, B. Lanzillo, R. Elefante und G. Caruso: „How many alien hand syndromes? Follow-up of a case." *Neurology.* 43: 2710–12, 1993.

Tulving, E.: *Elements of episodic memory.* Oxford: Clarendon Press, 1983.

Tye, M.: *Ten Problems of Consciousness: A Representational Theory of the Phenomenal Mind.* Cambridge: MIT Press, 1995.

Tymms, R.: *Doubles in Literary Psychology.* Cambridge: Bowes & Bowes, 1949.

Ullman, M.: „Motivational and structural factors in denial of hemiplegia." *Arch Neurol.* 3: 306–18, 1960.

Van der Horst, L.: „Über die Psychologie des Korsakowsyndroms." *Msschr. Psychiat Neurol.* 83: 64–84, 1932.

Van Essen, D. C., C. H. Anderson und D. J. Felleman: „Information processing in the primate visual system: An integrated system perspective." *Am Assoc Adv Sci.* 1992. Abgedruckt in *Science* 255: 419–23, 1992.

Van Lancker, D.: „Personal relevance and the human right hemisphere." *Brain and Cognition.* 17: 64–92, 1991.

Van Lancker, D. und K. Klein: „Preserved recognition of famiiar personal names in global aphasia." *Brain and Lang.* 39: 511–29, 1990.

Velmans, M.: „Is human information processing conscious?" *Behav Brain Sci.* 14 (4): 651–69, 1991a.

– „Consciousness from a first-person perspective." *Behav Brain Sci.* 14 (4): 702–26, 1991b.

– „The relation of consciousness to the material world." *J Consc Stud.* 2: 255–65, 1995.

– „What and where are conscious experience?" In: Velmans, M. (Hrsg.): *The Science of Consciousness.* New York: Routledge, 1996, S. 181–96.

Victor, M., R. D. Adams und G. H. Collins: *The Wernicke-Korsakoff Syndrome and Related Neurologic Disorders Due to Alcoholism and Malnutrition.* Philadelphia: F. A. Davis Company, 1989.

von der Malsburg, C.: „Binding in models of perception and brain function." *Curr Opin Neurobiol.* 5: 520–26, 1995.

von Hagen, K. und E. R. Ives: „Anosognosie (Babinski), imperfection of hemiplegia. Report of 6 cases, one with autopsy." *Bull Los Angeles Neurol Soc.* 2: 95–103, 1937.

Watt, D. F.: „Emotion and Consciousness: Part II. A review of Antonio Damasio's 'The feeling of what happens: Body and emotion in the making of consciousness'." *J Consc Stud.* 7: 72-84, 2000.

Weinstein, E. A.: „Anosognosia and denial of illness." In: Prigatano, G. P. und D. L. Schacter (Hrsg.): *Awareness of Deficit After Brain Injury. Clinical and Theoretical Issues.* New York: Oxford University Press, 1991, S. 240–57.

Weinstein, E. A. und M. Col: „Concepts of anosognosia." In: Halpern, L. E. (Hrsg.): *Dynamic Neurology.* Jerusalem: Jerusalem Post Press, 1964.

Weinstein, E. A., M. Cole, M. Mitchell und O. G. Lyerly: „Anosognosia and aphasia." *Arch Neurol.* 10: 376–86, 1964.

Weinstein, E. A. und R. P. Friedland: „Behavioral disorders associated with hemiinattention." In: Weinstein, E. A. und R. P. Friedland (Hrsg.): *Advances in Neurology.* Bd. 18. New York: Raven Press, 1977, S. 51–62.

Weinstein, E. A. und R. L. Kahn: *Denial of Illness.* Springfield: Charles C Thomas, 1955.

Weinstein, E. A., R. L. Kahn und S. Malitz: „Confabulation as a social process." *Psychiatry* 19: 383–96, 1956.

Weinstein, E. A., R. L. Kahn und G. O. Morris: „Delusions about children following brain injury." *J Hillside Hosp.* 5: 290–98, 1956.

Weinstein, E. A. und O. G. Lyerly: „Confabulation following brain injury." *Arch Gen Psychiat.* 18: 348–54, 1968.

Whyte, L. L., A. G. Wilson und D. Wilson: *Hierarchical Structures.* New York: American Elsevier, 1969.

Wigan, A. L.: *A New View of Insanity: The Duality of the Mind.* London: Long-
    man, Brown, Green und Longmans, 1844a.

– „Duality of the Mind, proved by the structure, functions and diseases of the
    brain." *Lancet,* 1: 39–41, 1844b.

Wilkes, K. V.: *Real People.* New York: Oxford, 1988.

Zeki, S.: *A Vision of the Brain.* Oxford: Blackwell Scientific Publications, 1993.

Stichwortverzeichnis

A

Adams, R. D.   90
Affen   121, 159
Ägypter   122
Alexander, M. P.   83
Alter Ego   128 ff.
Alzheimer-Krankheit   56, 59
Amnesie   87 f., 95, 245, 251
Amphitryon   55, 65
Anderson, D. N.   62, 159
Aneurysma   88, 95, 245
Anosognosie   37 ff.
Anton, Gabriel   47
Anton'sches Syndrom   47, 245
Aphasie   23, 200, 245
Aristoteles   216
Asomatognosie   19 ff., 37, 46, 245
außerkörperliche Erfahrung   125
autobiografisches Gedächtnis   91, 245
Autoskopie   123, 245
Autozerebroskop   213

B

Babinski, J.   40
Babylon   65
Baddeley, A. D.   97
Bart (Patient)   71
Barth, A.   127
Bedeutung   52, 81, 124, 194, 216
Berlyne, N.   88

Berthier, M.   227
bilateral   245
Bindungsproblem   17, 170, 245
binokular   162, 246
Blindheit   47 ff.
Bloom, K. K.   148
Bogen, J.   148
Bonhoeffer, K.   90
Brain, W. R.   208
Braithwaite, R. B.   197
Brentano, F.   218
Broca-Aphasie   200, 246
Bromid-Delirium   77

C

Callosotomie   138, 246
Campbell, D. T.   180
Capgras, J.   55, 67
Capgras-Fregoli-Dichotomie   79 ff., 104
Capgras-Syndrom   54 ff., 246
Cicerone, K. D.   107
Collins, G. H.   90
Computer   17, 221
Computertomographie   226, 246
Corpus callosum   136 ff., 246
Coughlan, A. K.   107
Courbon, P.   68
Crick, Francis   173
Critchley, M.   29 ff., 131 ff.

D

Damasio, A.   225
Daryl (Patient)   45
Davidson, G. M.   58
Déjà-vu-Phänomen   53, 80
Delirium   77, 246
DeLuca, J.   107
Demenz   56
Dennett, D.   170, 213
Descartes, R.   160 ff., 205
Dewhurst, K.   124, 127
dominant   138, 246
Doppelgänger   55, 65 ff., 68, 83, 111 ff.,
   122 ff.
Dostojewski, F.   66, 122
Dr.-Strangelove-Effekt   148
Dualismus   161, 246
Duplikate   61 ff.

E

Edelman, G.   173
Ego   10, 15, 51
Ego-distanziert   51 ff.
Ego-nah   51 ff.
Einheit des Selbst   16 ff., 86, 110,
   158 ff., 166, 219
Ellis, H. D.   84
Emergenz   179 ff., 246
Emma (Patientin)   57
Engel   126
Entfremdung   53, 63, 79
Enzephalomalazie   14, 157, 246
Epilepsie   138
episodisches Gedächtnis   247

Eslinger, P.   91
Everly Brothers   36

F

Fail, G.   68
Familienroman   63 ff.
Fannie (Patientin)   69
Fehlidentifikation   23, 32, 56, 69, 71, 253
Feigl, H.   213
Felleman, D. J.   159
Florence (Patientin)   133
Frailberg, S.   131
Frégoli, L.   68
Fregoli-Syndrom   54, 68 ff., 247
„Fremde-Hand"-Syndrom   141 ff., 247
Freud, S.   10, 64
Frontallappen   13 f., 106, 108, 247
Frösche   210 ff., 221

G

Gallup, G.   121
Garland, J.   74
Gazzaniga, M.   109, 147
Gehirnhemisphären   20, 25, 82, 85,
   136 ff., 233
Gehirntumor   62, 70
Geist   81, 160
geistiges Auge   162, 165, 204
geistige Einheit   15 ff.
Geist-Körper-Problem   212
Geschwind, D. H.   147
„Gespenst in der Maschine"   174, 194
Giacino, J. T.   71, 95
Globus, G. G.   216

Gluckman, L. K. 114
Goethe, J. W. v. 122
Goldberg, G. 148
Goldstein, K. 141
Großhirnrinde 247
„Großmutterzelle" 168, 191, 247

H

Halbraum 21
Halligan, P. W. 33
Halluzination 123 ff.
Harth, E. 241
Heautoskopie 123
Heldenmythen 64
Herkules, Herakles 55, 65
Herz 195
Hierarchie 17, 167, 175 ff., 180, 247
hierarchische Kontrolle 181
Hippokampus 84
Hirnstamm 149, 202, 247
Homunkulus 171
Horgan, J. 17
Hornhautreflex 195
Hubel, T. 166
Hydrozephalus 155, 247
Hypothalamus 202

I

Ich 10, 15, 53, 120
Identität 10, 52
imaginäre Gefährten 128 ff.
Infarkt 39, 46, 144, 247
inferior-temporaler Kortex 168, 248

Intentionalität 196 ff., 218, 240
intermanueller Konflikt 148
ipsilateral 149

J

Jack (Patient) 38
Jackson, J. H. 77, 199
Jamais-vu-Phänomen 53, 79
James, W. 15, 120
Jasienski, H. J. 58
Jean Paul (Richter) 122
Jesus 65
John (Patient) 11
JP (Patient) 72

K

Ka, Ka-Seele 122
Kaas, J. H. 159
Kahn, R. L. 78, 92, 98
Kant, I. 15 f., 205 f.
Kapur, N. 107
kartesianischer Dualismus 161, 178, 215
kartesianisches Theater 170, 248
Katze 158
Kernspinresonanztomographie 13, 226, 248
Kim, J. 179
Konfabulation 87 f., 104 ff., 248
„Königsgeschichte" 100
kontralateral 248
Konvergenz 161, 167, 177
„Körnigkeits"-Problem 159, 234
Kortex 149, 248

L

Lachen   202 f.
Lähmung   37 ff., 44
Landis, T. J.   85
Larrivé, E.   58
Lebewesen   18, 220
Leugnen   37 ff., 42, 63, 229
Leukotomie   157, 248
Levin, M.   77, 85
Levine, J.   213, 227
Levy, J.   151
Lewes, G. H.   206
limbisches System   83, 202, 248
Linda (Patientin)   88, 98
Lippman, C.   125
Liquor (Gehirnflüssigkeit)   155, 248
Lizzy (Patientin)   48
Locke, J.   19
Louise (Patientin)   59
Lunge   181, 189

M

Madame M. (Patientin)   55, 67
Malitz, S.   98
Marianne (Patientin)   62
Marshall, J. C.   33
Maupassant, G. de   122
Mayr, E.   196
McGinn, C.   10
Medawar, J. S.   182
Medawar, P. B.   182
Meningitis   78, 85, 248
Mesulam, M. M.   228
Metapher   32 ff., 103

Miriam (Patientin)   130
Mirna (Patientin)   19, 30, 54
Mitochondrien   181, 248
Module   17, 109, 248
Molière, J.-B.   55
Morgan, C. L.   184
Morris, G. O.   94
motorische Einheit   249
motorische Neuronen   249
motorisches System   174
Murphy, L. B.   131

N

Nabokov, V.   111
Naga   122
Nagel, Th.   207
Nagera, H.   129
Nah-Tod-Erfahrung   126
Narziss   127
Neglekt-Syndrom   20 ff., 24 ff., 47,
   228, 249
Neokortex   159, 249
Nervensystem   199
Neurologie   17, 249
Neuronen   249
neuropsychologische Tests   249
Nichtreduzierbarkeit   182, 205, 214
nichtverschachtelte Hierarchie   188 ff.,
   249
Nielsen, J. M.   24

O

Ödipus   65
Oliver (Patient)   61

Olsen, C. W.   23

Organismen   18

P

„Papstneuron"   178

„Papstzelle"   165, 170

paranoider Größenwahn   56

Paris   65

Parkinson-Krankheit   133

Patsy (Patientin)   42

Pattee, H. H.   180

Patterson, A.   76

Perseus   65

Personifizierung von Gliedmaßen   29, 34

Perturbation   19, 54, 225

Pick, A.   76

Plautus   55

Poe, E. A.   122

Propriozeption   24

Prosopagnosie   60, 113, 250

Pseudobulbärparalyse   202 f., 250

Psychiatrie   250

Pyramide   17

Q

Qualia   212 ff., 250

R

Rank, O.   64 ff., 127

Reboul-Lachaux, J.   55, 67

Reduktionismus   182, 207, 250

reduktionistisches Dilemma   17

Reduplikation   63, 75, 79, 250

reduplizierende Paramnese   82

Reflexe   209 ff., 212, 250

Retina   166

Revonsuo, A.   236

rezeptives Feld   251

Richter, Jean Paul   122

RJ (Patient)   97

Rodney (Patient)   41

Romulus   65

Rosamond (Patientin)   115

Rückenmark   149, 209 f.

Rudy (Patient)   129

Ruff, R. L.   82

Ryle, G.   175

S

Sam (Patient)   95

Sargon der Erste   65

Schatten   127

Scheitellappen   13 f., 251

Schimären   151

Schimpansen   121, 221

Schizophrenie   56, 69

Schläfenlappen   14, 251

Schlaganfall   19 f., 28, 42 ff., 144, 202, 251

Schmerz   213 ff.

Schmerzasymbolie   13, 226, 251

Schopenhauer, A.   206

Schutzengelglaube   128 ff., 133

Scott, A.   187, 204

Searle, J.   182, 207

Selbst, das   10, 15 f., 51, 81 ff., 120, 204, 219 ff.

Sellers, P.   148

Seymour (Patient)   156

Sherrington, Ch.   16, 162, 165, 205, 210

Shirley (Patientin)   34

Silikonchip   222

Sinn   193, 208 ff., 212 ff., 240

Sonia (Patientin)   154

Sonya (Patientin)   28

Sosia   55, 65

sosies   55 f., 65

Spencer, H.   206

Sperling, O. E.   129

Sperry, R.   185 ff., 205

Spiegelbild   111 ff., 127

Spillane, J. D.   24

Split-Brain-Patienten   137 ff., 148 ff., 251

Sprache (Sprechen)   109, 177, 199

Staton, R. D.   83 f.

Stereognosie   209

Stevie (Patient)   143

Stichlingsmännchen   175

Stuss, D. T.   88, 106, 108

Subjekt   10, 15, 120

Subjektivität   205 ff., 216, 220

Susan (Patientin)   112

synchronisierte Oszillationen   172, 251

T

Talking Heads   51

Teleologie   194

Teleonomie   196, 251

Teller, P.   215

Thalamus   210, 213, 252

Tinbergen, N.   175

Tod   126 ff.

Todd, J.   124, 127

Tomogramm   14, 20, 39, 46, 71, 73, 99, 144, 155, 157, 226

Tony (Patient)   129

topische Konvergenz   167, 252

Trevarthen, C.   151

Tulving, E.   91

U

Ullman, M.   24, 29

unilateral   252

V

V1   166, 235, 252

V5   235, 252

van Essen, D. C.   159

van Lancker, D.   85

Ventrikel   155, 252

Verbundenheit   51 ff., 68, 79 ff.

Verhaltensneurologie   252

verschachtelte Hierarchie   18, 179 ff., 188 ff., 203 f., 238, 252

Verursachung   180

Vervollständigung   252

Victor, M.   90

visuelle Agnosie   252

visuelles System   166

Volpe, B. T.   82

W

Wade, D. T.   33

wahnhafte Verkennung   23, 56, 253

Walter (Patient) 101
Wasser 179
Weinen 202 f.
Weinstein, E. 32, 42, 78, 92, 97, 98, 103
Wiesel, D. 166
Wigan, A. L. 141
Wilde, O. 122
Wille 178, 194, 204
Willie (Sohn einer Patientin) 92
willkürliches Verhalten 199
Wilson, B. 97

Y

Young, A. W. 84

Z

Zangwill, O. L. 76
Zeki, S. 167, 169
Zeus 55, 65
Zirbeldrüse 161, 253
Zwang 180 ff., 193, 253
Zweck 194 ff., 240
Zyklopenauge 164, 184, 253

Über den Autor

Todd E. Feinberg lebt in New York und ist außerordentlicher Professor für Neurologie und Psychiatrie am *Albert Einstein College of Medicine*. Außerdem ist er Leiter der *Betty and Morton Yarmon Division* für neurologische Krankheiten am New Yorker *Beth Israel Medical Center*. Zu den Themen dieses Buches hat er bereits zahlreiche Beiträge in Fachzeitschriften veröffentlicht.

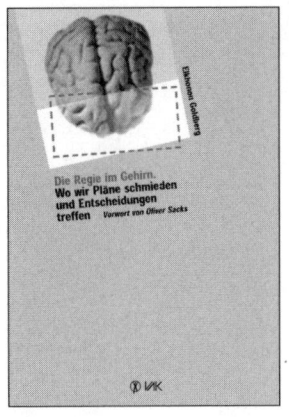

Elkhonon Goldberg:
Die Regie im Gehirn
Wo wir Pläne schmieden und Entscheidungen treffen

Die wichtigsten Fähigkeiten des Menschen, die ihn von allen anderen Lebewesen unterscheiden – etwa Entscheidungen zu treffen und vorausschauend zu denken –, sind aufs Engste mit einer sehr jungen Gehirnstruktur verbunden: den Frontallappen.
Erst in jüngster Zeit hat sich das Interesse der wissenschaftlichen Forschung diesem Bereich zugewendet. Das ist umso erstaunlicher, als die vorderen Teile der Großhirnrinde den Menschen erst mit den typisch „menschlichen" Fähigkeiten ausstatten.
In anregenden Anekdoten und spannenden Fallbeispielen bringt Goldberg dem Leser die wichtigsten Erkenntnisse aus der Gehirnforschung allgemein verständlich nahe – vieles davon war bislang nur in wissenschaftlichen Fachzeitschriften nachzulesen.
ca. 384 Seiten, ca. 20 Abb. und 3 Fotos, Paperback (15 x 21,5 cm)
ISBN 3-935767-04-8

Gary E. R. Schwartz, Linda G. S. Russek:
Alles erinnert
Wie zwei Wissenschaftler ein universelles, lebendiges und interaktives Gedächtnis entdecken

Alles auf dieser Welt ist von lebendiger Energie durchdrungen. Von der subatomaren bis zur kosmischen Ebene, von den Zellen bis zu den Gedanken – alle dynamischen Systeme haben eine Art Gedächtnis, sie können Informationen speichern. Auch scheinbar tote Dinge zeigen Resonanz und treten in Interaktion.
Mit einem unterhaltsamen „Reisebericht" schildern die Autoren, wie sie zu diesen Erkenntnissen gelangten. Ihre Theorie des universellen Gedächtnisses könnte die wissenschaftliche Landschaft umgestalten. Das Buch versöhnt die Denkmodelle von Naturwissenschaft und Spiritualität. Es wendet sich an Wissenschaftler und an Laien, die an populärer Naturwissenschaft interessiert sind.
367 Seiten, 26 Abbildungen, Hardcover (15 x 21,5 cm),
ISBN 3-932098-88-9

Charles T. Krebs, Jenny Brown:
Lernsprünge
Eine bahnbrechende Methode zur Integration des Gehirns

Wie kommt es, daß die einen sich mit Lernen schwer tun, während es den anderen leicht fällt? Charles Krebs erlebte beides am eigenen Leib: In einem autobiografischen Einleitungskapitel schildert er, wie er die körperliche Lähmung nach einem Tauchunfall mit Hilfe der Kinesiologie überwand.
Das Buch ist Ergebnis eines eingehenden Studiums der Funktionen und Fehlfunktionen des Gehirns. Mit der Vorstellung seines Programms zum Sondieren und Beheben von Lern- und Teilleistungsstörungen zeigt Krebs die Einwirkungsmöglichkeiten der Kinesiologie auf. Ein Buch nicht nur für Pädagogen und Fachleute, sondern für alle, die ihr Gehirnpotential voll ausschöpfen möchten.

300 Seiten, zahlreiche Abbildungen, Paperback (18 x 24,5 cm)
ISBN 3-932098-04-8

Stephen Wolinsky:

Die Essenz der Quantenpsychologie

Durchschauen, wer wir nicht sind

Diese Darstellung der wesentlichen Elemente der Quantenpsychologie bietet Einsteigern eine grundlegende Einführung und Kennern eine konzentrierte, zum Teil neu formulierte Zusammenfassung. »In der Quantenpsychologie geht es darum herauszufinden, wer Sie wirklich sind … Der Weg dorthin führt über das Auflösen eines innerseelischen Systems, das wir Falscher Kern und Falsches Selbst nennen, und über das Erlernen multidimensionalen Bewusstseins.« (Stephen Wolinsky) Zahlreiche Übungen laden die Leser ein, sich auf den Weg zu machen.

239 Seiten, Paperback (15 x 21,5 cm)
ISBN 3-932098-86-2

Roger J. Callahan, Joanne Callahan:

Den Spuk beenden

Klopfakupressur bei posttraumatischem Stress

Jeder von uns hatte schon einmal traumatische Erlebnisse. Manchmal können wir uns von den Ängsten, die aus schlimmen Erfahrungen resultieren, nicht mehr freimachen. Sie behindern unser Erleben in der Gegenwart wie Schreckgespenster, die uns in ihrem Bann halten. Wird dieser Stress wahrnehmbar störend, ist seine Behandlung meist schwierig. Eine Gesprächstherapie ist langwierig. Die Klopfakupressur zeigt häufig schnellere Wirkung. Dieses Buch wendet sich in erster Linie an Therapeuten, es ist aber auch für interessierte Laien verständlich.

320 Seiten, 2 Abbildungen, Paperback (15 x 21,5 cm)
ISBN 3-932098-91-9

*Das **IAK Institut für Angewandte Kinesiologie GmbH**, Freiburg, veranstaltet laufend Kurse in Edu-Kinestetik, Brain-Gym®, Touch For Health (Gesund durch Berühren), Applied Physiology, PKP und in vielen anderen Bereichen der Angewandten Kinesiologie. Dank enger persönlicher Kontakte zu den Pionieren der AK ist das Institut in der Lage, ständig die neuesten Entwicklungen auf diesem Gebiet zu präsentieren.*

Außerdem fördert das Institut die Verbreitung der Angewandten Kinesiologie im deutschsprachigen Raum durch Literaturempfehlungen und Adressenvermittlung.

Wer an der Arbeit des Instituts interessiert ist, kann kostenlose Unterlagen anfordern bei (bitte mit 1,53 E frankierten Rückumschlag beilegen):

IAK Institut für Angewandte Kinesiologie GmbH, Freiburg

Eschbachstr. 5, D-79199 Kirchzarten, Telefon 076 61-98 71-0, Telefax 076 61-98 71-49